AQA German

A LEVEL YEAR 2

Morag McCrorie
Dagmar Sauer
Corinna Schicker
Keith Sydenham
Erika Klingler

OXFORD

OXFORD
UNIVERSITY PRESS

Great Clarendon Street, Oxford, OX2 6DP, United Kingdom

Oxford University Press is a department of the University of Oxford. It furthers the University's objective of excellence in research, scholarship, and education by publishing worldwide. Oxford is a registered trade mark of Oxford University Press in the UK and in certain other countries.

© Oxford University Press 2017

The moral rights of the authors have been asserted.

First published in 2017

All rights reserved. No part of this publication may be reproduced, stored in a retrieval system, or transmitted, in any form or by any means, without the prior permission in writing of Oxford University Press, or as expressly permitted by law, by licence or under terms agreed with the appropriate reprographics rights organization. Enquiries concerning reproduction outside the scope of the above should be sent to the Rights Department, Oxford University Press, at the address above.

You must not circulate this work in any other form and you must impose this same condition on any acquirer.

British Library Cataloguing in Publication Data

Data available

978-0-19-836686-7

3 5 7 9 10 8 6 4

Paper used in the production of this book is a natural, recyclable product made from wood grown in sustainable forests.

The manufacturing process conforms to the environmental regulations of the country of origin.

Printed in India by Manipal Technologies Limited, Manipal

Approval message from AQA

This textbook has been approved by AQA for use with our qualification. This means that we have checked that it broadly covers the specification and we are satisfied with the overall quality. Full details of our approval process can be found on our website.

We approve textbooks because we know how important it is for teachers and students to have the right resources to support their teaching and learning. However, the publisher is ultimately responsible for the editorial control and quality of this book.

Please note that when teaching the AQA A Level Year 2 German course, you must refer to AQA's specification as your definitive source of information. While this book has been written to match the specification, it cannot provide complete coverage of every aspect of the course.

A wide range of other useful resources can be found on the relevant subject pages of our website: www.aqa.org.uk.

ACKNOWLEDGEMENTS

The publisher would like to thank the following for permissions to use their photographs:

Cover image: JOHN KELLERMAN/Alamy Stock Photo

p8: Route55/Bigstock; p9(t): INTERFOTO / Alamy Stock Photo; p10: Jocic/Shutterstock; p11: Spectral-Design/Shutterstock; p12: Sohel Parvez Haque/Shutterstock; p13: Dinosmichail/Bigstock; p17: Jazzmany/Shutterstock; p18: Waltraud Grubitzsch/ZB/Picture Alliance; p20: Denis Linine/Shutterstock; p21: Jazzmany/Shutterstock; p32: Paolo Bona/Shutterstock; p34: Rkl foto/Shutterstock; p35: Chief Crow Daria/Shutterstock; p36)l): Ericsphotography/Getty Images; p36(m): Joel Carillet/Getty Images; p36(r): Mark Daffey/Getty Images; p37: JiSign/Fotolia; p38(l): Rowohlt; p38(r): Piper Verlag GmbH ; p39: Bild: © Rike/PIXELIO; p41: Oliver Strewe/Getty Images; p45(l): Thomas Niedermueller/Getty Images; p45(r): Patrick Pleul/ZB/dpa; p48(t): Lassedesignen/Fotolia; p48(bl): Reinhard Krause/Reuters; p48(bml): Universal History Archive/Getty Images; p48(bmr): Martin Rose/Getty Images; p48(br): St.djura/Shutterstock; p50: FRIEBE/EPA Images; p51: Carsten Koall/Getty Images; p53(r): Education Images/Getty Images; p54: INTERFOTO/Alamy Stock Photo; p55: Antoine Gyori - Corbis/Getty Images; p56: Fred Ramage/Getty Images; p57(t): Wilfried Glienke/ZB/Picture Alliance; p57(b): Fabrizio Bensch/Reuters; p58: Ullstein bild/Getty Images; p59: Photo12/UIG/Getty Images; p65(b): dpa picture alliance archive/Alamy Stock Photo; p69(m): FREDERICK FLORIN/Getty Images; p71(l): Alain Nogues /Getty Images; p71(r): Sean Gallup/Getty Images; p72(r): Jorg Hackemann/Shutterstock; p73: Ms Jane Campbell/Shutterstock; p74: wolterfoto/Ullstein bild/Getty Images; p76: FatCamera/Getty Images; p79: Hinterhaus Productions/Getty Images; p84: Valerio Vincenzo; p88(b): Agencja Fotograficzna Caro/Alamy Stock Photo; p89(l): Barry Vincent/Alamy Stock Photo; p89(ml): Anticiclo/Shutterstock; p89(mr): ROPI/Alamy Stock Photo; p89(r): Sean Gallup/Getty Images; p92(t): Agencja Fotograficzna Caro/Alamy Stock Photo; p92(m): Sascha Steinbach/Getty Images; p92(b): Daniel Naupold/DPA Picture Alliance ; p93: Echo/Getty Images; p94(t): Lumi Images/Robert Niedring/Getty Images; p94(b): Manfred Rutz/The Image Bank/Getty Images; p96: By Ian Miles-Flashpoint Pictures/Alamy Stock Photo; p97: Michael Gottschalk/Getty Images; p101(r): Jochen Tack/Alamy Stock Photo; p105: Ullstein bild/Getty Images; p108: ImageBROKER/Alamy Stock Photo; p109(t): Timo Essner, www.timoessner.de; p109(m): Dpa picture alliance/Alamy Stock Photo; p109(b): Bernard Bisson/Getty Images; p110(l): Bernard Bisson/Sygma/Getty Images; p110(r): Peter Turnley/Corbis/Getty Images; p111: Ullstein bild/Getty Images; p115: Wenzel-Orf/ullstein bild/Getty Images; p116(l): Ullstein bild/Getty Images; p116(r): Ullstein bild/Getty Images; p117: © DER SPIEGEL 39/1990; p118(r): imageBROKER/REX/Shutterstock; p120: Ullstein bild/Getty Images; p121(m): Ullstein bild/Getty Images; p121(r): KabVisio/Getty Images; p125(t): Andreas Altwein/picture-alliance/dpa; p125(b): Ullstein bild/Getty Images; p128: Wiedemann & Berg/REX/Shutterstock; p130: Diogenes Verlag AG; p131: Christian Marquardt/Getty Images; p134: Ullstein bild/Getty Images; p135(l): Courtesy of the author; p135(r): Popova Valeriya/Shutterstock; p136: Alexander Hassenstein/Getty Images; p136: Dziewul/Shutterstock. All other photos © Shutterstock.

Artwork by: Q2A Media Services Ltd.

The publisher and authors are grateful to the following for permission to reprint extracts from copyright material: p10, "Migration und Integration" from Planet Schule, from Prof. Dr. Henning Storz; p12, Bundesministerium für wirtschaftliche Zusammenarbeit und Entwicklung (BMZ), Berlin; p18, www.faz.net from Prof. Dr. Holger Bonin; p19 (listening passage), www.sueddeutsche.de from Süddeutsche Zeitung Digitale Medien GmbH; p21 (listening passage), www.faz.net from Prof. Dr. Holger Bonin; p23, www.zeit.de from David Folkerts-Landau; p40, Yadé Kara: Selam Berlin. Copyright © 2003, 2004 Diogenes Verlag AG Zürich; p50, ethik-heute.org, from Netzwerk Ethik heute, Source: https://ethik-heute.org/rassismus-in-deutschland/; p52, www.mdr.de from J. Hemkentokrax; p56, Über einige Davongekommene, Gunther Kunert taken from Unruhiger Schlaf: Gedichte, from Carl Hanser Verlag; p58, Wolfgang Borchert, Dann gibt es nur eins!, taken from: Wolfgang Borchert, Das Gesamtwerk Herausgegeben von Michael Töteberg unter Mitarbeit von Irmgard Schindler. Copyright © 2007 Rowohlt Verlag GmbH, Reinbek bei Hamburg; p61 and p63, Opferperspektive e.V. 2014. Reproduced under the terms of the Creative commons Attribution ShareAlike licence, CC-BY-SA 3; p64, www.steiermark.orf.at, from ORF Steiermark, Source: http://steiermark.orf.at/news/stories/2721324/; p76, www.go4europe.de, from JUGEND für Europa, German National Agency for Erasmus + Youth in Action; p83, Oliver Lück, Neues vom Nachbarn. 26 Länder, 26 Menschen. Copyright © 2012 Rowohlt Verlag GmbH, Reinbek bei Hamburg; p74, "Was hat Europa dem Bürger gebracht? Positive und negative Beispiele", von Marion Trimborn und Martina Herzog. © dpa; p84, www.cafebabel.de, from Cafébabel, Source: http://www.cafebabel.de/lifestyle/artikel/borderline-grenzen-sind-sowas-von-neunziger.html; p90 (survey results), 16. Shell Jugendstudie, from Shell Deutschland Oil GmbH; p94, www.kas.de, from Dr. D. Grieswelle; p116, Thomas Brussig, Am kürzeren Ende der Sonnenallee. © S.Fischer Verlag GmbH, Frankfurt am Main 2001; p116, Simple Storys – Ein Roman aus der ostdeutschen Provinz, 1999, Piper Verlag; p120, Jana Hensel, Zonenkinder. Copyright © 2002 Rowohlt Verlag GmbH, Reinbek bei Hamburg.

The publisher and authors would like to thank the following for their help and advice:

Harriette Lanzer, Melissa Weir and Jenny Gwynne for editing the materials; Andrea Hertweck (language consultant); and Beth Dufour (permissions editor)

Audio recordings produced by Colette Thomson for Footstep Productions Ltd; Andrew Garratt (sound engineer).

Although we have made every effort to trace and contact all copyright holders before publication this has not been possible in all cases. If notified, the publisher will rectify any errors or omissions at the earliest opportunity.

Links to third party websites are provided by Oxford in good faith and for information only. Oxford disclaims any responsibility for the materials contained in any third party website referenced in this work.

Contents

Multiculturalism in German-speaking society

		Topic objectives	Grammar	Skills	Page
1	**Einwanderung**				**8**
1.1	**Die Gründe für Migration**	Explain the main reasons why people migrate	Use weak masculine nouns	Apply dictionary skills: verbs	10
1.2	**Vor- und Nachteile der Einwanderung**	Evaluate the advantages and disadvantages of immigration for immigrants and the country of destination	Use complex adjectival phrases	Talk about data and trends	14
1.3	**Migrationspolitik**	Examine issues affecting a country's migration policy	Use adjective endings	Use gist comprehension for complex passages	18
	Wiederholung				22
	Vokabeln				26
2	**Integration**				**28**
2.1	**Maßnahmen zur Integration**	Discuss how the German government promotes the integration of migrants and refugees	Use possessive and interrogative adjectives	Plan a discussion	30
2.2	**Hindernisse für die Integration**	Discuss elements which prevent integration	Use the subjunctive in indirect speech (1)	Talk about priorities	34
2.3	**Die Erfahrungen verschiedener Migrantengruppen**	Discuss and compare the positive and negative experiences of migrants and refugees in Germany	Use correct word order	Speak accurately and with good pronunciation through listening	38
	Wiederholung				42
	Vokabeln				46
3	**Rassismus**				**48**
3.1	**Die Opfer des Rassismus**	Discuss the impact of racism on its victims and the support available	Use relative and interrogative pronouns	Use a variety of negative expressions	50
3.2	**Die Ursprünge des Rassismus**	Discuss the origins of racism	Revise the present and future tenses	Translate the English gerund into German	54
3.3	**Der Kampf gegen Rassismus**	Discuss how people resist racism and show moral courage to fight against it	Use the subjunctive in indirect speech (2)	Express obligation	58
	Wiederholung				62
	Vokabeln				66

Aspects of political life in the German-speaking world

		Topic objectives	Grammar	Skills	Page
4	**Deutschland und die Europäische Union**				**68**
4.1	**Die Rolle Deutschlands in Europa**	Discuss how the EU has evolved and Germany's role within it	Use the perfect, imperfect and pluperfect tenses	Vary vocabulary by using synonyms	70
4.2	**Vor- und Nachteile der EU für Deutschland**	Discuss the advantages and disadvantages of the EU for Germany	Use *da(r)* + preposition	Express doubt and uncertainty	74
4.3	**Die Auswirkungen der EU-Erweiterung auf Deutschland**	Understand the impact of EU expansion on Germany	Use the future perfect tense	Expand a discussion	78
	Wiederholung				82
	Vokabeln				86
5	**Die Politik und die Jugend**				**88**
5.1	**Politisches Engagement Jugendlicher**	Discuss the ways and the extent to which young people engage in politics	Use the passive	Express criticism tactfully	90
5.2	**Schwerpunkte der Jugendpolitik**	Discuss priorities for youth politics in Germany	Use modal particles	Express approval and disapproval	94
5.3	**Werte und Ideale**	Discuss the priorities of young people and the role of pressure groups	Use correct word order, including variations for emphasis	Use language to promote a cause	98
	Wiederholung				102
	Vokabeln				106
6	**Die Wiedervereinigung und ihre Folgen**				**108**
6.1	**Friedliche Revolution in der DDR**	Discuss the events and developments which led to German reunification	Use the pluperfect subjunctive in conditional sentences	Recognise and use subjunctive forms	110
6.2	**Die Wiedervereinigung – Wunsch und Wirklichkeit**	Discuss and contrast the desired and actual outcomes of reunification	Use cases	Use language for describing change	114
6.3	**Alte und neue Bundesländer – Kultur und Identität**	Discuss and compare the culture and identity of the old and new federal states	Use conditional sentences with the imperfect and pluperfect subjunctive	Plan an essay	118
	Wiederholung				122
	Vokabeln				126

A Level skills

1 Filmdossier — 128
- A case study of *Das Leben der Anderen*

2 Literaturdossier — 130
- A case study of *Der Besuch der alten Dame*

3 Comprehension skills for literary texts — 132
- Engaging with literary texts for comprehension activities

4 Individual research project — 136
- Planning, research and preparation for the individual research project

Grammatik — 141

Verben — 162

kerboodle

Kerboodle for AQA German A Level Year 2 includes resources focused on developing key grammar, vocabulary, listening, reading, translation and writing skills. These engaging and varied resources include videos with native German speakers, self-marking tests, listening activities with downloadable transcripts, practice questions with study tips and comprehensive teacher support.

Our AQA German A Level Year 2 Kerboodle resources are accompanied by online interactive versions of the Student Books.

Find out more at www.kerboodle.com

Introduction

AQA A Level German

The AQA A Level German specification is divided into four main subject areas, called Themes. Each Theme is divided into three sub-themes, making a total of twelve sub-themes to study during the course. Theme 1 and Theme 2 below are also included in the Year 1 and AS specification. The themes and sub-themes are as follows:

Theme 1: Aspects of German-speaking society: current trends

Familie im Wandel
- Beziehungen innerhalb der Familie
- Partnerschaft und Ehe
- Verschiedene Familienformen

Die digitale Welt
- Das Internet
- Soziale Netzwerke
- Die Digitalisierung der Gesellschaft

Jugendkultur: Mode, Musik und Fernsehen
- Mode und Image
- Die Bedeutung der Musik für Jugendliche
- Die Rolle des Fernsehens

Theme 2: Artistic culture in the German-speaking world

Feste und Traditionen
- Feste und Traditionen – Ihre Wurzeln und Ursprünge
- Feste und Traditionen – Ihre soziale und wirschaftliche Bedeutung
- Vielfältige Feste und Traditionen in verschiedenen Regionen

Kunst und Architektur
- Künstler und Architekten
- Kunst und Architektur im Alltag
- Kunst und Architektur – Vergangenheit, Gegenwart, Zukunft

Das Berliner Kulturleben damals und heute
- Berlin – geprägt durch seine Geschichte
- Theater, Musik und Museen in Berlin
- Die Vielfalt innerhalb der Bevölkerung Berlins

Theme 3: Multiculturalism in German-speaking society

Einwanderung
- Die Gründe für Migration
- Vor- und Nachteile der Einwanderung
- Migrationspolitik

Integration
- Maßnahmen zur Integration
- Hindernisse für die Integration
- Die Erfahrungen verschiedener Migrantengruppen

Rassismus
- Die Opfer des Rassismus
- Die Ursprünge des Rassismus
- Der Kampf gegen Rassismus

Theme 4: Aspects of political life in the German-speaking world

Deutschland und die Europäische Union
- Die Rolle Deutschlands in Europa
- Vor- und Nachteile der EU für Deutschland
- Die Auswirkungen der EU-Erweiterung auf Deutschland

Die Politik und die Jugend
- Politisches Engagement Jugendlicher
- Schwerpunkte der Jugendpolitik
- Werte und Ideale

Die Wiedervereinigung und ihre Folgen
- Friedliche Revolution in der DDR
- Die Wiedervereinigung – Wunsch und Wirklichkeit
- Alte und neue Bundesländer – Kultur und Identität

You will also be required to study either a film and literary text or two literary texts, from a list of prescribed films and texts.

Assessment

The exam is divided into three papers – the contents of these exams are summarised in the table below.

Paper	What is assessed	Length of exam	Marks available	% of A Level
1: Listening, reading and writing	• Aspects of German-speaking society • Artistic culture in the German-speaking world • Multiculturalism in German-speaking society • Aspects of political life in German-speaking society • Grammar	2 hours 30 minutes	100 marks	50%
2: Writing	• One text and one film or two texts from the lists in the specification • Grammar	2 hours	80 marks	20%
3: Speaking	• Individual research project • One of the four themes	21-23 minutes (including 5 minutes' preparation time)	60 marks	30%

How to use this book

Themes 1 and 2 can be found in the A Level Year 1/ AS Student Book. This book covers Themes 3 and 4 listed opposite. The chapters are arranged in the same sequence as the themes and sub-themes in the AQA specification, so there is always a clear link between the book and the specification. At the beginning of each sub-theme, you will find a list of learning objectives, which includes language, grammar and skills objectives.

At the end of each of the six sub-themes, there is a vocabulary list to help you learn key vocabulary related to the topic. There is also a revision section to put what you have learned into practice.

An A Level skills section at the end of the book examines the study of films and literary texts and provides guidance on how to tackle literary text comprehension and the individual research project.

The features in this book include:

Wussten Sie schon?

An anecdotal insight into facts/figures relating to each sub-theme.

Grammatik

Summary grammar explanations and examples, linked to online interactive activities.

(A grammar reference section can be found at the back of the book.)

Strategie

The 'skills' boxes help build key language learning strategies. These are linked to online worksheets. Further tips are presented in the review pages at the end of each unit.

Vokabeln

The most challenging new vocabulary from the exercises on each spread is translated in these boxes.

Schlüsselausdrücke

Key words and phrases, designed to give you prompts for productive tasks.

Audio stimulus

This indicates audio material for listening activities.

1 Einwanderung

By the end of this section you will be able to:

		Language	Grammar	Skills
1.1	Die Gründe für Migration	Explain the main reasons why people migrate	Use weak masculine nouns	Apply dictionary skills: verbs
1.2	Vor- und Nachteile der Einwanderung	Evaluate the advantages and disadvantages of immigration for immigrants and the country of destination	Use complex adjectival phrases	Talk about data and trends
1.3	Migrationspolitik	Examine issues affecting a country's migration policy	Use adjective endings	Use gist comprehension for complex passages

Einwanderung hat es sicher immer gegeben. Aus verschiedenen Gründen (wie Krieg, Furcht, Armut, Hunger, Verfolgung) haben einige Menschen ihre Heimat auf der Suche nach einem besseren Leben verlassen. Einwanderung hat eine positive Seite. Nach dem zweiten Weltkrieg haben Gastarbeiter einen enormen Beitrag bei dem Wiederaufbau Deutschlands geleistet. Einwanderung kann eine Arbeitsplatzkrise lösen und kann die Kultur eines Landes bereichern. Natürlich bringt sie auch Probleme mit sich – Integration ist oft schwer, und wenn eine relativ hohe Anzahl Einwanderer zur gleichen Zeit kommt, kann das eine Gemeinde unter Druck setzen. Jedes Land muss eine Migrationspolitik haben, die sowohl seine Bürger als auch die Einwanderer schützt.

1 Arbeiten Sie mit einer Partnerin/einem Partner zusammen. Welche Tatsachen unter *Wussten Sie schon?* finden Sie überraschend? Achten Sie auf folgende Fragen:

- Warum ist die Tatsache überraschend?
- Was erstaunt Sie nicht? Warum nicht?

Wussten Sie schon?

- 1937 schlossen das Deutsche Reich und Italien ein Anwerbeabkommen. Wegen der Kriegsvorbereitungen fehlten den Nazis Arbeitskräfte in der Industrie und der Landwirtschaft. Rund 350 000 Italiener arbeiteten 1943 im faschistischen Deutschland.

- Circa 1955 wuchs in Westdeutschland der Arbeitskräftebedarf wieder. Die Bundesregierung schloss daher Anwerbeabkommen mit Italien, Spanien, Griechenland, der Türkei, Marokko, Portugal, Tunesien, Jugoslawien und Südkorea. Die ‚Gastarbeiter' arbeiteten meist als Ungelernte in der Industrie. Bis Anfang der 70er Jahre lebten die meisten in Baracken und Wohnheimen mit strengen Regeln.

- Seit 2015 gibt es elf Millionen Einwanderer in Deutschland – vierzehn Prozent der Bevölkerung. Die meisten Einwanderer leben in westdeutschen Großstädten.

- 1,5 Millionen Türken, 741 000 Polen und 596 000 Italiener wohnen in Deutschland.

- Nicht alle Deutschen wollen Zuwanderer. Zum Beispiel veranstaltet die fremdenfeindliche Organisation Pegida (Patriotische Europäer gegen die Islamisierung des Abendlandes) seit 2014 viele Demonstrationen gegen die Einwanderungs- und Asylpolitik Deutschlands.

- Fünfzehn Prozent der österreichischen Bevölkerung ist im Ausland geboren.

- Der Ausländeranteil ist 25 Prozent der Bevölkerung in der Schweiz.

1 Einwanderung

2 Welche der Wörter (1–10) passen zum Thema ‚Einwanderung'?

1 Asylbewerber
2 Kunde
3 Asylanten
4 Maler
5 Azubi
6 Flüchtling
7 Fluglehrer
8 Gastarbeiter
9 Lehrling
10 Aussiedler

3a Sind die folgenden Auswirkungen der Einwanderung eher P (positiv) oder N (negativ)?

1 mehr Arbeitskräfte
2 Schwierigkeiten mit der Sprache
3 Ausländerfeindlichkeit
4 bessere Altersverteilung am Arbeitsplatz
5 Ausnutzung ungelernter Arbeitskräfte
6 hochqualifizierte Arbeitnehmer

Die Ankunft griechischer Gastarbeiter in Deutschland, 1965

3b Arbeiten Sie in kleinen Gruppen. Welche anderen Auswirkungen der Einwanderung gibt es? Sind sie eher positiv oder negativ?

4 Wählen Sie das richtige Verb für jeden Satz.

1 Aussiedler, die keine Arbeit finden, _____ Arbeitslosengeld.
2 Die Gastarbeiter _____ nach Deutschland, um in der Industrie zu arbeiten.
3 Viele Einwanderer _____ ihre Freunde zu Hause.
4 Menschen _____ ihre Heimat aus verschiedenen Gründen.
5 Wir _____ beide aus nichtdeutschen Familien.
6 Einige Asylbewerber _____ als politische Flüchtlinge.
7 Sie _____ das verdiente Geld an ihre Familien.

> gelten   stammen   erhalten   kamen   verlassen
> vermissen   schickten

5 Bringen Sie die Wörter in die richtige Reihenfolge. Jeder Satz soll mit dem unterstrichenen Wort anfangen.

1 ihre / weil / dort / sicher / <u>Flüchtlinge</u> / verlassen / waren / sie / nicht / Heimat / mussten
2 Recht / ihrer / die / ein / Schutz / <u>Menschen</u> / wegen / verfolgt / Religion / haben / werden / auf
3 Presse / <u>Negative</u> / die / der / der / erschienen / Berichte / in / Arbeiter / sind / Ausbeutung / über
4 ausgelacht / Zeichen / mich / hinter / gemacht / <u>Sie</u> / Rücken / komische / haben / und / meinem
5 enorm / sich / geändert / letzten / <u>Die</u> / den / Situation / hat / Jahren / in

9

1.1 A: Die Gründe für Migration

1 Arbeiten Sie mit einer Partnerin/einem Partner zusammen. Befragen Sie sich gegenseitig:
- Warum verlassen einige Menschen ihre Heimat?
- Welche Probleme kann es für Einwanderer manchmal geben?

2a Lesen Sie den Text. Sind die Aussagen (1–9) R (richtig), F (falsch) oder NA (nicht angegeben)?

Hoffnung auf ein besseres Leben

Das Jahrhundert der Migration
Migrationsbewegungen (lat.: *migrare* – wandern) hat es in allen Perioden der menschlichen Geschichte gegeben. Das 20. Jahrhundert kann als Jahrhundert der Migration bezeichnet werden: Das Ausmaß der Migrationsbewegungen hat das früherer Jahrhunderte bei Weitem überschritten. Im 21. Jahrhundert werden die Migrationsbewegungen aller Voraussicht nach weiter ansteigen.

Ursachen und Folgen
Die wichtigsten Ursachen für Migration sind schlechte ökonomische Bedingungen im Herkunftsland, politische, religiöse oder rassistische Verfolgung, wirtschaftliche Krisen, Kriege, Umwelt- oder Naturkatastrophen. Vor allem die Hoffnung auf ein besseres Leben für sich selbst und die Familie ist ein Migrationsmotiv. Mit Migration sind viele persönliche, familiäre, soziale, kulturelle und politische Probleme und Herausforderungen verbunden.

‚Menschen mit Migrationshintergrund'
Migration kann ein Ortswechsel innerhalb eines Landes sein. Meistens wird das Wort jedoch zur Bezeichnung einer Auswanderung in ein anderes Land verwendet. Die Unterscheidung von Menschen in Deutschland nach ihrer Staatsbürgerschaft wird oft als unzureichend empfunden. Viele Zugewanderte haben die deutsche Staatsangehörigkeit erworben, sei es als Aussiedler aufgrund ihrer deutschen ‚Volkszugehörigkeit' oder durch Einbürgerung. Daher ist in den letzten Jahren der Begriff ‚Menschen mit Migrationshintergrund' populär geworden, wenn sie selbst oder aber ihre Eltern oder Großeltern aus einem anderen Land nach Deutschland eingewandert sind. Menschen mit Migrationshintergrund können also auch in Deutschland geboren sein.

Migranten in der Bundesrepublik
Die Gruppe der Menschen mit Migrationshintergrund ist hierzulande deutlich jünger und weist eine höhere Geburtenrate auf als die Gruppe der Menschen ohne Migrationshintergrund: Sie wächst daher, während die Zahl der Menschen ohne Migrationshintergrund abnimmt. Ein Fünftel aller Deutschen verfügt über einen Migrationshintergrund. Migranten und ihre Familien verteilen sich nicht gleichmäßig über ganz Deutschland: Etwa 90 Prozent leben in den alten Bundesländern, 80 Prozent davon in westdeutschen Großstädten.

Benachteiligung von Migranten
Statistiken belegen, dass Zuwanderer und ihre Familien oft trotz langen Aufenthalts in Deutschland in fast allen sozialen Bereichen benachteiligt sind: Dies beginnt beim Schulerfolg, bei der Berufsausbildung und beim Erwerbseinkommen, setzt sich fort beim Arbeitslosigkeits- und Armutsrisiko und reicht bis zur Versorgung älterer Menschen dieser Gruppe in angemessenen Einrichtungen.

Vokabeln
angemessen *appropriate*
das Ausmaß *extent*
der Aussiedler(–) *person of German origin who has moved back to Germany*
der Begriff(e) *term*
bezeichnen *to characterise, label*
die Einbürgerung *naturalisation*
überschreiten *to exceed*
unzureichend *unsatisfactory*
die Verfolgung(en) *persecution*
verfügen über *to have (at one's disposal)*

1. Migration ist etwas Neues.
2. Es sieht aus, als ob Migration in der Zukunft zunehmen wird.
3. Furcht ist eine bedeutende Ursache für die Migration.
4. Hauptziel der Migration ist ein besseres Leben für sich selbst und die Familie.
5. Keine der Zugewanderten haben deutsche Staatsangehörigkeit.
6. Der Ausdruck ‚Menschen mit Migrationshintergrund' ist jetzt beliebt.
7. Das Durchschnittsalter der Migranten ist fünfunddreißig.
8. Die meisten Migranten wohnen in den neuen Bundesländern.
9. Kinder der Zuwanderer haben weniger Erfolg in der Schule.

1 Einwanderung

2b Lesen Sie den Text noch einmal und beantworten Sie die Fragen auf Deutsch.

1. Warum kann man das 20. Jahrhundert als Jahrhundert der Migration bezeichnen?
2. Geben Sie vier Gründe für die Migration an.
3. Was ist das Hauptmotiv?
4. Heißt Migration immer eine Auswanderung in ein anderes Land? Warum (nicht)?
5. Was sind ‚Menschen mit Migrationshintergrund'?
6. Verteilen sich Migranten gleichmäßig über ganz Deutschland?
7. Was zeigen Statistiken über die Chancen für Migranten?

Flüchtlinge bitten darum, in Deutschland einreisen zu dürfen.

2c Schreiben Sie eine Zusammenfassung (ca. 90 Wörter) des dritten und des vierten Abschnittes. Achten Sie auf folgende Punkte:

- was man unter Migration versteht
- warum es nicht ausreicht, Menschen nach ihrer Staatsbürgerschaft zu unterscheiden
- in welcher Hinsicht sich ‚Menschen mit Migrationshintergrund' von anderen Bevölkerungsgruppen unterscheiden.

3 Übersetzen Sie die Sätze ins Deutsche.

1. Migration is nothing new. It has existed since the beginning of human history.
2. Poor economic conditions and religious persecution are among the most important causes of migration.
3. Many immigrants have acquired German nationality through naturalisation.
4. People with a background of migration show a high birth-rate.
5. Immigrants are disadvantaged in most areas, even if they have lived in Germany for a long time.

4 🎧 Hören Sie sich den Bericht über Zuwanderer und das Gesetz von 2005 an. Füllen Sie die Lücken aus. Sie können mehr als ein Wort benutzen, falls nötig.

1. Aussiedler aus dem Ostblock sind meistens _____.
2. Das einzige Problem für sie ist, dass _____.
3. Die _____ sind besonders gut integriert.
4. Die Türken sind nicht so gut integriert, weil _____.
5. Das neue Gesetz verspricht _____.
6. Die Sprachkurse und Integrationskurse werden beide _____.

5a Schauen Sie diese Verben in einem Wörterbuch nach. Erfinden Sie für jedes Verb einen Satz zum Thema Migranten oder Einwanderung.

1. abhängen
2. sich bewerben
3. bitten
4. denken
5. sich erinnern
6. sich gewöhnen
7. kämpfen
8. sich sehnen

5b Arbeiten Sie mit einer Partnerin/einem Partner zusammen. Erfinden Sie noch einen Satz über Migranten für jedes Verb in der Liste oben und auch drei Beispiele für die Verben in der *Strategie*.

📘 Strategie

Dictionary skills: verbs

Information about how a verb is used may be found by looking up its infinitive in a dictionary. In the case of separable verbs, the infinitive begins with the prefix (*feststellen*, *teilnehmen*). The preposition following intransitive verbs (which do not take a direct object) may be different from that used in English.

teil|nehmen *itr. V.* to take part/participate (an + *Dat.* in)

leiden *itr. V.* to suffer (an, unter + *Dat.* from)

freuen *refl. V.* to be pleased (über + *Akk.* about); to look forward (auf + *Akk.* to)

1.1 B: Die Gründe für Migration

Ursachen von Migration

1 Arbeiten Sie mit einer Partnerin/einem Partner zusammen. Machen Sie eine Liste von Fragen, die Sie einem Menschen stellen könnten, der seine Heimat soeben verlassen hat. Erfinden Sie einige Antworten auf diese Fragen.

2a Lesen Sie den Text und wählen Sie die fünf Aussagen, die mit dem Sinn des Textes übereinstimmen.

Im Zeitalter der Globalisierung ist Migration zu einem festen Bestandteil unseres Lebens geworden. Nach den Güter- und Kapitalmärkten wachsen auch die internationalen Arbeitsmärkte immer weiter zusammen. Mobilität ist gefragt. Auslandsaufenthalte und internationale Netzwerke werden immer wichtiger, um in der globalisierten Arbeitswelt bestehen zu können.

Viele Menschen in den Entwicklungsländern sehen in ihrer Heimat für sich und ihre Familien keine Perspektiven. Sie leiden unter fehlenden Bildungschancen, hoher Arbeitslosigkeit, politischen und sozialen Konflikten und schlechter Regierungsführung. Das Bevölkerungswachstum ist in diesen Ländern oft sehr hoch, so dass immer mehr junge Menschen vergeblich nach einem Arbeitsplatz suchen. Armut und Frustration sind die Folge.

Hinzu kommen in vielen Regionen zunehmende Umweltzerstörungen und die bereits spürbaren Auswirkungen des Klimawandels. Die Schätzungen, wie viele Menschen durch die globale Klimaerwärmung gezwungen sein werden auszuwandern, gehen weit auseinander. Sie reichen von 25 Millionen bis zu 1 Milliarde Menschen.

Oft lässt sich nicht genau sagen, ob es sich bei Migranten um Klimaflüchtlinge oder um Wirtschafts-, Armuts- oder Kriegsflüchtlinge handelt. Fest steht jedoch, dass in Zukunft immer mehr Menschen ihre Heimatländer verlassen werden, weil sich die Umwelt- und Lebensbedingungen dort dauerhaft verändert haben werden.

Über moderne Kommunikationsmittel erfahren die Menschen, wie attraktiv das Leben in den Nachbarländern und erst recht in anderen Teilen der Welt ist oder zu sein scheint. Migration ist ein Mittel der Selbsthilfe. Je weniger das Heimatland entwickelt ist, umso größer ist die Hoffnung, durch Auswanderung die eigenen Lebensverhältnisse verbessern zu können.

Vokabeln

der Aufenthalt stay
auseinandergehen to part, differ
der Bestandteil integral part, component
bestehen to exist
gefragt in demand
die Perspektive(n) prospect
die Schätzung(en) estimation
vergeblich in vain
das Wachstum growth

1 Migration hängt mit Globalisierung eng zusammen.
2 Deutsche müssen mehr Waren exportieren.
3 Das Leben in den Entwicklungsländern ist oft schwer und ohne Ziel.
4 Das Bevölkerungswachstum in den Entwicklungsländern ist höher als in Großbritannien.
5 25 Milliarden Menschen wandern wegen Klimaerwärmung aus.
6 Umweltzerstörungen sind die Hauptursache der Migration.
7 Es ist nicht immer klar, warum einige Menschen auswandern.
8 Die Migrantenzahl wird zweifellos steigen, weil sich das Leben in einigen Ländern verschlechtern wird.
9 Die Menschen finden durch moderne Technologie heraus, dass die Verhältnisse in anderen Ländern besser sind.
10 Ein Mangel an Entwicklung verbessert die Lebenschancen für die Einwohner.

2b Übersetzen Sie die letzten zwei Abschnitte des Textes (*Oft lässt sich … verbessern zu können.*) ins Englische.

1 Einwanderung

3 🎵 Hören Sie sich das Interview aus dem Jahr 2015 mit einer Migrationsexpertin an und wählen Sie jeweils die richtige Antwort.

1. 2015 sind … Flüchtlinge nach Deutschland gekommen.
   - **a** 450 000
   - **b** 800 000
   - **c** 32 000

2. Einige Gemeinden werden …
   - **a** ausgewählt.
   - **b** gelobt.
   - **c** überfordert.

3. Vielen Flüchtlingen wird von Schlepperbanden … angeboten.
   - **a** ein Reisedokument
   - **b** eine Überfahrt nach Europa
   - **c** eine sichere Unterkunft

4. Die Einwohner der Balkanstaaten verlassen wegen … ihre Heimat.
   - **a** Verfolgung
   - **b** eines Krieges
   - **c** der wirtschaftlichen Lage

5. In Serbien gab es 2014 …
   - **a** einen Krieg.
   - **b** eine Überschwemmung.
   - **c** eine Dürre.

6. Deutschland ist ein beliebtes Ziel weil es … ist.
   - **a** wohlhabend und naheliegend
   - **b** wohlhabend
   - **c** naheliegend

4a Finden Sie zwei Beispiele von schwachen Substantiven im vierten Abschnitt des Textes auf Seite 12.

4b Ergänzen Sie die schwachen Substantive.

1. Das Leben ein__ Student__ ist manchmal schwer.
2. Er zeigte de__ Grenzpolizist__ seinen Pass. (*plural*)
3. Mein Nachbar__ ist Asylant__ .
4. Er wollte de__ Kund__ helfen.
5. Er beneidete de__ Franzose__ um das Auto.

5 Erforschen Sie Migration nach Deutschland und versuchen Sie, eine persönliche Geschichte herauszufinden. Schreiben Sie dann einen Blogeintrag darüber (250–300 Wörter). Achten Sie auf folgende Fragen:

- Wie viele Flüchtlinge sind in den letzten zehn Jahren nach Deutschland gekommen?
- Aus welchen Herkunftsländern stammen sie?
- Was waren die Ursachen für ihre Migration?
- eine persönliche Geschichte.

🇫 Grammatik

Weak masculine nouns

These nouns add *-en* or *-n* at the end of the word in all cases except the nominative singular, and in the plural form. The dictionary shows the genitive and plural endings after the noun:

Mensch *m* -en -en person

Junge *m* -n -n boy

Er hat **den** Asylant**en** gefragt, wie es ihm geht.
Ich habe **dem** neu**en** Nachbarn ein kleines Geschenk gegeben.
Wir versuchen, alle Wünsche **des** Kund**en** zu erfüllen.
See page 142.

■ Schlüsselausdrücke

Es kann als Jahrhundert der Migration bezeichnet werden.
Die Migrationsbewegungen werden aller Voraussicht nach weiter zunehmen.
Viele Zugewanderte haben die deutsche Staatsangehörigkeit erworben.
Statistiken belegen, dass Zuwanderer oft benachteiligt sind.
Viele Menschen in den Entwicklungsländern sehen für sich keine Perspektiven.
Sie leiden unter fehlenden Bildungschancen.
Fest steht jedoch, dass in Zukunft immer mehr Menschen ihre Heimatländer verlassen werden.

1.2 A: Vor- und Nachteile der Einwanderung

1 Hören Sie sich acht Meinungen über Einwanderer und die Einwanderung an. Sind sie P (positiv), N (negativ) oder PN (positiv und negativ)?

2a Lesen Sie den Text. Wählen Sie für jeden Abschnitt (1–10) den passenden Titel (a–j).

Zehn Gründe, warum Deutschland Zuwanderung braucht

1 Fachkräfte aus dem Ausland können den Firmen dabei helfen, neue Märkte zu erschließen und Geschäftskontakte mit potenziellen Partnern aus dem Ausland herzustellen.

2 Branchen, deren Erfolg stark von Innovationen abhängen (Maschinen- und Fahrzeugbau, Pharmaindustrie), sind das Zugpferd der deutschen Wirtschaftskraft. In den vergangenen Jahren sind immer mehr ausländische Forscher nach Deutschland gekommen.

3 Das Durchschnittsalter eines Zuwanderers liegt derzeit bei 28 Jahren. Jeder Migrant könnte gut 40 Jahre in die Sozialkassen einzahlen.

4 Der Einfluss ausländischer Staatsbürger auf den Staatshaushalt ist positiv. So haben Neuzuwanderer 2009 deutlich seltener Arbeitslosengeld und Rente als in Deutschland Geborene empfangen.

5 Deutschland muss immer mehr alte Menschen versorgen. Zuwanderung kann eine wichtige Rolle spielen, wenn es darum geht, den Pfleger- und Ärztemangel aufzufangen.

6 Der Better Life Index der OECD zeigt: Traditionelle Einwanderungsländer wie Kanada, Australien oder die USA schneiden regelmäßig besonders gut ab, wenn es um Kriterien wie den Gesundheitszustand, das Wohlbefinden und die Wohnsituation ihrer Bürger geht.

7 Europaweit ist der Anteil von Einwanderern aus EU-Ländern an den Transferleistungsempfängern verschwindend gering. In Deutschland liegt er bei unter fünf Prozent.

8 Deutschlands Einwanderungspolitik ist in den vergangenen Jahren sehr liberal geworden. Doch gerade bei den qualifizierten Berufen bestehe noch Nachholbedarf – hier behinderten Gesetze eine ‚internationale Personalbeschaffung'.

9 Viele Einwanderer sind entweder Studenten oder haben gute Qualifikationen. Der typische Einwanderer der Gegenwart ist also keinesfalls ein Armutsmigrant – sondern eher ein smarter Akademiker.

10 Nicht nur die Sozialstruktur der Zuwanderer hat sich verändert, auch die Meinung der Deutschen zum Thema Migration. Laut ARD-Deutschlandtrend befürworten 68 Prozent ‚qualifizierte Zuwanderung'.

a Einwanderung entlastet die öffentlichen Haushalte
b Eine Mehrheit der Deutschen befürworten Einwanderung
c Zuwanderung bringt Wohlstand
d Deutschland ist ein Magnet für Talent
e Zuwanderung steigert die Innovationskraft
f Die meisten Migranten nehmen keine Sozialleistungen in Anspruch
g Die Wettbewerbsfähigkeit deutscher Unternehmen auf den internationalen Märkten steigt
h Die Hightech-Unternehmen könnten von einer Lockerung der Einwanderungsbeschränkungen profitieren
i Migranten sind jung und zahlen länger in die Sozialkassen ein
j Medizinische Pflege und Vorsorge profitieren von der Zuwanderung

Vokabeln
befürworten to support
der Haushalt(e) budget
herstellen to establish
die Lockerung(en) relaxation
die Personalbeschaffung staff recruitment
der Pfleger(–) carer
der Transferleistungsempfänger(–) recipient of state benefits
versorgen to care for
die Wettbewerbsfähigkeit competitiveness
das Zugpferd(e) driver/driving force

1 Einwanderung

2b Lesen Sie den Text noch einmal und füllen Sie die Lücken aus.

1. Ausländische Fachleute sind wegen der _____ der Bevölkerung nötig.
2. Viele ausländische _____ kommen nach Deutschland.
3. Der Durchschnittsmigrant zahlt 40 Jahre in die _____.
4. Es gibt einen Mangel an _____ in Deutschland.
5. Die finanzielle Lage der Bundesbürger wird durch Migranten _____.
6. Die _____ der Deutschen befürwortet ‚qualifizierte Zuwanderung'.

3 Übersetzen Sie die Sätze ins Deutsche.

1. Skilled workers from other countries help firms to become more competitive.
2. Foreign citizens have a positive influence on the state budget.
3. Doctors and care-workers among the migrants look after more and more old people.
4. Traditional immigrant countries regularly do well when it comes to the health of their citizens.
5. Many firms could benefit from a relaxing of restrictions on international recruitment.

4 Besprechen Sie die Statistik mit einer Partnerin/einem Partner. Dann beantworten Sie die Fragen auf Deutsch.

1. Welche Tendenz zeigen die Nettozahlen für Migration nach Deutschland?
2. Warum ist die Zahl von 1,1 Millionen Zuwanderern vielleicht irreführend?
3. Warum kommen wohl so viele Zuwanderer nach Nordrhein-Westfalen und Bayern?

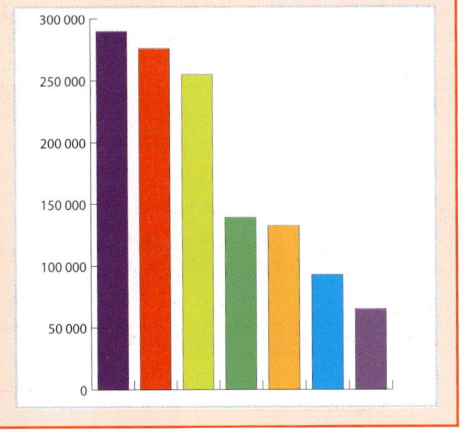

Strategie

Talking about data and trends

Be aware that German often uses a comma where English uses a decimal point:
9,3% – neun Komma drei Prozent (der Bevölkerung)

Other useful vocabulary:
die Mehrheit majority
die Hälfte half
ein Drittel a third
drei Viertel three-quarters
die Zahl steigt/sinkt the number is rising/falling
im Durchschnitt on an average
im Vergleich zu in comparison to/with
der Anteil the share

Nettozuwanderung nach Deutschland

2013	437 000
2014	577 000
2015	1,1 Million*

* 2015 sind fast zwei Millionen Menschen nach Deutschland gekommen, aber 860 000 haben das Land verlassen.

Zuwanderer nach Bundesländern (2014)

Nordrhein-Westfalen	289 879
Bayern	276 101
Baden-Württemberg	254 975
Niedersachsen	139 181
Hessen	132 656
Berlin	93 094
Rheinland-Pfalz	65 138

5 Hören Sie sich die Diskussion über die deutsche Flüchtlingspolitik an und beantworten Sie die Fragen auf Deutsch.

1. Wie reagierten viele Deutsche auf die große Zahl der Flüchtlinge im Jahr 2015 und warum?
2. Wer war gegen die Einwanderung und warum?
3. Welche Wahl hatte Deutschland damals?
4. Was könnte für die Regierung schwierig sein?
5. Welche Probleme der Einwanderung werden zum Schluss erwähnt?

1.2 B: Vor- und Nachteile der Einwanderung

1 Was sind die Nachteile der Einwanderung? Machen Sie ein Assoziationsdiagramm und vergleichen Sie in der Klasse.

2a Lesen Sie den Text. Sind die Sätze R (richtig), F (falsch) oder NA (nicht angegeben)?

Liri Bekiri – Ein Tag in meinem Leben als Migrant

Der mit Abstand interessanteste Tag war mein erster Tag in der Schule. Ich war neun oder zehn Jahre alt. Ich wusste nicht, was mich erwarten würde und fühlte gleichzeitig Unsicherheit und Neugierde. Wie würde ich mich mit den anderen Kindern verstehen? Ich konnte kaum ein Wort Deutsch. Ich war es gewohnt in Mazedonien, zusammen mit meinen älteren Schwestern und anderen Freunden in die gleiche Schule zu gehen. Hier in Meierskappel war ich ein Fremdling, einer, der keine Freunde hat.

Ich kann mich gut erinnern, dass ich mich bereits optisch von den anderen sehr unterschied. Mit vier Kindern und der schwierigen und neuen Lebenslage in der Schweiz war es meinen Eltern nicht möglich gewesen, für uns hochwertigere Kleidung zu finanzieren. Also saß ich einfach nur still da und beobachtete meine Klassenkameraden, die sich schon länger kannten und sich spielerisch zu unterhalten schienen. Meiner Lehrerin lag daran, dass ich mich nicht ausgeschlossen fühlte und zu meiner Verwunderung reagierten die anderen Kinder mit viel Interesse und Neugierde mir gegenüber. Es dauerte nicht lange, bis ich mich mit einigen Kindern angefreundet hatte. Mit wilden Gesten und Nicken gelang es, uns zu verständigen. Der jedoch entscheidende Grund, warum ich bereits in den ersten Stunden neue Freunde gewinnen konnte, lag unbestreitbar darin, dass wir als Kinder nicht sprachliche Verständigung brauchten, sondern uns der Verständigung durch das Spielen und Kichern bedienten.

Der Unterricht dauerte bis drei Uhr am Nachmittag. Vom eigentlichen Unterricht hatte ich aufgrund mangelnder Sprachkenntnisse nicht viel mitnehmen können. Dafür war das Spielen am Nachmittag umso spannender und erfolgreicher gewesen.

Als ich am späten Nachmittag zu Hause eintraf, teilte ich meinen Schwestern meine neu gesammelten Eindrücke und Erfahrungen mit. Ich erzählte ihnen von den aufregenden Spielen, die ich noch nicht ganz verstand, weil mir gewisse Spielregeln noch fremd waren, die mir aber großen Spaß bereitet hatten.

Inzwischen habe ich ihre Worte und das Spiel verstanden und meinen eigenen Spielkreis in der Schweiz kreiert. Ich beherrsche die deutsche Sprache und besitze meine eigene Autogaragenfirma in Luzern. Von meinem spielerischen Schultag hatte ich gelernt, spielerisch durchs Leben zu gehen.

Vokabeln

der Abstand *distance*
ausgeschlossen *left out, isolated*
sich bedienen *to use*
beherrschen *to master*
der Fremdling(e) *stranger*
hochwertig *of high value*
kreieren *to create*
die Neugierde *curiosity*
spielerisch *playful*

1 Es war der erste Schultag in Liris Leben.
2 Seine Mutter begleitete Liri zur Schule.
3 Liri sah nicht wie die anderen Kinder aus.
4 Die anderen Kinder zeigten kein Interesse an Liri.
5 Liri verstand den Unterricht nicht.
6 Liri war schnell mit drei anderen Jungen befreundet.
7 Liri verstand die Spiele nicht genau, aber sie machten ihm Spaß.
8 Liri ist jetzt Angestellter bei einer Autofirma.

1 Einwanderung

2b Schreiben Sie eine Zusammenfassung (ca. 90 Wörter) des zweiten und dritten Abschnittes des Textes (*Ich kann … gewesen.*). Achten Sie auf folgende Punkte und benutzen Sie wenn möglich Ihre eigenen Wörter:

- wie Liri sich anders fühlte
- wie die Lehrerin und die anderen Kinder auf ihn reagierten
- wie Liri den Unterricht und das Spielen fand

2c Übersetzen Sie die letzten zwei Abschnitte des Textes (*Als ich … gehen.*) ins Englische.

3 🎵 Hören Sie sich das Interview mit einem syrischen Migranten an. Wählen Sie die fünf Aussagen, die mit dem Sinn des Interviews übereinstimmen.

1. Mohamed hatte ein großes Haus in Damaskus.
2. Die Unterkunft in Syrien war teuer und übervölkert.
3. Er hatte einen guten Job in Syrien.
4. In Syrien gab es keine Perspektive.
5. Der Herr wollte arbeiten und nicht vom Staat abhängig sein.
6. In Deutschland gibt es mehr Stellen für Ausländer als sonst irgendwo.
7. Er ist froh, weg von seiner Familie zu sein.
8. Der Weg nach Deutschland ist für Migranten oft gefährlich.
9. Es ist leicht, ein Interview zu bekommen.
10. Ausländische Qualifikationen sind den deutschen gleichwertig.

4 Finden Sie die Adjektivphrasen in den Sätzen und übersetzen Sie sie ins Englische.

1. Deutschland wird zu einem in sich gekehrten Land.
2. Die in den Arbeitsmarkt integrierbaren Zuwanderer sind willkommen.
3. Insbesondere zum Christentum konvertierte Flüchtlinge mussten in ihrem Heimatland mit Angriffen rechnen.

5 Arbeiten Sie mit einer Partnerin/einem Partner zusammen. Finden Sie Gründe oder Beispiele, um Ihre Meinung zu rechtfertigen.

- Person A vertritt eine Meinung.
- Person B vertritt die andere Meinung.

A Die Einwanderung hat viele positive Aspekte.

B Zuwanderer bringen viele Probleme mit sich.

6 Schreiben Sie einen Artikel (ca. 250 Wörter) für eine Webseite, in dem Sie die Vor- und Nachteile der Einwanderung betrachten.

🔲 Grammatik

Complex adjectival phrases

As well as shorter adjectives, it is possible to place a long adjectival phrase immediately before a noun to which it relates. Often, a complex adjectival phrase can only be translated as a relative clause in English:

Die Anzahl der **in die Nachbarländer geflohenen** Asylanten war sehr hoch.
The number of asylum-seekers who had fled to neighbouring countries was very high.

Die **von den Menschen gehaltenen** Werte werden infrage gestellt.
The values that people hold are being called into question.

See page 146.

◼ Schlüsselausdrücke

Jeder Migrant könnte also gut 40 Jahre in die Sozialkasse einzahlen.
Zuwanderung kann eine wichtige Rolle spielen, wenn es darum geht, den Pfleger- und Ärztemangel aufzufangen.
Traditionelle Einwanderungsländer schneiden regelmäßig gut ab.
Der Anteil der Studierenden unter den Zuwanderern hat sich stark erhöht.
Der Anteil von zugezogenen Migranten mit hoher Qualifikation hat sich fast verdoppelt.
Er/Sie wollte sich nicht auf die Sozialhilfe verlassen.
Er/Sie fühlte gleichzeitig Unsicherheit und Neugierde.
Er/Sie fühlte sich ausgeschlossen.
Es gelang ihnen, sich durch Gesten und Nicken zu verständigen.
Jetzt beherrscht er/sie die deutsche Sprache.

1.3 A: Migrationspolitik

1 Arbeiten Sie mit einer Partnerin/einem Partner zusammen und diskutieren Sie folgende Punkte. Mit welchen Aussagen stimmen Sie überein?

1. Flüchtlinge aus Krisengebieten muss man in erster Linie unterstützen.
2. Alle Zuwanderer müssen hoch qualifiziert und leicht in den Arbeitsmarkt integrierbar sein.
3. Es soll ein Punktesystem geben, um die Zahl der Zuwanderer zu kontrollieren.

2a Lesen Sie den Text und korrigieren Sie die Fehler in den Sätzen unten.

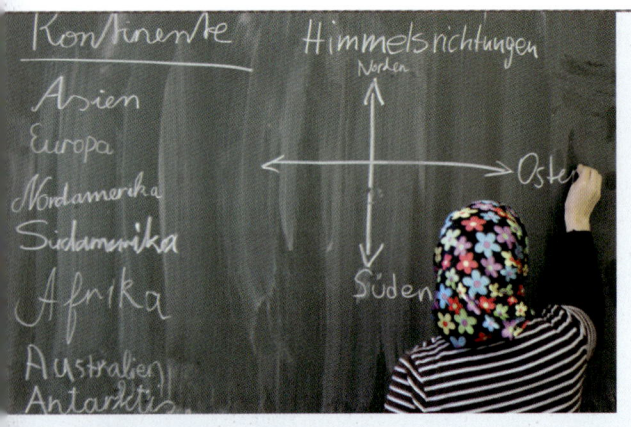

Wir brauchen Zuwanderer, aber die richtigen

Belastet Zuwanderung die öffentlichen Haushalte? Nicht unbedingt. Dazu müssen Migranten aber mindestens so gut qualifiziert sein wie die hiesige Bevölkerung.

Angesichts der wachsenden Asylbewerber- und Flüchtlingszahlen und zunehmender Furcht vor Einwanderung hat in Deutschland erneut die Debatte um die richtige Migrationspolitik begonnen. Vor zwei Wochen hat der Präsident des Ifo Instituts in einem Beitrag noch einmal auf das hingewiesen, was unter den Ökonomen, die sich mit den wirtschaftlichen Effekten von Migration befassen, breiter Konsens sein dürfte.

Um die ökonomischen Herausforderungen zu bewältigen, die mit der alternden und infolge niedriger Geburtenzahlen schrumpfenden Bevölkerung verbunden sind, benötigt Deutschland Zuwanderung. Und damit die erwünschten wirtschaftlichen Entlastungen zustande kommen, müssen künftige Zuwanderer qualifiziert und in den Arbeitsmarkt integrierbar sein.

Auch eine im November vorgelegte Studie kommt zu diesen Schlussfolgerungen. Für diese Untersuchung wurde die langfristige Entwicklung der deutschen Staatsfinanzen für eine Reihe von Szenarien durchgerechnet, die sich hinsichtlich der Anzahl und Qualifikation der künftigen Zuwanderer unterscheiden. Die Resultate lassen sich auf eine knappe Formel bringen: Damit die öffentlichen Haushalte langfristig entlastet werden, müssen künftige Zuwanderer im Durchschnitt mindestens so qualifiziert sein wie die heute in Deutschland lebende Bevölkerung.

Wenn die Politik in Fragen der Zuwanderung auch an fiskalische oder wirtschaftliche Ziele denkt, muss sie also auf die Qualifikation und damit die Beschäftigungschancen der Einwanderer achten. Der Handlungsbedarf ist dabei allerdings nicht so akut, wie es die aktuelle Diskussion vielleicht erscheinen lässt. Im letzten Jahrzehnt hat sich nämlich das durchschnittliche Qualifikationsniveau der Neuzuwanderer nach Deutschland an das der Wohnbevölkerung angenähert und es teils sogar überschritten.

Dahinter steht eine starke Zunahme der Akademikerquote. Nach Angaben eines Migrationsforschers hatten 39 Prozent der Neuzuwanderer im Alter zwischen 25 und 64 Jahren im Jahr 2013 einen Hochschulabschluss. Bei den in den neunziger Jahren Zugewanderten lag diese Quote dagegen nur bei 16 Prozent. Zugleich aber hat der Anteil der Neuzuwanderer ohne Berufsausbildung im Trend nur langsam abgenommen und war im Jahr 2013 mit rund 30 Prozent immer noch hoch. Es ist dieser Wert, der zu Fragen führt, ob diese Politik funktioniert.

Vokabeln

die Angabe(n) *detail*
die Entlastung *relief (of burden or load)*
hiesig *local*
der Hochschulabschluss(¨e) *degree*
der Konsens(e) *consensus, agreement*
die Schlussfolgerung(en) *conclusion*
schrumpfen *to shrink*
das Szenarium(–ien) *scenario*

1. Migranten sind sich über die wirtschaftlichen Auswirkungen von Migration einig.
2. Die deutsche Bevölkerung wird reicher.
3. Man möchte Druck auf die privaten Haushalte vermeiden.
4. Es ist dringend, dass man sofort handelt, um die Politik zu ändern.
5. Das Qualifikationsniveau der Neuangekommenen sinkt.
6. 16 Prozent der Einwohner hatten 2013 einen Hochschulabschluss.
7. Der Anteil der Migranten mit Berufsausbildung nimmt allmählich ab.

1 Einwanderung

2b Lesen Sie den Text noch einmal und wählen Sie jeweils die richtige Antwort.

1 Unter Fachleuten besteht es … über die wirtschaftlichen Effekte von Migration.
   a Einigkeit   b Hoffnung   c Unklarheit

2 Die Migranten der Zukunft müssen … sein.
   a jung   b ausgebildet   c fleißig

3 Die Ergebnisse der im November vorgelegten Studie sind …
   a kontrovers.   b enttäuschend.   c deutlich.

4 Die Migrationspolitik muss … Ziele haben.
   a gesellschaftliche   b humanitäre   c wirtschaftliche

5 Fast die Hälfte der Zuwanderer hatten …
   a einen Hochschulabschluss.   b berufliche Qualifikationen.   c eine Stelle.

2c Übersetzen Sie die Sätze ins Deutsche.

1 Immigration is not necessarily a strain on the public purse.
2 Germany must conquer the challenges of an ageing and shrinking population.
3 The policy must take account of the qualifications and the employment opportunities of the migrants.
4 The need to act is not as urgent as the current discussions suggest.
5 This figure leads to the question of whether the policy is working.

2d Lesen Sie den Text auf Seite 18 noch einmal. Wählen Sie für jeden Abschnitt den wichtigsten Satz und drei wichtige Wörter. Sehen Sie auch die *Strategie* an.

2e Übersetzen Sie den dritten Abschnitt (*Auch eine …*), ohne in einem Wörterbuch nachzuschauen. Die *Strategie* hilft Ihnen dabei.

3a 🎵 Hören Sie sich das Radiointerview an und beantworten Sie die Fragen auf Deutsch.

1 Woher weiß man, dass Migration ein positiver Einfluss ist?
2 Was ist die Rolle des Staates?
3 Worunter leiden Migranten einer Studie nach?
4 Wer ist daran schuld, dass Deutschland keine Willkommenskultur hat?
5 Was machen viele Bürger, um ihr Gewissen zu befriedigen?
6 Wie sollen die Bürger neu denken?
7 Warum müssen sie besser abschneiden?

3b 🎵 Hören Sie sich das Interview noch einmal an. Schreiben Sie eine Zusammenfassung davon (ca. 90 Wörter). Achten Sie auf folgende Punkte:

- die Rolle des Staates
- Probleme für Migranten und Mangel an einer Willkommenskultur
- die Rolle der deutschen Bürger.

4 Sie möchten in einem deutschsprachigen Land arbeiten oder studieren. Diskutieren Sie die Situation in der Klasse und erklären Sie Ihre Pläne und Ihre Gedanken.

- Welches Land würden Sie wählen? Warum?
- Welche Probleme könnte es eventuell geben?

📘 Strategie

Gist comprehension for complex passages

- Use the context. Pick up clues from titles, sub-titles and pictures.
- Start by skim-reading, to get a basic idea of the content.
- Pick out key sentences and words that you know already.
- For unknown words, look for clues, such as capital letters, endings, the position of the word in the sentence and prefixes, to help work out whether a word is a noun, adjective or verb.
- Read before and beyond any unknown words. The meaning may become clearer.

Schlüsselausdrücke

Für mich wäre … am besten.
Das Land bietet den Migranten viel an.
Es gibt eine Willkommenskultur.
Ich möchte unbedingt an einem intensiven Sprachkurs teilnehmen.
Ich könnte eventuell finanzielle Probleme haben.
Natürlich werde ich meine Freunde und meine Familie vermissen.
Ich bin nicht sicher, ob man meine britischen Qualifikationen anerkennen wird.

1.3 B: Migrationspolitik

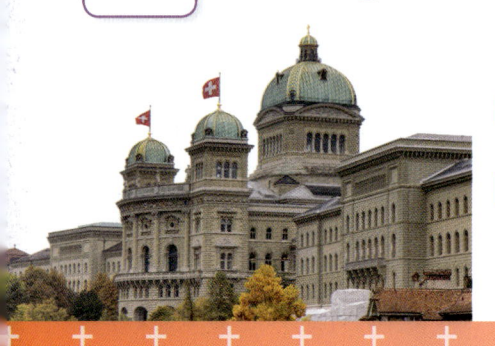

1 Denken Sie an Zuwanderer, die Sie kennen. Welche Probleme haben sie wohl am Anfang gehabt? Diskutieren Sie in der Klasse.

2a Lesen Sie den Text über die Migrationspolitik der politischen Partei CVP (christlichdemokratische Volkspartei) in der Schweiz. Wählen Sie dann die fünf Aussagen, die mit dem Sinn des Textes übereinstimmen.

Migrationspolitik

Offenheit ist eine Stärke der Schweiz. Das Engagement der CVP in Bundesbern zielt auf eine konstruktive Migrationspolitik. Im Zentrum stehen dabei eine Zuwanderung gemäß wirtschaftlichen Bedürfnissen, Anstrengungen zur verbesserten Integration von Menschen mit Migrationshintergrund sowie eine konsequente Missbrauchsbekämpfung.

Dies fördert Sicherheit und Zusammenhalt in der Schweiz. Zudem setzt sich die CVP für ein stärkeres Engagement in Herkunftsländern von Asylsuchenden ein. Dadurch wird die Situation vor Ort verbessert und Migrationsströme eingedämmt.

Dank der CVP

- wurde die Revision des Asylgesetzes verabschiedet. Das neue Gesetz wird zu kürzeren Verfahren, zu mehr Sicherheit und zu einer Entlastung der Kantone führen. Die Schweiz wird für Wirtschaftsflüchtlinge weniger attraktiv und kann sich damit auf den Schutz echter Flüchtlinge konzentrieren. Damit wird die Schweiz ihrer humanitären Tradition gerecht.
- erhalten schutzbedürftige oder verfolgte Personen Asyl. Dafür setzt sich die CVP seit jeher ein.
- wurde die Asylpolitik mit derjenigen der EU koordiniert (Schengen-Dublin).
- gibt es ein verbessertes Bürgerrechtsgesetz. Es stellt sicher, dass nur gut integrierte Personen in der Schweiz eingebürgert werden. Die Einbürgerung muss den Abschluss einer erfolgreichen Integration darstellen.

In Zukunft will die CVP

- eine konstruktive Migrationspolitik, welche die wirtschaftlichen, gesellschaftlichen, sozialen und kulturellen Interessen unseres Landes genügend berücksichtigt.
- die humanitäre Tradition der Schweiz aufrechterhalten und verfolgten Personen in der Schweiz Asyl gewähren.
- eine konsequente Missbrauchsbekämpfung im Asyl- und Ausländerbereich. Wirtschaftsflüchtlinge erhalten in der Schweiz kein Asyl und müssen umgehend in ihre Heimatländer zurückgeschafft werden.
- Druck ausüben, damit Schengen/Dublin konsequent umgesetzt wird.
- Asylverfahren beschleunigen, indem die Rekursfristen verkürzt und die Gesuche zentral bearbeitet werden.
- die Masseneinwanderungsinitiative konsequent umsetzen, dabei aber den bilateralen Weg mit der EU nicht gefährden.
- Integration fördern und fordern. Zentral für eine erfolgreiche Integration sind gute Kenntnisse einer Landessprache, Integrationsvereinbarungen und die Durchsetzung der staatlichen Ordnung.
- die internationale Migrations-Zusammenarbeit verstärken. Insbesondere dann, wenn damit die Steuerung der Migration verbessert oder die Missbrauchsbekämpfung gestärkt wird.
- kriminelle Ausländer ausschaffen, jedoch unter Respektierung völkerrechtlicher Verträge.

Vokabeln

ausschaffen *(Swiss German)* to deport
eindämmen to contain, check
gemäß (+ dat) in accordance with
gewähren to grant, give
die Missbrauchsbekämpfung fight against abuse
die Rekursfrist(en) appeal period
umgehend immediately
das Verfahren(–) process

1 Die CVP will die Lage im Herkunftsland verbessern.
2 Die CVP hat für ein neues Asylgesetz gekämpft.
3 Die Schweiz will mehr Wirtschaftsflüchtlinge aufnehmen.
4 Die Partei will denjenigen helfen, die aus dem Elend geflohen sind.
5 Die Schweiz hat nicht den Ruf, ein humanitäres Land zu sein.
6 Die Partei findet das Schengen-Abkommen gut.
7 Die CVP will das Asylverfahren verlangsamen.
8 Die CVP findet Sprachkenntnisse wichtig.
9 Die CVP ist bereit, mehr mit anderen Ländern zu arbeiten.
10 Die Partei sieht keine andere Wahl, als kriminelle Ausländer aufzunehmen.

1 Einwanderung

2b Übersetzen Sie den ersten Teil des Textes (*Migrationspolitik*) auf Seite 20 ins Englische.

3 Machen Sie eine Liste von allen Adjektiven im zweiten Teil des Textes (*Dank der CVP*) und erklären Sie jeweils die Endungen, die sie haben.

4 🎵 Hören Sie sich vier Menschen an, die an einer Umfrage teilnehmen. Sind die Aussagen R (richtig), F (falsch) oder NA (nicht angegeben)?

1. Deutschland ist attraktiv für Nichtakademiker mit einer Berufsausbildung.
2. Viele Fachkräfte kommen aus Frankreich.
3. Es gibt einen Mangel an Auskunft über die Arbeitsmöglichkeiten im Land.
4. Viele Migranten können gut Deutsch sprechen.
5. Es gibt mehrere Wege, die Beschäftigungschancen für Migranten zu verbessern.
6. Früher war Deutschland ein erfolgreiches Einwanderungsland.
7. Geld spielt hier keine Rolle.
8. Einige Migranten sollte man nicht nach wirtschaftlichen Kriterien beurteilen.

Ein Aufnahmezentrum für Migranten in Passau, Deutschland

5 Erforschen Sie die aktuelle Migrationspolitik der Regierungen in Deutschland, Österreich und der Schweiz. Schreiben Sie einen Bericht (ca. 300 Wörter) darüber für eine Jugendzeitschrift, in dem Sie die drei Länder vergleichen.

Grammatik

Adjective endings

When adjectives are used before a noun, they must have the appropriate endings, which change according to the **gender**, **number** and **case** of the noun. Endings also vary depending on whether the adjective follows an article, and what kind of article.

Es gibt immer mehr Migranten mit hoh**er** Qualifikation. (no article, feminine singular, dative)

Er ist sicher ein schutzbedürftig**er** Mensch. (indefinite article, masculine singular, nominative)

Wegen der anhaltend**en** Konflikte haben sie ihre Heimatdörfer verlassen. (definite article, plural, genitive)

- *Kein* and possessive adjectives influence adjective endings in the same way as the indefinite article (*ein*):
  Mein größt**es** Problem ist, dass ich keinen richtig**en** Job finden kann.
- *Dieser, jener, jeder, solcher, welcher* behave as definite articles:
  Diese wirtschaftlich**e** Lage ist wirklich ernst.
- Adjectives after *einige, ein Paar, viele, manche, wenige* all behave as if there is no article:
  Er hatte einige türkisch**e** Zuwanderer kennengelernt.
- Comparative and superlative adjectives before a noun also follow the above patterns.

See page 144.

Schlüsselausdrücke

Künftige Zuwanderer müssen qualifiziert und in den Arbeitsmarkt integrierbar sein.
Die Einbürgerung muss den Abschluss einer erfolgreichen Integration darstellen.
Die Politik muss ein Konzept haben, das über die Bereitstellung einiger öffentlicher Gebäude hinausgeht.
Das Land braucht Menschen, die anpacken.
Hauptsache ist, dass schutzbedürftige und verfolgte Menschen Asyl erhalten.
Weil die Schweiz nicht in der EU ist, kann sie unabhängiger arbeiten.
Die Politik in diesem Land ist vielleicht deutlicher.

1 Wiederholung

Zeigen Sie, was Sie gelernt haben!

1 Lesen Sie die Sätze und wählen Sie die richtige Antwort.

1 Die Hoffnung auf ein besseres Leben ist ein wichtiges …
   a Thema.
   b Migrationsmotiv.
   c Problem.

2 Eine wichtige Ursache für Migration ist die …
   a Verfolgung.
   b Politik.
   c Faulheit.

3 Ein Fünftel aller Deutschen verfügt über einen …
   a Pass.
   b Hochschulabschluss.
   c Migrationshintergrund.

4 80 Prozent der Migranten wohnen in …
   a westdeutschen Großstädten.
   b den neuen Bundesländern.
   c den alten Bundesländern.

5 Zuwanderer und ihre Familien sind oft …
   a wohlhabend.
   b erfolgreich.
   c benachteiligt.

6 Viele Menschen in den Entwicklungsländern finden für sich keine …
   a Stelle.
   b Perspektive.
   c Wohnung.

7 Einige werden gezwungen, wegen … auszuwandern.
   a Klimaerwärmung
   b Urbanisierung
   c Globalisierung

8 Die Menschen erfahren über moderne …, wie attraktiv das Leben in anderen Ländern ist.
   a Kommunikationsmittel
   b Erfindungen
   c Gesellschaften

2 Füllen Sie die Lücken aus.

1 Immer mehr _____ Forscher sind in letzter Zeit nach Deutschland gekommen.
2 Ein Migrant könnte vierzig Jahre in die Sozialkasse _____.
3 Zuwanderer können helfen, den Ärztemangel zu _____.
4 Bei den qualifizierten Berufen verhindern _____ eine internationale Personalbeschaffung.
5 Die Sozialstruktur unter den _____ hat sich drastisch verändert.
6 Kinder können sich durch _____ gut verstehen.
7 Vom Unterricht hat er nicht viel wegen mangelnder _____ mitgenommen.
8 Gewisse Spielregeln waren ihm _____.

> einzahlen   Gesten   lösen   ausländische   fremd
> Gesetze   Sprachkenntnisse   Zuwanderern

3 Verbinden Sie die Satzhälften.

1 Eine neue Studie
2 Gute Sprachkenntnisse
3 Nach Angaben des Migrationsforschers
4 Das neue Gesetz
5 Der Anteil der Migranten ohne Berufsausbildung
6 Dank der Partei

a hat nur langsam abgenommen.
b erhalten verfolgte Menschen Asyl.
c wird zu kürzeren Asylverfahren führen.
d kommt zu diesen Schlussfolgerungen.
e sind für eine erfolgreiche Integration wichtig.
f hatten 39 Prozent der Einwanderer einen Hochschulabschluss.

Testen Sie sich!

Flüchtlinge: Lasst sie kommen!

Die Öffnung der Grenzen ist eine Chance für Deutschland und festigt seine wirtschaftliche Vorreiterrolle in Europa.

Deutschland dürfte in diesem Jahr die USA als Einwanderungsland Nummer eins ablösen. Damit befindet sich das Land inmitten einer historischen Weichenstellung, deren Tragweite wohl mit der Wiedervereinigung verglichen werden muss. Es wäre falsch, nicht besorgt zu sein. Jede Gesellschaft tut sich mit einer großen Einwanderungswelle zunächst schwer – insbesondere Länder, die wie Deutschland ein stabiles sozioökonomisches Gefüge und eine starke Ordnungsliebe haben. Zuwanderung untergräbt die alte Ordnung und verändert unser Leben nachhaltig. Wir werden aus der Komfortzone gedrängt.

Zuwanderung schafft, wie Freihandel, Gewinner und Verlierer. In beiden Fällen fließt der Nutzen zunächst eher dem Faktor Kapital als der Arbeit zu, da zusätzliche Hände den Wettbewerb auf dem Arbeitsmarkt verschärfen. Gesellschaftliche Errungenschaften wie soziale Sicherung und Bildungssystem geraten zunächst unter Druck, da Zuwanderer Leistungen benötigen, ohne gleich entsprechende Steuern und Versicherungsbeiträge zu erbringen. Daher müssen wohl einige der Regeln am Arbeitsmarkt und der sozialen Sicherung überprüft werden. Erschwerend kommt hinzu, dass Zuwanderung in Wellen hereinbricht und nicht in einem geordneten Strom verläuft. Auf Deutschland werden daher gewaltige Integrationsanstrengungen zukommen.

Weit stärker ins Gewicht fallen allerdings die enormen politischen und ökonomischen Vorteile der Zuwanderung. Diese hat das Potenzial, unsere Wirtschaft nicht nur zu erneuern, sondern über Generationen hinweg Wohlstand zu sichern. Nur durch massive Zuwanderung wird es Deutschland gelingen, langfristig seinen Lebensstandard und einen Platz unter den drei bis vier wichtigsten Ländern in der Welt zu sichern. Die Kosten der Integration sind also eine kluge Investition in die Zukunft.

So stehen Länder mit hohen Immigrationsanteilen besser da als Staaten mit weniger Zuwanderern. Kulturell diversifizierte Gesellschaften sind lebendiger, sozial flexibler, innovativer, anpassungsfähiger und wandlungsbereiter. Solche Volkswirtschaften weisen dadurch eine größere soziale und wirtschaftliche Mobilität auf, was Produktivität und Produktionswachstum fördert. Immigranten stellen eine Bereicherung dar: Sie suchen etwas Besseres, sehnen sich nach Freiheit und wissen, dass sie sich all das erst erarbeiten müssen.

1 Einwanderung

1a Übersetzen Sie die Sätze ins Deutsche. Benutzen Sie die ersten zwei Abschnitte des Textes zur Hilfe.

1. Many are worried that Germany has reached a historic turning-point with the opening of the borders.
2. A large wave of immigration can be problematic for any society at first.
3. Germany is well known for its stable structure and a strong love of order.
4. The old order is undermined, which changes our life for good.
5. Social security and the education system come under pressure through immigration.

[15 marks]

1b Lesen Sie den Text. Sind die Aussagen R (richtig), F (falsch) oder NA (nicht angegeben)?

1. Deutschland führt Europa in wirtschaftlicher Hinsicht.
2. Die Wiedervereinigung war das Hauptereignis im zwanzigsten Jahrhundert.
3. Die große Einwanderungswelle verursachte am Anfang keine Probleme.
4. Die Migrationswelle übt keinen Druck auf die Finanzen der Sozialhilfe aus.
5. Migration geschieht in Wellen, nicht in einem geordneten Strom.
6. Zuwanderung kann Deutschlands wirtschaftliche Zukunft über Generationen sichern.
7. Es gibt religiöse Vorteile der Einwanderung.
8. Deutschland war immer ein multikulturelles Land.
9. Länder mit vielen Zuwanderern haben mehr wirtschaftliche Probleme.
10. Die Vielfalt der deutschen Bevölkerung trägt zu einer steigenden Produktivität bei.

[10 marks]

1c Schreiben Sie eine Zusammenfassung der beiden ersten Abschnitte des Textes in nicht mehr als 90 Wörtern. Achten Sie auf folgende Punkte:

- die Folgen der Einwanderungswelle für Deutschland [2]
- einige praktische Probleme [2]
- was geschehen muss und warum es nicht einfach ist. [3]

Bewertung Ihrer Sprache: fünf zusätzliche Punkte.

[12 marks]

2a Lesen Sie den Text und füllen Sie die Lücken mit einem passenden Wort aus der Liste aus.

Migration kann sehr stressig sein

Die Bundesregierung geht jetzt ein Paket von Maßnahmen an, das die Lage entschärfen soll. So sollen die Asylverfahren beschleunigt werden.

Und: Asylbewerber, die wahrscheinlich bleiben dürfen, können an Integrationskursen teilnehmen, damit sie bald in die Arbeitswelt integriert werden. Fachkräfte unter ihnen können nach drei Monaten als Leiharbeiter tätig werden. Wer keinen Schutz genießt, muss schneller zurückkehren.

Alle Bundesländer können die Gesundheitskarte für Flüchtlinge einführen. Sie soll Linderung schaffen bei der psychotherapeutischen Versorgung. SPD-Gesundheitsexperte Karl Lauterbach hält das für extrem wichtig: „Traumatisierte Flüchtlinge sind ein Riesenproblem."

Die Psychotherapeutin Meryam Schouler-Ocak behandelt seit mehr als 20 Jahren Menschen, die von Krieg, Folter und Flucht traumatisiert sind.

„Die überfüllten Sammelunterkünfte bieten keinen Rückzugsraum, um die traumatischen Erlebnisse verarbeiten zu können," kritisiert die Fachfrau. Zudem benötigen die Betroffenen eine schnelle Integration in die Sozial- und Arbeitswelt.

Wunschdenken. Monatelang warten die Flüchtlinge auf die Bearbeitung ihrer Anträge, auf Arbeit noch länger. Sie sind quasi per Gesetz zum Nichtstun verurteilt. Die Folge: Ohne Therapie und ohne geordnete Lebensumstände werden die psychischen Probleme chronisch.

Werden die Traumata nicht behandelt, können sie zu Depressionen und Persönlichkeitsänderungen führen. Die Betroffenen ziehen sich dann zurück, können sich nicht konzentrieren. Die Umwelt empfinden einige als Bedrohung, reagieren aggressiv.

Psychisch Kranke können später kaum noch integriert werden. Sie lernen nur schwer eine neue Sprache, finden keinen Beruf, bleiben gesellschaftlich ausgeschlossen. „Schwer Traumatisierte fallen durch alle Maschen" erklärt Schouler-Ocak, „wenn wir sie nicht rechtzeitig abfangen und behandeln. Sie lassen sich kaum sozial auffangen."

Aktuellen Studien zufolge leiden bis zu 50% der Flüchtlinge an posttraumatischen Belastungsstörungen. Damit kommt eine PTBS, wie die Krankheit abgekürzt wird, laut Bundespsychotherapeutenkammer (BPtK) rund 20-mal häufiger bei Flüchtlingen vor als bei der bundesdeutschen Bevölkerung.

1 Die Regierung hat neue _____ getroffen, um die Lage der Migranten zu verbessern.
2 Die _____ Sammelunterkünfte helfen den Flüchtlingen gar nicht.
3 Ohne Therapie werden _____ Probleme chronisch.
4 Die Betroffenen sind nicht in der Lage, eine neue _____ zu lernen.
5 Laut _____ Studien leiden 50% an psychischen Krankheiten.
6 Diese Probleme _____ häufiger bei Flüchtlingen vor.

> Gesetze   psychische   aktuellen
> gehören   überfüllten   Schule
> Maßnahmen   kommen   Sprache

[6 marks]

2b Übersetzen Sie die beiden letzten Abschnitte des Textes (*Psychisch Kranke … Bevölkerung.*) ins Englische.

[10 marks]

2c Lesen Sie den Text noch einmal und beantworten Sie die Fragen auf Deutsch.

1 Welche Vorteile wird es ab jetzt für Asylbewerber geben? [2]
2 Warum sind viele Flüchtlinge traumatisiert? [1]
3 Wann werden psychische Probleme chronisch? [1]
4 Was passiert, wenn die Traumata nicht behandelt werden? [3]
5 Welche Probleme gibt es für schwer Traumatisierte? [3]
6 Wie verbreitet sind posttraumatische Belastungsstörungen unter Flüchtlingen? [2]

[12 marks]

Tipp

Tackling gap-fill tasks

The following ideas may be useful when completing a gap-fill task.

- Work out the meaning of as many words in the rest of the sentence as possible.
- Identify the type of word which is missing (noun, adjective, verb, etc.).
- If the missing word is a noun, look for clues as to the gender, case and number of the missing word.
- If the missing word is an adjective, look for clues as to the gender, case and number of the missing word, and work out which type of ending is needed.
- For a verb, look for clues as to the person, number and tense of the missing word.

1 Einwanderung

3a Sie hören ein Interview mit einem bayrischen Minister. Beantworten Sie die Fragen auf Deutsch.

1. Warum ist die Ankunft der Flüchtlinge ein finanzielles Problem für Bayern, laut Herrn Krüger? [1]
2. Warum ist die Integration der Neuangekommenen problematisch? [3]
3. Nach welchem Prinzip soll man bei der Integration handeln, seiner Meinung nach? [1]
4. Was soll mit denjenigen, die sich nicht integrieren lassen, passieren? [1]
5. Warum hat die Bundeskanzlerin die Grenzen geöffnet? [1]
6. Wie viele Flüchtlinge sind im September nach Bayern gekommen? [1]
7. Warum ist das schwer für das deutsche Volk, laut Herrn Krüger? [1]
8. Inwiefern ist Deutschland überlastet, seiner Ansicht nach? [1]

[10 marks]

3b Hören Sie sich das Interview noch einmal an und verbinden Sie die Satzhälften.

1. Integration bleibt vielleicht
2. Eine Million Menschen
3. Die Neuangekommenen sollen sich
4. Man muss bereit sein
5. Bei vielen Deutschen
6. Einige Deutsche waren unzufrieden

a. gibt es Sorgen über Veränderungen.
b. nach den hiesigen Regeln und Gesetzen zu leben.
c. kommen aus einem völlig anderen Kulturkreis hierher.
d. der Lebensweise und der Gesellschaftsordnung anpassen.
e. mit der Entscheidung zur Öffnung der Grenzen.
f. die größte Herausforderung für das Land.

[6 marks]

4 Arbeiten Sie mit einer Partnerin/einem Partner zusammen. Lesen Sie die Statistiken und befragen Sie sich gegenseitig:

- Was erfährt man hier über die Zahl von Migranten, die nach Deutschland kommen und was sind einige Auswirkungen für das Land?
- Warum möchten viele Deutsche mehr Einwanderer aufnehmen?
- Was wissen Sie im Allgemeinen über die Migrationspolitik in Deutschland, Österreich und in der Schweiz?

Nettozuwanderung nach Deutschland	Einwohner mit Migrationshintergrund
2013 – 437 000	2013 – 15,9 Millionen (19.9% der Bevölkerung)
2014 – 572 000	2014 – 16,4 Millionen (20%)
2015 – 1,1 Million	2015 – 17,1 Millionen (21%)

5 Stellen Sie sich vor, dass Sie ein(e) Migrant(in) sind, der/die vor einem Jahr nach Deutschland gekommen ist. Schreiben Sie einen Bericht (ca. 300 Wörter) und achten Sie auf folgende Punkte:

- Ihre Erfahrungen
- die Erfahrungen anderer Migranten, die Sie kennengelernt haben
- positive und negative Aspekte Ihres Lebens.

1 Vokabeln

1.1 Die Gründe für Migration

	anerkennen	to recognise
die	Angehörigen (*pl*)	relatives
	angemessen	appropriate
	ansteigen	to rise
der	Asylant(en) /	asylum seeker
die	Asylantin(nen)	
der	Asylbewerber(–) /	applicant for asylum
die	Asylbewerberin(nen)	
der	Aufenthalt(e)	stay
	aufweisen	to show
	auseinandergehen	to part, differ
das	Ausmaß(e)	extent
der	Aussiedler(–)	ethnic German immigrant
die	Auswanderung(en)	emigration
der	Begriff(e)	term
der	Bestandteil(e)	integral part
	bestehen	to exist
	bezeichnen	to characterise
der	Bildungsabschluss(¨e)	qualification(s)
der	Bürgerkrieg(e)	civil war
	dauerhaft	permanent, long-lasting
die	Einbürgerung	naturalisation
	einheitlich	uniform
die	Einrichtung(en)	institution
der	Einwanderer(–) /	immigrant
die	Einwanderin(nen)	
	erwerben	to acquire
das	Erwerbseinkommen(–)	income from employment
	fehlend	inadequate
	feststehen	to be certain
der	Flüchtling(e)	refugee
die	Flut(en)	flood
	gefragt	in demand
	gleichmäßig	even(ly)
die	Globalisierung	globalisation
die	Grundkenntnisse (*pl*)	basic knowledge
die	Herausforderung(en)	challenge
das	Herkunftsland(¨er)	country of origin
	mehrheitlich	majority/largely
die	Krise(n)	crisis
der	Ortswechsel	change of place
die	Perspektive(n)	prospect
die	Prognose(n)	forecast
die	Regierungsführung	government
	reichen	to reach, extend
die	Schätzung(en)	estimate
die	Schlepperbande(n)	smuggler gang

	spürbar	noticeable, tangible
die	Staatsangehörigkeit(en)	nationality
die	Staatsbürgerschaft(en)	citizenship
	überschreiten	to exceed
die	Unterscheidung(en)	difference, distinction
	unzureichend	unsatisfactory
die	Verfolgung(en)	persecution
	verfügen über	to have (at your disposal)
	vergeblich	in vain
(sich)	verteilen	to spread, be spread
	aller Voraussicht nach	in all probability
das	Wachstum	growth
	wohlhabend	prosperous
	zunehmend	increasing
der	Zusammenhang(¨e)	connection
der	Zuwanderer(–)/	immigrant
die	Zuwanderin(nen)	

1.2 Vor- und Nachteile der Einwanderung

	(gut) abschneiden	to do well
der	Abstand(¨e)	distance
	anerkennen	to recognise
(sich)	anfreunden	to make friends with
der	Anteil(e)	share
	auffangen	to catch up
	aufgrund	on the basis of
	ausgerechnet	(here:) of all people
	ausgeschlossen	left out, isolated
	auswandern	to emigrate
(sich)	bedienen	to use
	befürworten	to support
	beherrschen	to master
die	Beschränkung(en)	limit
(sich)	bewerben um	to apply for
	eintreffen	to arrive
der	Eindruck(¨e)	impression
das	Elend(–)	misery
	erschließen	to develop, open up
die	Fachkraft(¨e)	qualified employee
der	Fahrzeugbau	vehicle manufacture
der	Fremdling(e)	stranger
die	Gegenwart	the present
	gering	small
die	Geste(n)	gesture
	gewohnt	accustomed/used to
der	Haushalt(e)	budget
	herstellen	to produce, establish

1 Einwanderung

die	Hinsicht(en)	respect
	hochwertig	of high value
	kichern	to giggle
	koordinieren	to coordinate
	kreieren	to create
die	Lockerung(en)	relaxation
	mangeln	to lack
der	Nachholbedarf(e)	need to catch up
die	Neugierde(–)	curiosity
	nicken	to nod
	optisch	visually
	parteiisch	biased, taking sides
die	Personalbeschaffung(en)	recruitment
die	Pflege(–)	care
die	Sicherheit	safety, security
	spielerisch	playful
der	Transferleistungsempfänger(–)	recipient of state benefits
	unbestreitbar	indisputably
das	Unternehmen(–)	firm
der	Verlust(e)	loss
die	Verständigung(en)	understanding
die	Verwunderung(en)	surprise
die	Vorsorge(n)	provision
die	Wettbewerbsfähigkeit(en)	competitiveness
	(um) … willen	for the sake of
das	Wohlbefinden(–)	welfare
das	Zugpferd(e)	driving force, driver
die	Zuwanderung	immigration

1.3 Migrationspolitik

die	Angabe(n)	detail
	angesichts (+ gen)	in the face of
	anpacken	to take hold of
die	Anstrengung(en)	effort
	aufrechterhalten	to maintain
	ausschaffen	to deport
(sich)	auszahlen	to pay off
das	Bedürfnis(se)	need
der	Beitrag(¨e)	contribution, article
	belasten	to load, put strain on
die	Belastung(en)	strain
	berücksichtigen	to take into consideration
	beschleunigen	to speed up, accelerate
die	Debatte(n) um (+ acc)	debate about
	deportieren	to deport
	eindämmen	to check, control
sich	einsetzen	to fight for, support

die	Entlastung(en)	relief (of the strain)
	entscheidend	decisive
die	Fachkräfte (pl)	skilled/qualified workers
	fiskalisch	fiscal
	fördern	to support, promote
die	Formel(n)	formula
	gefährden	to endanger
	gemäß	in accordance with
	gerecht	true
	gewähren	to grant
	hiesig	local
	hinsichtlich	with regard to
	hinweisen	to point to
der	Hochschulabschluss(¨e)	degree
	integrierbar	able to be integrated
die	Kompetenz(en)	skill, competence
	konsequent	consistent, logical
der	Konsens(e)	consensus
	künftig	future
das	Konzept(e)	programme, plan
die	Missbrauchsbekämpfung(en)	fighting abuse
der	Ökonom(en)	economist
die	Quote(n)	quota
die	Rekursfrist(en)	appeal period
die	Schlussfolgerung(en)	conclusion
	schrumpfen	to shrink
	schutzbedürftig	needing protection
die	Steuerung(en)	regulation
	stützen	to support
das	Szenarium(–rien)	scenario
	umgehend	immediately
	umsetzen	to implement
die	Verbreitung(en)	spread
die	Vereinbarung(en)	agreement
das	Verfahren(–)	process
	verfolgt	persecuted
das	Versagen(–)	failure
der	Vertrag(¨e)	treaty
	völkerrechtlich	under international law
	vorlegen	to produce, submit
der	Wert(e)	value, worth
das	Wohl(–)	benefit
der	Zusammenhalt	solidarity

2 Integration

By the end of this section you will be able to:

		Language	Grammar	Skills
2.1	Maßnahmen zur Integration	Discuss how the German government promotes the integration of migrants and refugees	Use possessive and interrogative adjectives	Plan a discussion
2.2	Hindernisse für die Integration	Discuss barriers to integration	Use the subjunctive in indirect speech (1)	Talk about priorities
2.3	Die Erfahrungen verschiedener Migrantengruppen	Discuss and compare the experiences of migrants and refugees in Germany	Use correct word order	Speak accurately and with good pronunciation through listening

Flüchtlinge und Migranten sind in Deutschland willkommen – aber ist das auch genug? Um ein Land kennenzulernen und sich dort wohlzufühlen, muss man sich integriert und akzeptiert fühlen. Deutschland will die Flüchtlinge und Migranten in die deutsche Gesellschaft integrieren. Das ist aber nicht so einfach, denn einerseits muss eine Gesellschaft offen sein für Neuankömmlinge und ihnen eine Chance zur Integration geben, aber andererseits müssen die Flüchtlinge und Migranten bereit sein, sich integrieren zu lassen. Daher basiert das deutsche Integrationsgesetz auf dem Prinzip Fördern und Fordern. Und nach einer Studie des Instituts für Arbeitsmarkt- und Berufsforschung seien die meisten Migranten sehr motiviert und wollen sich integrieren.

Wussten Sie schon?

- Ob sich die Lebensperspektiven von Migranten wirklich verbessern, ist eng damit verbunden, wie gut die soziale Integration abläuft.
- Dadurch, dass es in den letzten Jahren eine erhöhte Nachfrage nach Arbeitskräften gab hat sich die Integration von Migranten durchaus etwas verbessert.
- Um wirtschaftlich weiterhin wettbewerbsfähig zu bleiben, braucht Deutschland Migranten.
- Je höher das Bildungsniveau von Flüchtlingen und Migranten, desto besser verläuft die Integration in die Gesellschaft.
- Zwischen 2005, dem Jahr des Zuwanderungsgesetzes, und 2013 hatten mehr als 600 000 Migranten einen Integrationskurs erfolgreich abgeschlossen.
- Nach einer Studie im Jahr 2014 hatten Migranten aus der Türkei die größten Probleme bei der Integration, während die Integration für Zuwanderer aus der EU am einfachsten war.
- Von allen angebotenen Kursarten wird der allgemeine Integrationskurs von den neuen Teilnehmenden am häufigsten besucht.
- Laut dem Berlin-Institut beenden türkische Mädchen häufiger als türkische Jungen ihre Schulbildung mit dem Abitur, was die Integration für Mädchen natürlich erleichtert.

1 Finden Sie die deutschen Wörter, die den englischen Begriffen entsprechen. Sie kommen alle unter *Wussten Sie schon?* vor.

1. refugees
2. standard of education
3. society
4. integration
5. immigration legislation
6. training
7. countries of origin

2 Integration

2 Lesen Sie *Wussten Sie schon?* noch einmal und beantworten Sie die Fragen auf Deutsch.

1. Wodurch hat sich die Integration von Migranten in den letzten Jahren verbessert?
2. Warum sind Migranten für Deutschland wichtig?
3. Wovon hängt eine erfolgreiche Integration in die Gesellschaft ab?
4. Warum ist die Integration für türkische Mädchen leichter als für türkische Jungen?

3 Arbeiten Sie mit einer Partnerin/einem Partner zusammen. Lesen Sie die Begriffe und ordnen Sie sie in zwei Kategorien:

A Was fördert die Integration von Migranten und Flüchtlingen in einer Gesellschaft?
B Was behindert die Integration von Migranten und Flüchtlingen in einer Gesellschaft?

- Sprachkurse
- Vorurteile
- Ignoranz
- Offenheit
- Kenntnis verschiedener Kulturen
- politische Rechte
- freiwillige Teilnahme an Kursen
- bilinguale Informationsbroschüren
- Rassismus
- Sportprojekte
- gemeinsame Begegnungen
- Angst vor allem Fremden
- zu viel Bürokratie

4a Schauen Sie sich die „Schlüssel zur Integration" an. Wie fördern diese Schlüssel Integration? Wählen Sie einen Schlüssel und machen Sie Notizen mit Gründen und Beispielen.

4b Arbeiten Sie mit einer Partnerin/einem Partner zusammen, oder in einer Gruppe. Tauschen Sie Ihre Information von Übung 4a aus und vergleichen Sie sie.

4c Benutzen Sie Ihre Notizen und Beispiele und machen Sie ein Poster zum Thema Integration.

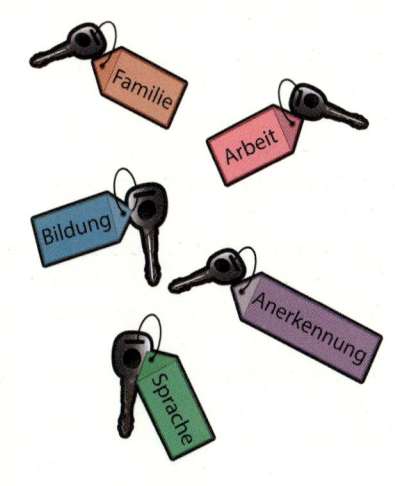

Schlüssel: Familie, Arbeit, Bildung, Anerkennung, Sprache

2.1 A: Maßnahmen zur Integration

1 Lesen Sie die Definition des Wortes ‚Integration' und ordnen Sie jedes Beispiel (a–c) einem Bereich (1–3) zu.

Integration

Das Wort kommt aus dem Lateinischen und bedeutet ‚Wiederherstellung eines Ganzen'. Nach dem *Duden* bezieht sich der Begriff auf drei Bereiche:

1 Herstellung einer Einheit oder Vervollständigung
2 Einbeziehung, Eingliederung in ein größeres Ganzes
3 Verbindung von einer Vielheit zu einer Einheit

a Eine Vielfalt von Gruppen oder Einzelnen verbindet sich zu einer Interessengruppe.
b Die politische Integration Europas.
c Die Einbeziehung der eingewanderten Ausländer in die Gesellschaft des Landes.

Vokabeln

das Bundesministerium des Innern *federal ministry of the interior, Home Office*
die demokratische Grundordnung *basic constitutional democratic order*
soziale Leistungen (pl) *social welfare benefits*
die Maßnahmen (pl) *measures*
vertraut machen *to familiarise*

2a Lesen Sie den Blogeintrag und beantworten Sie die Fragen auf Deutsch.

Integrationsmaßnahmen: Was macht Deutschland, um die Migranten und Flüchtlinge zu integrieren?

von Heike@ 03 – 09 – 21:30:00

Hallo Leute!

Heute hab' ich in den Nachrichten so einen Beitrag gehört, wie Deutschland es schaffen will, die Flüchtlinge und Zuwanderer, die in Deutschland Asyl gesucht haben, wirklich in die Gesellschaft zu integrieren – gar nicht so einfach, wenn ihr mich fragt! Dieses Jahr soll also das Jahr werden, wo die Migranten nicht nur vor Obdachlosigkeit und Hunger und Durst geschützt werden sollen, sondern mit dem deutschen Alltags-und Berufsleben vertraut gemacht werden sollen – denn Deutschland soll ja ihre Zukunft werden.

Was die Politiker da so vorschlagen, wollte ich mal wissen und hab' mich umgehört und ein bisschen recherchiert. Also ich hoffe, es interessiert euch auch, was ich 'rausgefunden habe. Wusstet ihr, dass das Bundesministerium des Innern für die Förderung der Integration zuständig ist? Die konzentrieren sich dort auf Migrationsberatung für Zuwanderer, auf Integrationskurse und anscheinend werden dort auch Maßnahmen zur sozialen Integration in die Gesellschaft gefördert.

Dann hab' ich mich noch etwas ausführlicher über die Integrationskurse informiert. So ein Integrationskurs besteht eigentlich aus zwei Teilen, nämlich einem Sprachkurs und einem Orientierungskurs. Der Sprachkurs ist auf verschiedene Zielgruppen ausgerichtet, zum Beispiel Jugendliche, Eltern aber auch für Zuwanderer, die Analphabeten sind und also gar nicht lesen und schreiben können. Man soll so gut Deutsch lernen, dass man sich im Alltagsleben alleine gut zurechtfinden kann, dass man ein Gespräch führen und auch schriftlich kommunizieren kann. Der andere Teil des Integrationskurses umfasst einen Orientierungskurs, der über die demokratische Grundordnung in Deutschland, über die sozialen Leistungen aber auch über die verschiedenen politischen Parteien, Religionsfreiheit und ganz allgemein die deutsche Geschichte und Kultur informiert.

Und – wie findet ihr das alles? Schon ziemlich wichtig, aber noch nicht genug, meiner Meinung nach. Auf jeden Fall tragen Sportprojekte, wie sie in einigen Städten und Gemeinden geplant werden und auch andere Projekte, in denen sich die Bürger engagieren und sich mit Zuwanderern treffen oder zu sich nach Hause einladen auch sehr viel dazu bei, dass sie sich hier in Deutschland zuhause fühlen. Was meint ihr? Schreibt mal – wie seht ihr das?

Tschüss dann mal,

Heike

2 Integration

1. Warum kam Heike auf die Idee, sich über Integrationsmaßnahmen der Regierung zu informieren?
2. Welche Kompetenzen sollen die Sprachkurse vermitteln?
3. Worüber lernt man in einem Orientierungskurs?
4. Was hält Heike von diesen Maßnahmen?
5. Welche anderen Ideen findet sie auch wichtig?

2b Lesen Sie Heikes Blog noch einmal und übersetzen Sie dann diesen Text ins Deutsche.

Integration requires more than just protecting the migrants and refugees from homelessness and hunger. In order to integrate into German society it is important that you get by in everyday life. Therefore, speaking the language and being able to write in German is necessary. However, if you really want to feel at home in a country, you need to know about the political system, the parties and about the country's history, culture and values in general.

3 Welche Antwort passt zu welcher Frage?

1. mit Beiden gleich gut eigentlich
2. vor allem aus Syrien
3. auf jeden Fall den Integrationskurs
4. die Flüchtlinge und Zuwanderer auf das Leben in Deutschland vorbereiten

a. **Welchen** Kurs würdest du Zuwanderern empfehlen?
b. **Was für eine** Aufgabe soll ein Integrationskurs haben?
c. Mit **welchem** deiner Brüder verstehst du dich am besten?
d. Aus **welchen** Ländern kommen die meisten Flüchtlinge?

4 Hören Sie sich die Meinungen von Bex, Nat, Charlotte und Sinol an. Füllen Sie die Lücken mit dem richtigen Wort aus dem Kästchen aus.

1. In vielen _____ hat man Deutschkurse für schulpflichtige Kinder eingerichtet.
2. Danach ist es einfacher die Kinder in die normalen _____ zu integrieren.
3. Es ist wichtig, dass die Einheimischen und die Zuwanderer in den gleichen _____ leben.
4. Es müssten mehr _____ gebaut werden, die sich jeder leisten kann.
5. Um die Integration in den _____ zu fördern, sollte man die dreimonatige Wartezeit abschaffen.

Arbeitsplätze Zuwanderer Bundesländer Klassen
Arbeitsmarkt Bundesländern Schule Wohngebieten Wohnungen

5a Arbeiten Sie mit einer Partnerin/einem Partner zusammen und befragen Sie sich gegenseitig. Diskutieren Sie dann in der Klasse.

- Welche Integrationsmaßnahmen finden Sie am nützlichsten? Warum?
- Was ist Ihrer Meinung nach der beste Weg, Zuwanderer und Flüchtlinge zu integrieren?

5b Schreiben Sie einen Forumsbeitrag über Integrationsmaßnahmen (ca. 250 Wörter).

Grammatik

Possessive and interrogative adjectives

Possessive adjectives follow the same pattern as *kein* and are determined by gender, case and number of the noun which follows.

Sie hat gestern mit **ihrem** Sprachkurs begonnen, und er hat **seinen** Sprachkurs schon beendet.

Wir haben **unsere** Freunde bei **eurem** Projekt getroffen.

Interrogative adjectives such as *welch–?* and *was für ein–?* change their endings depending on gender, number and case. They take the same endings as *dies–*.

Welche Schule werden die Flüchtlingskinder besuchen?

Welchen Deutschkurs hast du gewählt?

Aus **was für einem** Land sind sie gekommen?

An **was für** Projekten nehmt ihr teil?

The *für* in *was für …?* does not determine the case and is therefore not necessarily followed by the accusative.

See pages 145–146.

Schlüsselausdrücke

Für eine erfolgreiche Integration ist es nötig, dass …
Integration in die Arbeits- und Berufswelt ist …
Notunterkünfte sind oft überfüllt, daher ist es notwendig, …
Um sich im Alltagsleben zurechtzufinden, ist es wichtig, dass …
Integrationskurse aber auch Sportprojekte tragen dazu bei, …

2.1 B: Maßnahmen zur Integration

Das Bundesamt für Migration und Flüchtlinge (Bamf) fördert Integrationsprojekte in ganz Deutschland, die dazu beitragen sollen, Zuwanderer und Flüchtlinge willkommen zu heißen. Darunter gibt es die folgenden zwei Bereiche: Gemeinsames bürgerschaftliches Engagement und Freizeit-und Sportangebote. So kann man zum Beispiel Zuwanderer oder Flüchtlinge zum Arzt begleiten, mit ihnen zu einem Amt gehen oder interkulturelle Begegnungsfeste organisieren.

1 Lesen Sie den Text links und wählen Sie die richtige Antwort.

1. Was fördert das Bundesamt für Migration und Flüchtlinge?
   a Zuwanderer und Flüchtlinge
   b Integrationsprojekte
   c Straßenfußballturniere

2. Wie will man die Integration fördern?
   a durch die Mitarbeit der Bürger
   b durch Begrüßung der Migranten
   c durch Arztbesuche

3. Wie können die Bürger konkret helfen?
   a mit den Flüchtlingen zu einer Behörde gehen
   b mit den Flüchtlingen Fußball spielen
   c die Flüchtlinge in ihre Wohnung mitnehmen

2a Lesen Sie den Text unten. Sind die Aussagen R (richtig), F (falsch) oder NA (nicht angegeben)?

1. Die Jugendlichen, die an dem Projekt teilnehmen, kommen aus verschiedenen Ländern.
2. Sie haben erst nach den Dreharbeiten von ihrem Kurzfilm Kontakt zu Flüchtlingen gehabt.
3. Viele Flüchtlinge sind von den Jugendlichen befragt worden.
4. In anderen Städten gibt es ähnliche Projekte.

Projekt des Monats: Ein Integrationsprojekt in Rheinland-Pfalz

In dem folgenden Projekt geht es um Kreativität und Teamarbeit. Es handelt sich dabei um das Integrationsprojekt ‚MediaMux – Integration am Filmset' und wendet sich an Jugendliche unterschiedlicher Herkunft im Alter von 12 bis 27 Jahren. Sie produzieren ihre eigenen Musikvideos, Kurzfilme oder Dokumentationen, in denen sie auf Dinge, die in ihrem Leben wichtig sind, aufmerksam machen. Dabei lernen sie nicht nur, wie man Filme oder Videos produziert, sondern vor allem auch, wie man gemeinsam medial arbeiten kann, auch wenn alle Teilnehmer aus unterschiedlichen Kulturen und verschiedenen Lebenswelten stammen. Durch die Teamarbeit wird ein stärkeres Selbstvertrauen und ein besseres Gemeinschaftsgefühl gefördert, was auch zur Integration in die Gesellschaft beiträgt.

„Flüchtling = Außenseiter?" – so der Titel des Kurzfilms, den die Jugendlichen aus der rheinland-pfälzischen Stadt Frankenthal gemeinsam produzierten, um auf die Lage von Flüchtlingen in Deutschland aufmerksam zu machen und mehr Verständnis unter der Bevölkerung zu wecken. In dem Film geht es um den Flüchtlingsjungen Ali, an seinem ersten Schultag in einem fremden Land. Bevor sie den Film drehten, recherchierten die Jugendlichen die Situation der Flüchtlinge in ihrer Stadt und befragten viele persönlich. Und so gibt es in dem Film auch Interviewpassagen, in denen die Flüchtlinge erzählen, warum sie nach Deutschland gekommen sind und wie sie hier empfangen wurden. Durch diesen persönlichen Bezug, haben die Jugendlichen die Flüchtlinge besser kennengelernt und konnten sich mit deren Schicksal besser identifizieren.

Wie erfolgreich der Film und damit das Projekt ist, zeigt sich daran, dass das Team einen Preis von der BigFM-Initiative für Integration in Frankfurt am Main erhielt. Und auch nachdem die offizielle Förderung des Projekts abgelaufen sein wird, wird das Projekt weiterleben, da sich eine ‚Expertengruppe' gebildet hat, die auf YouTube und in ihrem Blog MediaMix ihr Wissen weitergeben will. Außerdem will sie sich auch weiterhin einmal wöchentlich treffen, um ihre Arbeit als ‚Integrationshelden' weiter zu betreiben.

Vokabeln

(etwas) betreiben to pursue, carry out
der Bezug (here:) connection, link
empfangen to receive, welcome
das Selbstvertrauen self-confidence

2 Integration

2b Lesen Sie den Text noch einmal und schreiben Sie eine Zusammenfassung (ca. 90 Wörter). Achten Sie auf folgende Punkte:

- um was für ein Projekt es sich handelt
- was die Jugendlichen erreichen wollen
- der Erfolg des Projekts.

2c Übersetzen Sie den zweiten Abschnitt des Textes (*Flüchtling … identifizieren.*) ins Englische.

3 〰️ Hören Sie sich an, was Julia und Franjo über die Förderung der Integration in Deutschland berichten. Wählen Sie die fünf Aussagen, die mit dem Sinn des Berichts übereinstimmen.

1. Mit dem Projekt der Wirtschaftsjunioren soll jungen Migranten und Flüchtlingen eine Chance gegeben werden, einen Ausbildungsplatz zu finden.
2. Nicht alle Flüchtlinge schaffen den Sprung ins Arbeitsleben.
3. Das Projekt gilt als eines der erfolgreichsten Integrationsprojekte im Land.
4. Mit Hilfe des Projekts können Menschen mit Migrationshintergrund Praktikumsstellen in Betrieben bekommen.
5. Die Wirtschaftsjunioren haben Einfluss auf über 250 000 Arbeitsplätze.
6. Das Projekt vermittelt jährlich 40 000 Ausbildungsplätze.
7. Bei der Bundeszentrale für Politische Bildung kann man sich über Integrationsprojekte informieren.
8. Die Bundesliga Stiftung unterstützt hauptsächlich Projekte auf politischer Ebene.

4a Arbeiten Sie mit einer Partnerin/einem Partner zusammen. Schauen Sie sich das Plakat an und bereiten Sie Argumente für eine Diskussion vor.

- Person A stimmt mit der Aussage überein.
- Person B ist dagegen.

Integration durch einen Ausbildungs- oder Arbeitsplatz ist der beste Weg!

4b Fassen Sie die Argumente Ihrer Diskussion in einem Aufsatz (ca. 300 Wörter) zusammen.

🔷 Strategie

Planning a discussion

In order to develop a discussion, you need to be able to answer questions, express and defend a point of view, as well as ask questions. Here are some tips to help you.

- Prepare your arguments with reasons, justifications and examples.
- Prepare expressions to defend your point of view: *Es steht fest, dass … / Ich bin fest davon überzeugt, dass …*
- Think of possible counter-arguments your partner may come up with. Prepare answers to those counter-arguments: *Das mag ja sein, aber … / Es kommt natürlich darauf an, denn einerseits … andererseits …*
- Think of questions to ask in order to challenge your partner's opinions: *Glauben Sie nicht auch, dass …? / Was halten Sie von …? / Was sind Ihrer Meinung nach die Vor-/Nachteile von …?*
- Think about related issues and find some information so you can discuss them or lead the discussion in a certain direction: *In diesem Zusammenhang sollte man vielleicht auch an Themen wie … denken.*

■ Schlüsselausdrücke

Es kann schon sein, dass ein Arbeitsplatz die Integration erleichtert, aber nur, wenn …
Erst wenn man auch die Staatsbürgerschaft hat, …
Wie erfolgreich die Integration ist, hängt nicht nur von … ab, sondern auch …
Man muss auch berücksichtigen, dass …
Es wird erwartet, dass Migranten die Werte der Gesellschaft, die sie aufnimmt, akzeptieren.
Sollte es für Zuwanderer Pflicht sein, …?
Das lässt sich aber nicht mit Sicherheit sagen.
Man könnte das aber auch anders sehen.

2.2 A: Hindernisse für die Integration

1 Arbeiten Sie mit einer Partnerin/einem Partner zusammen. Überlegen Sie sich, welche Hindernisse es auf dem Weg zur Integration geben kann. Machen Sie eine Liste und diskutieren Sie dann in der Klasse.

2a Lesen Sie den Text. Sind die Aussagen R (richtig), F (falsch) oder NA (nicht angegeben)?

Schwierigkeiten und Probleme bei der Integration

Deutschland sieht sich heute zwar als Einwanderungsland und hat mit seiner Willkommenskultur auch ein Zeichen für die Zukunft gesetzt, aber niemand wird bestreiten, dass noch mehr getan werden muss, um die Integration der in Deutschland lebenden Migranten zu verbessern. Viele der Gastarbeiter, die in den 60er Jahren nach Deutschland kamen und die deutsche Sprache immer noch nicht ausreichend beherrschen, bräuchten Unterstützung, besonders wenn sie pflegebedürftig werden, heißt es in einer Studie des Berlin-Instituts. Unter den Zuwanderern, die in den letzten Jahren nach Deutschland kamen, seien zwar viele hochqualifiziert und fänden relativ leicht eine Arbeitsstelle, aber es gebe dennoch eine große Anzahl von Flüchtlingen und Migranten, die keinen oder nur einen niedrigen Bildungsabschluss hätten. Also braucht gerade diese Gruppe mehr Hilfe, um sich in der deutschen Gesellschaft akzeptiert zu fühlen.

Da Bildung eine wichtige Rolle bei der erfolgreichen Integration spielt, ist es notwendig, dass besonders Migrantenkinder, deren Eltern keine Qualifikation haben, einen Platz in einem Kindergarten oder einer Schule bekommen, in denen die Erzieher(innen) und Lehrer(innen) ausgebildet worden sind, so dass sie die Migrantenkinder entsprechend fördern können. In diesem Zusammenhang spielt von Schulen angebotene Hausaufgabenhilfe eine große Rolle, damit die Kinder nicht benachteiligt sind, wenn ihre Eltern nicht in der Lage sind, bei den Hausaufgaben zu helfen.

Ein anderes Problem ist die Anerkennung von Qualifikationen und Schulabschlüssen. Es gibt zwar ein Anerkennungsgesetz, das ausländische Abschlüsse anerkennt, aber die Umsetzung in die Praxis ist oft sehr langsam und als Folge sind viele Migranten mit guten Qualifikationen unter ihrem Niveau beschäftigt. Ein weiterer Punkt betrifft die Staatsbürgerschaft. Nach dem neuen Staatsbürgerschaftsrecht können nur Zuwanderer aus bestimmten Ländern die doppelte Staatsbürgerschaft beantragen, was auch zu einem geringeren Interesse an einer erfolgreichen Integration führen kann, denn wenn man sich wirklich zu einer Gesellschaft zugehörig fühlen will, muss man auch die gleichen Rechte wie die einheimische Bevölkerung haben.

Vokabeln

beantragen *to apply for, call for*
bestreiten *to deny, dispute*
entsprechend *accordingly*
pflegebedürftig *to be in need of care*

1. Man glaubt, dass in Deutschland genug getan wird, um die Integration von Migranten zu verbessern.
2. Migranten mit guten Schulabschlüssen oder einer guten Ausbildung haben kaum Probleme bei der Suche nach Arbeit.
3. Ohne Lehrer(innen), die wissen, wie man mit Kindern von Migranten umgeht, bekommen sie nicht die richtige Hilfe.
4. Hausaufgabenhilfe für Migrantenkinder wird von allen Schulen in Deutschland angeboten.
5. Je nachdem, aus was für einem Land man kommt, kann man die doppelte Staatsbürgerschaft bekommen.

2b Übersetzen Sie den zweiten Abschnitt (*Da Bildung … zu helfen.*) ins Englische.

2 Integration

3 Lesen Sie die Sätze und wählen Sie die richtige Antwort.

1. Es scheint, als … Migrantenkinder in der Schule benachteiligt.
   a sind   b dass   c seien

2. Laut der Studie … viele Zuwanderer ein niedriges Bildungsniveau.
   a haben   b hätten   c hatten

3. Wie ich gehört habe, … es zur Zeit noch nicht genug Sozialwohnungen.
   a gibt   b gebe   c gab

4. Wie ich erfahren habe, … er jetzt bei einem Freund.
   a lebe   b lebt   c lebte

4 🎵 Hören Sie sich Lara und Stefan an, die das Thema ‚Was erschwert die Integration?' diskutieren, und schreiben Sie eine Zusammenfassung des Gesprächs (ca. 90 Wörter). Achten Sie auf folgende Punkte:

- welche Probleme werden erwähnt
- Situation vieler Zuwanderer in Österreich und Deutschland
- Bedeutung der Staatsangehörigkeit.

5a Arbeiten Sie mit einer Partnerin/einem Partner zusammen und überlegen Sie sich die Fragen zum Thema ‚Probleme bei der Integration'. Jeder erarbeitet dann seine Antworten, bevor Sie ein Interview darüber machen:

- Person A ist Journalist/in.
- Person B ist Integrationsexperte/tin.

5b Schreiben Sie das Interview als Beitrag für Ihre Regionalzeitung (ca. 250 Wörter).

Grammatik

The subjunctive in indirect speech (1)

When you want to report what you have heard or read, or what somebody else said, you need to use the subjunctive in German. It implies that you have not seen or heard it yourself.

- Indirect speech is often introduced by expressions, such as *Es heißt, dass …* , *Ich habe gehört, dass …* or *Es scheint, als …* .

- The present subjunctive (*Konjunktiv I*) is formed by adding the following endings to the stem of the verb: *ich spiele, du spielest, er/sie/es spiele, wir spielen, ihr spielet, Sie/sie spielen*. The verb *sein*, however, is irregular – it has no ending in the *er/sie/es* form and uses the stem *sei*.

   „Es **gibt** viele Migranten mit guten Qualifikationen, was positiv **ist**." ➜ *Es heißt, dass es viele Migranten mit guten Qualifikationen **gebe**, was positiv **sei**.*

- If the verb form of the present subjunctive is the same as the present indicative, you have to use the imperfect subjunctive (known as *Konjunktiv II*).
   „Ältere Gastarbeiter **brauchen** Unterstützung." ➜ *Ich habe gelesen, dass ältere Gastarbeiter Unterstützung **bräuchten**.*

See page 61 and pages 154–155.

Schlüsselausdrücke

Bei einer Umfrage hat sich herausgestellt, dass …
Veraltete Qualifikationen können dazu führen, dass …
Man bekommt nur schwer eine Arbeit, es sei denn …
Es wäre besser, wenn …
Die doppelte Staatsbürgerschaft beantragen …
Die Sprachkenntnisse sollten angemessen sein.
Wenn es nach mir ginge, …

35

2.3 A: Die Erfahrungen verschiedener Migrantengruppen

1 Schauen Sie sich die Bücher an, die von Migranten geschrieben wurden.

- Woher kamen die Einwandererfamilien ursprünglich?
- Worum geht es in den Büchern?

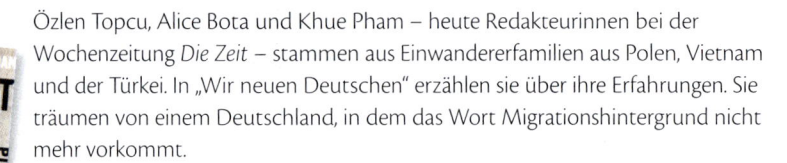

Özlen Topcu, Alice Bota und Khue Pham – heute Redakteurinnen bei der Wochenzeitung *Die Zeit* – stammen aus Einwandererfamilien aus Polen, Vietnam und der Türkei. In „Wir neuen Deutschen" erzählen sie über ihre Erfahrungen. Sie träumen von einem Deutschland, in dem das Wort Migrationshintergrund nicht mehr vorkommt.

Mojtasa, Masoud und Milad Sadinam flüchteten in den 90er Jahren mit ihrer Mutter aus dem Iran. In „Unerwünscht" erzählen sie von den Vorurteilen, die sie erlebten und wie sie von Asylsuchenden zu Vorzeigeemigranten wurden.

2a Lesen Sie die Geschichten von Hamid aus Afghanistan und Atena aus Polen. Beantworten Sie die Fragen auf Deutsch.

Hamid Aziz hatte für die internationale Sicherheitstruppe Isaf gearbeitet, auch arbeitete er als Fotograf. Als er jedoch für eine Zeitung über Aktivitäten der Taliban nachforschte und sein Name bekannt wurde, bekam er Drohbriefe, wurde von Männern überfallen und hatte Angst um sein Leben. 5 000 Dollar bezahlte er einem Schleuser und kam bis nach Griechenland. In Zügen kam er schließlich über Serbien, Ungarn und Österreich nach Deutschland. Als er in Hamburg ankam, hatte er kein Geld mehr, aber zum ersten Mal seit langer Zeit fühlte er sich sicher und hatte keine Angst mehr. Sechs Monate lang lebt er nun schon in einer Flüchtlingsunterkunft, einer ehemaligen Schule, und wartet darauf bis er einen Asylantrag stellen kann.

Er hofft, dass er eine Chance auf Asyl hat, da viele Teile Afghanistans als nicht sicher gelten. Bis es soweit ist, darf er jedoch noch nicht an offiziellen Deutschkursen teilnehmen, aber freiwillige deutsche Helfer bieten Flüchtlingen täglich drei Stunden Deutschunterricht an. Da macht er begeistert mit. Auch wenn er die Sprache schwer findet, will er weiter lernen, und er versteht auch schon eine ganze Menge. Auch hat er mittlerweile eine Gruppe von Wrestlern kennengelernt, die ihn kostenlos mit ihnen trainieren lassen. Hamid fühlt sich schon wieder recht fit und hofft jetzt nur, dass er bleiben darf.

Wie schwer es ist, ohne Deutschkenntnisse zurechtzukommen, weiß auch **Atena Jankowski** aus Polen. Sie kam vor 16 Jahren mit ihrem Mann, der sehr gut Deutsch sprach, nach Deutschland. Da er alle Angelegenheiten mit Ämtern und Behörden erledigte, brauchte sie kein Deutsch zu lernen. Ihre Kinder lernten Deutsch in der Schule. Schwierig wurde es für sie jedoch, als sie und ihr Mann sich trennten und sie auf einmal ohne Arbeit, mit wenig Deutsch und mit drei Kindern allein da stand. Da fing sie an, Deutsch zu lernen und heute versteht sie sehr gut, wie es neuen Zuwanderern geht, besonders im Umgang mit Behörden.

Atena hat aus ihren Erfahrungen gelernt und gibt diese nun im Rahmen des Projekts ‚Stadtteilmutter', in dem Frauen als Ansprechpartner mit Migrantenfamilien arbeiten, an Neuankömmlinge weiter.

Vokabeln

die Angelegenheiten (*pl*) matters
der Ansprechpartner(–)/ die Ansprechpartnerin(nen) contact
der Schleuser(–) people-smuggler
im Umgang mit when dealing with

1. Warum glaubte Hamid, dass er in Gefahr war?
2. Wie kam er nach Deutschland?
3. Wo lebt er jetzt?
4. Woran sieht man, dass er gern in Deutschland bleiben würde?
5. Wann begann Atena Deutsch zu lernen?
6. Warum arbeitet sie bei dem Projekt ‚Stadtteilmutter' mit?

2b Wählen Sie die vier Aussagen, die mit dem Sinn des Berichts übereinstimmen.

1. Hamid arbeitete für eine Zeitung der Taliban.
2. Die Überfahrt von Afghanistan nach Griechenland kostete sehr viel Geld.
3. Hamid weiß nicht, ob er in Deutschland bleiben darf.
4. Er lernt jetzt in einem offiziellen Deutschkurs die Sprache.
5. Atena lebt seit mehr als zehn Jahren in Deutschland.
6. Als Stadtteilmutter will sie anderen Zuwanderern helfen, sich besser zurechtzufinden.

2c Übersetzen Sie den zweiten Abschnitt (*Wie schwer … im Umgang mit Behörden.*) ins Englische.

3 Bringen Sie die Satzteile in die richtige Reihenfolge.

1. nicht / alle / annerkannt / Die / werden / Asylanträge
2. genug / gibt / Oft / noch / Deutschkurse / es / nicht
3. muss / Die / tun, / Gesellschaft / mehr / nicht / Flüchtlinge / integriert / noch / gut / denn / viele / sind
4. In / es, / einer / heißt / Studie / die / von / Zielländer / dass / Zuwanderern / profitieren / den

4 Hören Sie sich den Bericht über die Erfahrungen rumänischer Migranten an und schreiben Sie eine Zusammenfassung (ca. 90 Wörter). Schreiben Sie vollständige Sätze. Achten Sie auf folgende Punkte:

- Situation der Zuwanderer aus Rumänien
- Vorteile für Deutschland
- Erfahrungen der rumänischen Zuwanderer.

5 Arbeiten Sie mit einer Partnerin/einem Partner zusammen. Schauen Sie sich das Bild an und beschreiben Sie es. Wie kann man aus Fremden Freunde machen? Machen Sie eine Liste mit Vorschlägen und vergleichen Sie sie in der Klasse.

6a Machen Sie eine Präsentation (1–2 Minuten) zum Thema ‚Erfahrungen von Flüchtlingen und Zuwanderern'. Wählen Sie entweder Österreich, Deutschland oder die Schweiz und recherchieren Sie im Internet.

6b Schreiben Sie einen Bericht (ca. 300 Wörter), in dem Sie die Information Ihrer Präsentation zusammenfassen.

Grammatik

Word order

- The verb is always the second idea in a main clause, whether or not the sentence starts with the subject:
  Oft **sprechen** Migranten nur wenig Deutsch.
- The position of the adverbs *nicht* and *nie(mals)* is flexible and can depend on emphasis. They usually follow the verb or a direct object in the sentence:
  Obwohl er drei Jahre in Deutschland wohnte, lernte er die Sprache **nicht**.
  Nicht or *nie* usually comes before an adjective or an infinitive verb:
  Wir fanden Deutsch **nicht** einfach.
  Man sollte aber **nie** aufgeben.
- Subordinating conjunctions send the verb to the end of the clause:
  Er hat die Sprache nicht gelernt, **weil** er sie nicht nötig **hatte**.
- When using co-ordinating conjunctions (*denn, sondern, aber, oder*), normal word order applies:
  Sie fand schnell eine Arbeit, **denn** ihr Deutsch **war** sehr gut.

See pages 159–160.

Schlüsselausdrücke

Besonders wichtig aus meiner Sicht wäre es, …
Man sollte auf jeden Fall berücksichtigen, dass …
Laut des Berichts, den ich gelesen habe, …
Es ist nicht mehr umstritten, dass … verbessert werden muss.
… würde es Zuwanderern erleichtern, …
… haben einen besonderen Unterstützungsbedarf.

2.3 B: Die Erfahrungen verschiedener Migrantengruppen

1 Lesen Sie die Aussage. Inwiefern stimmen Sie damit überein? Vergleichen Sie Ihre Gründe und Beispiele in der Klasse und diskutieren Sie.

> Wenn man in einem anderen Land lebt, sollte man auf jeden Fall die Sprache sprechen, damit man eine Arbeit finden kann. Das ist für mich Integration. Das bedeutet aber nicht, dass ich auch die Sitten, Bräuche und die Lebensweise des Landes annehmen muss.
>
> **Cosgun**

2a Lesen Sie den Auszug aus dem Roman „Selam Berlin". Es geht um den 19-jährigen Hasan Kazan, einen Berliner Türken zur Zeit der Wende. Was passt zusammen?

Ich dachte an die riesigen Augen der Frau. Schreck. Nee, da geh ich nicht noch mal rein. Dann fiel mir plötzlich ein, dass ich meine Ray Ban Brille dabei hatte. Ich setzte sie auf zum Schutz vor dem Radarblick. Not macht erfinderisch. Ermutigt von meinem Einfall, schritt ich selbstbewusst in das Zimmer. Für einige Sekunden blickte sie ruhig durch die dicke Brille. Die Ray Ban tat ihre Wirkung. Ich übergab ihr schwungvoll die Unterlagen. Sie durchleuchtete sie nochmals. Jetzt hing das Bild von Kalle Marx schief an der Wand, unter ihm waren ein Dutzend Kakteentöpfe. Durch das halboffene Fenster kamen Kantinengerüche. Ich tippte auf Kohl, Kartoffeln und Schnitzel. Mein Magen knurrte.

Die Frau stand auf und ging zum Schrank, dabei fiel mir auf, dass ihre Ohrringe und ihre Augen sich in entgegengesetzter Richtung bewegten. Physikalisch gesehen ein interessantes Phänomen.

„Sie werden von uns angeschrieben, Herr Käzzän." „Kazan", wiederholte ich deutlich. Sie hielt inne. Ich heiße Hasan Kazan. Dabei betonte ich das weiche ‚z'.

Ich war es leid, ständig meinen Namen falsch betont zu hören. Aber im Osten kam eine neue Variante dazu. Meinen Namen im tiefsten Sächsisch als „Häazään Käzzän" zu hören, haute mich um. Es erinnerte mich an frühere Warteschlangen und Passkontrollen an den Grenzübergängen in die DDR.

„Wann bekomme ich eine Antwort?"

„Sie müssen zum Bereich ‚Exportabteilung der Humboldt Universität für Intellektuellen Import'. Dort bekommen sie weitere Unterlagen und müssen sich dem Fachbereichsprofessor vorstellen. Sie sind der erste türkische Student, der sich bei uns anmeldet." Sie lächelte. Endlich hatte mein türkischer Pass mal eine positive Wirkung. Sonst bedeutete ein türkischer Pass Ausländerpolizei, Aufenthaltserlaubnis, Aufenthaltsgenehmigung und anderes Bürokratiezeugs. Die Frau gefiel mir plötzlich, und mir fiel erst jetzt auf, dass sie ein grünes Kleid trug. Ich bedankte mich nochmals und wollte gerade das Zimmer verlassen, als sie „ach, ja, Iiistaaanbuul", seufzte, „Soofiaa, Caracas. Ach ja, all diese fremden Städte und Länder. Die Studenten kommen aus aller Welt zu uns ins Büro. Fremde Sprachen, fremde Kulturen, ach ja," wiederholte sie sehnsüchtig …

Ich freute mich auf die Humboldt-Uni, auf das Mensa-Essen und die Ostmädels.

Selam Berlin, Yade Kara (2003)

Vokabeln

Kakteentöpfe (pl) potted cactus plants
Kalle Marx (from local pronunciation) Karl Marx, the economist and political thinker whose ideas informed the East German system

1 erfinderisch
2 schwungvoll
3 durchleuchten
4 innehalten
5 sehnsüchtig

a to investigate
b resourceful
c longingly
d vigorously
e to pause

2 Integration

2b Lesen Sie den Text noch einmal und wählen Sie die richtige Antwort.

1 Wo findet das Gespräch statt?
   a in der BRD
   b an der Humboldt-Universität
   c in der Kantine

2 Woran erinnert die Aussprache der Frau Hasan?
   a an Sachsen
   b an zu Hause
   c an frühere Passkontrollen

3 Was für eine Wirkung hatte sein Pass normalerweise?
   a strenge Kontrollen
   b Fragen nach der Aufenthaltsgenehmigung
   c Probleme mit der Polizei

4 Warum lächelte die Frau ihn an?
   a weil er aus Istanbul kam
   b weil er eine Ray Ban Sonnenbrille trug
   c weil er der erste Student aus der Türkei war.

3 Übersetzen Sie den Text ins Deutsche.

Many Turkish immigrants lived in West Berlin at the time of the fall of the Wall. In the former GDR however, there were hardly any migrants. That's why people found it difficult to pronounce Turkish names properly. If you wanted to travel across the border from West to East Berlin, you usually had to wait for a long time and there were passport controls at every border crossing point. After 1989 it was still unusual to enrol as a Turkish student at the Humboldt University in East Berlin.

4 Hören Sie sich die Erzählung eines Zuwanderers, der in Österreich aufgewachsen ist, an. Füllen Sie die Lücken mit dem richtigen Wort aus dem Kästchen aus.

1 _____ ich mich bemüht habe, fühle ich mich nicht integriert.
2 Ausländer leben in Wien, ohne die Arbeitsplätze der Österreicher _____.
3 Warum wollte sich der Patient nicht _____ lassen?
4 Er hatte Angst, der ausländische Arzt könnte _____ sein.
5 Es ist daher wichtig, dass man zwischen integrierten und extremen Moslemen _____.

> gekränkt   wegzunehmen   obwohl   weil   krank
> unterscheidet   wegnehmen   behandeln

5a Arbeiten Sie mit einer Partnerin/einem Partner zusammen. Stellen Sie sich vor, Sie sind beide Zuwanderer: Person A hat positive Integrationserfahrungen gemacht, aber Person B hatte Probleme bei der Integration.

- Wählen Sie, ob Sie in Deutschland, in Österreich oder in der Schweiz leben.
- Benutzen Sie Informationen aus den Lese- und Hörtexten, sowie Ihre eigenen Ideen.
- Führen Sie dann ein Gespräch, indem Sie sich gegenseitig Fragen stellen.

5b Nehmen Sie Ihr Gespräch auf, hören Sie sich das Gespräch an und verbessern Sie die Aussprache gegenseitig.

6 Schreiben Sie einen Zeitungsbericht (ca. 300 Wörter) aus der Perspektive eines Zuwanderers. Erwähnen Sie:

- warum Sie Ihre Heimat verlassen haben und wie Sie empfangen wurden
- welche positiven und negativen Erfahrungen Sie hatten
- Ihre Vorschläge, um Migranten bei der Integration zu helfen.

Strategie

Speaking accurately and with good pronunciation through listening

- To improve your pronunciation, listening to German really helps. Little and often is better than an hour once a week, so try listening to videos on these sites to get you started: *YouTube.de, Deutsche Welle (Video-Thema), Tagesschau in 100 Sekunden*.
- Read out loud: this might sound strange, but it is very useful. Record yourself and then listen back and correct yourself, if necessary.
- Practise the following sounds:
  a as in **A**rzt and **A**pfel
  ä as in **Ä**rzte and **Ä**pfel
  u as in Br**u**der and w**u**rde
  ü as in Br**ü**der and w**ü**rde
  o as in **O**berarzt
  ö as in **Ö**sterreich
  z is pronounced like 'ts' as in **z**wischen **z**wei **Z**ügen
  eu sounds like 'oi' as in **eu**ch and **Eu**ropa

2 Wiederholung

Zeigen Sie, was Sie gelernt haben!

1 Lesen Sie die Sätze und wählen Sie das richtige Wort.

1. In **welcher** / **welche** Sprache kann sie sich am besten ausdrücken?
2. Aus **welchem** / **welchen** Herkunftsländern kommen die meisten Migranten in Österreich?
3. Für **welcher** / **welche** Migranten ist Integration am einfachsten?
4. Er spricht sehr gut Deutsch, aber **seinen** / **sein** Vater kaum.
5. Wo habt ihr **euren** / **eure** Sprachkurs gemacht?
6. Sie wohnt mit **ihrer** / **ihren** ganzen Familie in einem Zimmer.
7. Wie lange musstest du auf **deiner** / **deine** eigene Wohnung warten?

2 Schreiben Sie die Sätze in der indirekten Rede.

1. Meine Freundin sagt: „Die meisten Migranten sprechen ein bisschen Deutsch."
Meine Freundin sagt, die meisten Migranten …
2. In der Zeitung steht: „Viele Zuwanderer sind arbeitslos."
In der Zeitung heißt es, dass viele Zuwanderer …
3. Der AfD-Politiker sagt: „Es gibt zu viele Einwanderer in Deutschland."
Der AfD-Politiker behauptet, es …
4. Katrin hat gesagt: „Es ist besser, bei dem Integrationsprojekt mitzumachen."
Katrin hat gesagt, es …
5. Er sagte: „Ich habe nichts gegen Ausländer."
Er sagte, er …
6. Sie meinten: „Wir haben uns gern mit den Flüchtlingen unterhalten."
Sie meinten, sie …
7. Die junge Frau sagte: „Ich bin aus Syrien."
Die junge Frau behauptete, dass sie …

3 Schreiben Sie die Sätze mit der neuen Wortstellung um.

1. Dieser jesidische Kurde ist vor einem Jahr aus dem Irak nach Deutschland gekommen.
Vor einem Jahr …
2. Es gibt Orientierungshilfen für Migranten nicht nur von den Politikern sondern auch von den Bürgern.
Orientierungshilfen für Migranten …
3. Viele Leute fragen sich immer häufiger, ob die Integrationsmaßnahmen der Regierung angemessen sind.
Immer häufiger …
4. Sie hofft einen Beruf in einem Krankenhaus zu finden, da sie gelernte Krankenschwester ist.
Da …

4 Verbinden Sie die Sätze mit der Konjunktion in Klammern. Es gibt manchmal zwei Möglichkeiten.

1. Viele Flüchtlinge sind arbeitslos. Sie dürfen erst nach einiger Zeit arbeiten. *(da)*
2. Er ist optimistisch, bald eine Arbeit zu finden. Er hat gute Deutschkenntnisse. *(denn)*
3. Man muss offen und tolerant sein. Man will friedlich zusammen leben. *(wenn)*
4. Sie gehen nicht in den Integrationskurs. Er ist kostenlos. *(obwohl)*
5. Man sollte Flüchtlinge willkommen heißen. Oft kommen mehr als erwartet. *(auch wenn)*

Testen Sie sich!

1 Lesen Sie den Text und beantworten Sie die Fragen auf Deutsch.

Integrationsmaßnahmen in der Schweiz

Wie sieht die Lage in der Schweiz aus? Die Arbeit nimmt in der Schweizer Gesellschaft einen sehr hohen Stellenwert ein. Das heißt, wenn man von Integration spricht, ist zumeist die Arbeitsintegration gemeint. Nach einer offiziellen Studie hatten zwei Jahre nach ihrer Ankunft in der Schweiz nur 20 Prozent einen Arbeitsplatz und selbst zehn Jahre nach ihrer Einreise sind nur die Hälfte aller Flüchtlingen erwerbstätig. Die Situation kann also durchaus als unerträglich angesehen werden. Danach soll es mehr als 20 000 hauptsächlich junge männliche Zuwanderer geben, die Sozialhilfe empfangen und nicht arbeiten. „Viele wollen ja nicht arbeiten und nur die Sozialhilfe kassieren", solche Stimmen hört man nicht selten. Sollte man die Zuwanderer zum Arbeiten zwingen? Eine Möglichkeit wäre die Einführung von Sanktionen, wenn sie sich weigern, eine Arbeitsstelle anzunehmen. Eine erfolgreiche Integrationspolitik sollte daher fördern und fordern. Das Erlernen der Sprache sollte auf jeden Fall Pflicht sein.

In dem Schweizer Kanton Graubünden ist die Integration in den Arbeitsmarkt ziemlich erfolgreich. Asylpersonen, die im Hotelgewerbe oder in der Gemeinde arbeiten wollen, bekommen eine Wohnung oder ein Zimmer. Wer in Graubünden nicht arbeiten will, wohnt weiterhin in der Kollektivunterkunft. Außerdem hat man dort die einjährige Flüchtlingslehre eingeführt. Dadurch habe sich die Chance auf einen Arbeitsplatz um 90 Prozent erhöht. Jedoch werden solche oder ähnliche Projekte nur in wenigen Kantonen durchgeführt.

Daher muss man sich in der Schweiz die Frage stellen, wie das Problem langfristig gelöst werden kann, um die berufliche und soziale Integration, die genauso wichtig ist, aller Zuwanderer zu verbessern.

1. Warum ist die Arbeitsintegration in der Schweiz besonders wichtig? [1]
2. Woran sieht man, dass die Arbeitsintegration von Migranten noch lange nicht vollbracht ist? [2]
3. Was könnte man tun, um mehr junge Zuwanderer zum Arbeiten zu motivieren? [2]
4. Wie belohnt der Kanton Graubünden die Zuwanderer, die arbeiten wollen? [2]
5. Was kann man in Graubünden noch machen, um besser eine Arbeit zu finden? [1]

[8 marks]

2 Übersetzen Sie den Text ins Englische.

Das erste Integrationsgesetz in Deutschland

Dieses Integrationsgesetz beinhaltet viele Maßnahmen, die Erleichterungen bringen sollen und ist somit ein wichtiger ‚Meilenstein' auf dem Weg zu einer besseren Integration. Um den Einstieg in den Arbeitsmarkt zu verbessern, hat die Regierung versprochen, 100 000 Ein-Euro-Jobs für Flüchtlinge zu schaffen. Flüchtlinge, die schon einen Ausbildungsplatz haben, dürfen bis zum Ende Ihrer Ausbildung bleiben. Wenn der Arbeitgeber dem Flüchtling dann eine Stelle anbietet, darf er/sie noch zwei weitere Jahre bleiben. Wenn nicht, gibt es noch sechs Monate Aufenthaltsgenehmigung, damit man sich eine geeignete Arbeit suchen kann.

[10 marks]

3 Arbeiten Sie mit einer Partnerin/einem Partner zusammen. Lesen Sie die Umfrageergebnisse und überlegen Sie sich Gründe und Beispiele, warum:

- 46% der Befragten Flüchtlinge für eine Bereicherung halten
- die große Zahl an Flüchtlingen, die nach Deutschland kommen, 50% der Befragten Angst macht.

4 Sie hören ein Interview mit Frau Schneider zum Thema ‚Unterricht im Rechtssystem'. Füllen Sie die Lücken mit dem passenden Wort aus.

Es geht um ein **1** _____ in Bayern, mit dem man Migranten das **2** _____ erklären will. Die **3** _____ an den Kursen ist freiwillig. Nach **4** _____ von Frau Schneider zeigen die Zuwanderer eine sehr hohe **5** _____. Im Rahmen des Kurses werden Themen wie **6** _____ zwischen Mann und Frau diskutiert. Manche Flüchtlinge fürchten sich vor rechtsradikalen **7** _____, aber wenn man eine Anzeige stellt, wird es von einem **8** _____ überprüft.

> Interesse   Gericht   Motivation   Justizministerium
> Teilnahme   Drohungen   Pilotprojekt
> Gleichheit   Rechtssystem   Ansicht   Aufsicht

[8 marks]

5 Lesen Sie den Text und wählen Sie die richtige Antwort.

Die Integration von Flüchtlingen und Migranten kann Angst unter der Bevölkerung hervorrufen, weil man fürchtet, dass es in Deutschland nicht genug Platz für sie alle gibt. Doch ist zu bedenken, dass Deutschland eigentlich ein flächenmäßig großes Land ist. Es ist daher weniger eine Frage des Platzes sondern der Organisation. Vielerorts wurde der soziale Wohnungsbau abgebaut und städtische Immobilien verkauft. Es gibt jedoch auch Gemeinden und Städte, die langfristig planen und dadurch der Gemeinde und den Zuwanderern helfen. So arbeiten sie oft mit privaten Vermietern. Sie informieren die einheimische Bevölkerung über geplante Projekte und lassen sie am Entscheidungsprozess teilnehmen. Integration kann daher gelingen, wenn die lokalen Behörden sachlich und praktisch die Situation angehen ohne unnötige Panikmache.

Ein weiteres Hindernis kann die Einstellung sein, dass die Zuwanderer den Sozialstaat gefährden. Wenn man jedoch bedenkt, dass die deutsche Wirtschaft und die Industrie auf die Zuwanderer angewiesen sind, wenn man die Wirtschaft weiterentwickeln und die Renten der älteren Bevölkerung nicht kürzen will, dann sieht man, dass das Land mehr als 500 000 Einwanderer braucht. Nach einer Studie zahlen Menschen, die keinen deutschen Pass haben, jährlich durchschnittlich 3 300 Euro mehr an Steuern, als sie an staatlichen Leistungen erhalten. Die Arbeitskraft der Zuwanderer bringt also nicht nur Steuereinnahmen sondern auch wirtschaftliches Wachstum.

Schließlich hört man auch häufig die Aussage, dass durch die Zuwanderer die deutsche Kultur verloren geht. Aber was ist eigentlich ‚deutsche Kultur'? Kultur stagniert nicht. Sie verändert sich und das schon über Jahrhunderte. Und Migration hat es schon immer gegeben, man denke nur an die Völkerwanderung in Europa, die Situation nach dem zweiten Weltkrieg oder nach dem Fall der Berliner Mauer. Daher spielt Integration eine so wichtige Rolle, denn wenn sich die Migranten und Flüchtlinge in einem Land wohl und zu Hause fühlen, werden sie zu einem Teil der Gesellschaft und werden nicht mehr als Fremde angesehen.

1. „Es gebe nicht genug Platz in Deutschland für die Zuwanderer." Warum ist dieses Argument laut Text nicht richtig?
   a Es gibt genug Platz und genug Wohnungen.
   b Es gibt keine städtischen Immobilien mehr.
   c Es gibt genug Platz, aber die Planung und Organisation sind laut Text nicht gut genug.

2. Wie sollten die Gemeinden und Behörden mit der Situation umgehen?
   a die Einwohner rechtzeitig alarmieren
   b gemeinsam mit den Einwohnern planen
   c die Zuwanderer warnen

3. Warum gefährden die Zuwanderer nach Meinung des Autors nicht den deutschen Sozialstaat?
   a Die meisten erhalten keine Hilfe vom Staat.
   b Die meisten sind Steuerzahler und erhalten weniger Sozialhilfe.
   c Sie bezahlen 3 300 Euro Steuern.

4. Warum bedeutet Zuwanderung nicht, dass die Kultur des Landes verloren geht?
   a Die Kultur eines Landes bleibt nie gleich.
   b Es wird immer eine deutsche Kultur geben.
   c Die Zuwanderer haben keine eigene Kultur.

[4 marks]

6 Lesen Sie den Bericht. Übersetzen Sie dann den Text unten ins Deutsche.

So geht Integration
Es wäre vor allem wichtig, dass die Neuankömmlinge an Sprachkursen teilnehmen könnten. Auch bräuchten Sie schnell einen Arbeitsplatz, sagt auch Lebensmittelhändler Caan. Er selbst ist im Jahr 1991 mit nur einem Koffer aus Anatolien gekommen, um seine türkische Frau zu heiraten. Sie lebte schon länger in Deutschland und war in Frankfurt zur Schule gegangen. „Man sollte ihnen nicht jeden Tag Essen geben, sie müssen selbst Arbeit suchen", sagt Caan. Er selbst hat sich zum erfolgreichen Ladenbesitzer hochgearbeitet, hat jetzt mehrere Geschäfte und kann daher gute Arbeitskräfte gebrauchen.

Migrants talk about their experiences
Fahima N is 72 now and came to Germany in 1963 with her husband. In her opinion, learning German and finding a job are most important, even if some return to their home country. She also thinks that refugees should not have to wait so long before they can look for a workplace. Integration courses are useful because one learns about German everyday life and it helps if you want to feel at home. But she believes migrants have to be patient, especially when they are looking for a flat.

[10 marks]

2 Integration

7 🎵 Sie hören einen Bericht über die Situation von Zuwanderern in Hamburg. Schreiben Sie eine Zusammenfassung des Berichts in nicht mehr als 90 Wörtern. Achten Sie auf folgende Punkte:

- die Einstellung der deutschen Hamburger zu den Zuwanderern in der Stadt [2]
- was die Zuwanderer von Hamburg halten [3]
- welche Probleme es gibt [2]

Bewertung Ihrer Sprache: fünf zusätzliche Punkte.

[12 marks]

8 ✏️ Sie haben Integration in deutschsprachigen Ländern recherchiert. Schreiben Sie jetzt eine Präsentation (ca. 250 Wörter) über dieses Thema. Achten Sie auf folgende Punkte:

- Integrationsmaßnahmen
- positive und negative Seiten der Integrationsbemühungen
- was, Ihrer Meinung nach, zu einer erfolgreichen Integration gehört.

9 💬 Arbeiten Sie mit einer Partnerin/einem Partner zusammen. Sehen Sie sich die zwei Bilder an und beantworten Sie dann die folgenden Fragen. Benutzen Sie auch Ideen aus dem Tipp, um Ihre Antworten zu variieren.

- Was sagen Ihnen diese Bilder zum Thema Integration?
- Welche Probleme kann es bei der Integration geben?
- Was macht man in Deutschland, um die Integration von Migranten zu fördern?

📘 Tipp

Varying sentence structure to enhance writing and speaking

In order to improve the quality of your writing and speaking, you can use the following strategies:

- Start your sentence with a time element, such as _Vor einem Monat_ habe ich …, _Neulich_ wurde berichtet …, or a place element, such as _In Deutschland_ sieht man …
- Use expressions such as _in dieser Hinsicht, in diesem Bereich, im Vergleich zu_ … to start your sentence.
- Link two shorter sentences using _aus diesem Grund, deswegen_ and _folglich_.
- Use conjunctions, such as _da, obwohl, während, wenn_ and _als_ to create complex sentences.
- Include co-ordinating conjunctions, such as _denn_ and _aber_.
- Use relative clauses to explain details: _die Migranten_, **die** _Deutsch sprechen_, …
- Use the passive when the subject is not important or not particularly relevant: … _wurden angeboten_ or _es wurden … eingerichtet_.

45

2 Vokabeln

2.1 Maßnahmen zur Integration

der	Ablauf(¨e)	course (of events), sequence
	ablaufen	to run, pass
die	Arbeitserlaubnis(se)	work permit
die	Aufgabe(n)	task
	aufnehmen	to take in, include
die	Ausgrenzung(en)	exclusion
die	Ausländerbehörde(n)	department dealing with foreigners
die	Begegnung(en)	meeting, encounter
sich	begeistern für (+ *acc*)	to be enthusiastic about
die	Behörden (*pl*)	authorities
die	Beratung(en)	advice
	berücksichtigen	to take into consideration
	bürgerschaftlich	involving citizens working together
der	Bezug(¨e)	connection, link
die	Branche(n)	branch (industry), field
die	Ebene(n)	level
die	Einbeziehung(en)	inclusion
die	Eingliederung(en)	integration, inclusion
das	Engagement(s)	involvement, commitment
	empfangen	to receive, welcome
die	Erwartung(en)	expectation
	erwarten	to expect
	flüchten vor	to flee from
die	Flucht(en)	flight, escape
der	Geschäftsführer(–)/	manager
die	Geschäftsführerin(nen)	
die	Gewaltprävention(en)	prevention of violence
	(nach)gucken	to have a look, check
das	Herkunftsland(¨er)	country of origin
	ins Leben rufen	to start up
die	Maßnahmen (*pl*)	measures
der	Migrationshintergrund(¨e)	migration background
die	Nachfrage(n)	demand
der	Neuankömmling(e)	new arrival
die	Notunterkunft(¨e)	emergency accommodation
die	Obdachlosigkeit	homelessness
die	Pflicht(en)	duty
der	Sprung(¨e)	jump
die	Staatsbürgerschaft(en)	nationality
	stammen aus	to originate from
die	Stiftung(en)	foundation
	umfassen	to comprise, include
sich	umhören	to ask around
der	Unternehmer(–)	employer
	zur Verfügung haben	to have at your disposal
sich	vertraut machen mit	to familiarise yourself with
die	Vervollständigung(en)	completion
die	Völkerverständigung(en)	international understanding between nations
die	Werte (*pl*)	values
der	Wettbewerb(e)	competition
	wettbewerbsfähig	competitive
die	Wirtschaft(en)	economy
sich	zurechtfinden	to find your way
	zusichern	to ensure, guarantee
	zuständig sein für	to be in charge of
das	Zuwanderungsgesetz(e)	immigration legislation

2.2 Hindernisse für die Integration

	abschrecken	to deter
die	Abschreckung(en)	deterrent
sich	anfreunden	to make friends
	angemessen	appropriate
die	Anerkennung(en)	recognition, acknowledgement
der	Außenseiter(–)	outsider
	beantragen	to apply
	bedenken	to consider
eine	Bleibe (haben)	(to have) a place to stay
die	Bemühung(en)	effort
	benachteiligen	to put at a disadvantage
die	Benachteiligung(en)	disadvantage, discrimination
die	Bereitschaft(en)	willingness, readiness
	bestreiten	to deny, dispute, contest
die	Bildung(en)	(academic) education
der	Bildungsabschluss(¨e)	academic qualification, degree
der	Brauch(¨e)	custom, tradition
	brauchen	to need
	einheimisch	local, indigenous
die	Einstellung(en)	attitude
	entsprechend	accordingly
	erwerbslos	unemployed
der	Erzieher(–)	teacher, someone working in education
	als Folge von	as a consequence of
	in der Fremde	abroad, in a foreign place
der	Gastarbeiter	someone invited to work in Germany during the economic boom in the late 1950s and 1960s
das	Gesetz(e)	law
sich	herausstellen	to turn out, emerge
die	Herausforderung(en)	challenge
das	Hindernis(se)	obstacle
	kaum	hardly
	in der Lage sein	to be able to
das	Lager(–)	camp

die	Lebensweise(n)	way of life
	letztens	recently
	in erster Linie	first of all
	niedrig	low
	pflegebedürftig	in need of care
	aus dem Weg räumen	to get rid of
	Recht haben	to be right
	schätzen	to estimate
die	Sicherheit	safety, security
die	Sitte(n)	custom
die	Tatsache(n)	fact
	tatsächlich	really, indeed
die	Übergangsphase(n)	transition phase
	überwinden	to overcome
die	Umfrage(n)	survey, questionnaire
die	Umsetzung(en)	implementation
	unterbringen	to accommodate
	vermeiden	to avoid
das	Vorurteil(e)	prejudice
die	Wohngegend(en)	residential area
ein	Zeichen setzen	to set an example, point the way
sich	zugehörig fühlen	to feel part of, have a feeling of belonging
die	Zugehörigkeit(en)	belonging, membership
der	Zwang(¨e)	force, constraint
	zwingen zu	to force to

2.3 Die Erfahrungen verschiedener Migrantengruppen

das	Amt(¨er)	office
die	Angelegenheit(en)	matter
	anmelden	to register
der	Ansprechpartner(–)	contact person
die	Arbeitskraft(¨e)	employee
die	Armut	poverty
die	Aufenthaltsgenehmigung(en)	residence permit
	ausnutzen	to use, to take advantage of
die	Ausnutzung	exploitation
	behandeln	to treat
	bestehen auf	to insist on
	betonen	to emphasise, pronounce
das	Bürokratiezeug(e)	bureaucratic stuff
der	Drohbrief(e)	threatening letter
	durchaus	quite, certainly
	ehemalig	former
der	Einfall(¨e)	idea
	einfallen	to think of, come up with

	entgegengesetzt	opposite, opposing
	erfinderisch	resourceful
der	Fachbereich(e)	faculty, department
	gelten als	to be regarded/considered as
das	Gesundheitswesen(–)	health system
der	Grenzübergang(¨e)	border crossing
	innehalten	to pause
	knurren	to growl, rumble
	laut	according to
	es Leid sein	to be tired of, fed up with
der	Lohn(¨e)	wage(s)
	eine ganze Menge	a whole lot
der	Muslim(e)/	
die	Muslimin(nen)	Muslim
die	Not(¨e)	need, suffering
der	Nutzen(–)	benefit
	rechtfertigen	to justify
der	Redakteur(e)/	
die	Redakteurin(nen)	editor
	rücksichtslos	inconsiderate, thoughtless
der	Ruf(e)	reputation
	sehnsüchtig	longingly
	seufzen	to sigh
	schief	not straight, crooked
der	Schleuser(–)	people-smuggler
	schlimm	bad, serious
der	Schreck(e)	horror, shock
	schwungvoll	vigorously
die	Sicherheitstruppe(n)	security unit
	ständig	constantly, always
	überfallen	to attack
	im Umgang mit	when dealing with
	umhauen	to take by surprise, knock down
	umstritten	controversial
die	Unterlagen (pl)	documents
der	Unterstützungsbedarf(e)	need for support or benefits
	ursprünglich	originally
der	Ursprung(¨e)	origin
der	Vorzeigemigrant(en)	exemplary migrant
die	Warteschlange(n)	queue
sich	wehren	to defend yourself
	auf diese Weise	thus, in this way
das	Zielland(¨er)	destination country
	zurechtkommen	to manage
	zustehen	to be entitled to

3 Rassismus

By the end of this section you will be able to:

		Language	Grammar	Skills
3.1	Die Opfer des Rassismus	Discuss the impact of racism on its victims and the support available	Use relative and interrogative pronouns	Use a variety of negative expressions
3.2	Die Ursprünge des Rassismus	Discuss the origins of racism	Revise the present and future tenses	Translate the English gerund into German
3.3	Der Kampf gegen Rassismus	Discuss how people resist racism and show moral courage to fight against it	Use the subjunctive in indirect speech (2)	Express obligation

> Rassismus, also Handlungen, Redeweisen oder Einstellungen, die Menschen aufgrund ihrer Hautfarbe, Kultur oder ethnischen Herkunft benachteiligen, gibt es nicht erst seit dem 20. Jahrhundert und der Nazizeit; Rassismus ist mehrere tausend Jahre alt. Wer sind die Opfer des Rassismus heute – und wer die Opfer in der Vergangenheit? Wie und warum ist Rassismus entstanden? Und wie können wir gegen Rassismus kämpfen?

1 Arbeiten Sie mit einer Partnerin/einem Partner zusammen. Schauen Sie sich die Fotos an und achten Sie auf folgende Fragen:

- Was zeigen diese Bilder?
- Was haben sie mit Rassismus zu tun?

3 Rassismus

2a Welche sieben Wörter sind <u>gegen</u> Rassismus?

ausländerfeindlich Inklusivität multikulturell Fremdenhass Völkerverständigung
Zivilcourage Toleranz rechtsextrem Diskriminierung Menschenwürde
Antisemitismus weltoffen Vorurteile minderwertig

2b Wählen Sie jeweils zwei Wörter, die mit dem Thema ‚Rassismus' zu tun haben, und zwei Wörter gegen Rassismus aus Übung 2a. Schreiben Sie, was sie bedeuten.

Beispiel: … bedeutet/heißt, dass …
… ist, wenn …

> ### Wussten Sie schon?
>
> - Rechtsextreme Straftaten haben in Deutschland stark zugenommen. Nach vorläufigen Zahlen registrierten die Sicherheitsbehörden 2015 13 846 einschlägige Delikte und damit eine Steigerung um mehr als 30 Prozent im Vergleich zum Vorjahr.
>
> - Auch die Gewaltbereitschaft ist gestiegen. So wurden 2015 insgesamt 921 rechtsextreme Gewalttaten registriert (496 im Vorjahr). Dabei wurden 691 Menschen verletzt.
>
> - Die meisten Gewalttaten, insgesamt 612, waren fremdenfeindlich motiviert. Damit hat sich diese Zahl im Vergleich zu 2014 fast verdoppelt.
>
> - 8.8 Millionen Deutsche waren während des Zweiten Weltkriegs Mitglied der NSDAP, aber bis 1945 traten auch 750 000 von ihnen aus der Partei aus. Sie protestierten damit – mit Zivilcourage - gegen das Hitler-Regime.
>
> - Der bekannteste Kämpfer und Gegner Hitlers war der deutsche Industrielle Oskar Schindler, der zwischen 1939 und 1945 gemeinsam mit seiner Frau 1 200 bei ihm angestellte jüdische Zwangsarbeiter vor der Ermordung in den Vernichtungslagern der Nationalsozialisten bewahrte.
>
> - Seit August 2015 sind hunderttausende Flüchtlinge über die Grenzen von Ungarn und Slowenien nach Österreich gekommen, aber die anti-rassistische Bewegung im Land ist eine der stärksten in ganz Europa: 23% der Österreicher haben an Solidaritäts-Aktionen für Flüchtlinge teilgenommen.

3 Lesen Sie *Wussten Sie schon?* und füllen Sie die Lücken mit dem richtigen Wort aus.

1. Es gibt immer mehr _____ kriminelle Delikte in Deutschland.
2. Im Jahr 2014 gab es fast zehntausend rechtsextreme _____.
3. 2015 wurden ca. doppelt so viele Menschen _____ wie in 2014.
4. Zwischen 1939 und 1945 traten 750 000 NSDAP- _____ aus der Partei aus.
5. Oskar Schindler half über 1 000 Juden, nicht in die _____ der Nazis transportiert zu werden.
6. Fast ein Viertel der Bürger in Österreich setzen sich aktiv für _____ ein.

> verletzt Flüchtlinge Strafdelikte Mitglieder
> ausländerfeindliche Konzentrationslager

4 Welche der folgenden fremdenfeindlichen Situationen gibt es für Ausländer in Ihrem Land am meisten? Welche sind am schlimmsten, Ihrer Meinung nach? Diskutieren Sie in einer Gruppe.

- Ich werde jeden Tag von der Polizei gestoppt und muss meine Papiere zeigen.
- Ich bekomme keine Wohnung, weil viele Vermieter keine Ausländer haben wollen.
- Ich habe Angst vor Rassisten, die mich verbal bedrohen.
- Meine Klassenkameraden lachen mich aus, weil meine Eltern kein Deutsch sprechen können.

5 Ist Rassismus ein Problem in Ihrem Land? Haben Sie selber schon persönliche Erfahrungen mit Rassismus gemacht? Und was kann man dagegen machen? Schreiben Sie einen kurzen Bericht (ca. 150 Wörter).

49

3.1 A: Die Opfer des Rassismus

1 Diskutieren Sie in der Gruppe und achten Sie auf folgende Fragen:
- Welche Formen von rassistischer Gewalt gibt es?
- Was sind die Auswirkungen für die Opfer und für die Gesellschaft?

2a Lesen Sie den Text aus dem Jahr 2016 und beantworten Sie die Fragen auf Deutsch.

Rassismus in Deutschland

Brandanschläge, Angriffe auf Flüchtlinge und Flüchtlingsunterkünfte, Gewaltandrohungen und Einschüchterungen: Deutschland erlebt eine massive Zunahme rassistischer Gewalt. Täglich werden Menschen angegriffen – sei es wegen ihrer äußeren Erscheinung, ihrer Religionszugehörigkeit oder anderer Zuschreibungen. 2015 wurden Flüchtlingsunterkünfte laut offiziellen Angaben über 1 000 Mal zum Ziel von Straftaten – fünfmal so oft wie im Jahr zuvor.

Amnesty International schlägt Alarm: „Die Zahl der rassistisch motivierten Angriffe, die erfasst werden, ist so hoch wie noch nie in der Geschichte der Bundesrepublik", sagt Generalsekretärin in Deutschland Selmin Caliskan, als sie am 6. Juni 2016 den neuen Amnesty-Bericht vorstellt „Leben in Unsicherheit: Wie Deutschland die Opfer rassistischer Gewalt im Stich lässt". Nach Recherchen der internationalen Organisation schütze der deutsche Staat Ausländer, die geflüchtet sind und andere Menschen aus anderen Kulturen nicht ausreichend vor Diskriminierung und rassistischen Angriffen.

Ausgangspunkt für die Untersuchung von Amnesty International, die sich über zwei Jahre erstreckte, war das Versagen der deutschen Strafverfolgungsbehörden beim NSU-Skandal. Der sogenannte Nationalsozialistische Untergrund (NSU), der zwischen 2000 und 2007 aktiv war, ermordete in diesem Zeitraum zehn Menschen, neun davon türkisch- und griechischstämmig. Die deutschen Behörden, insbesondere Polizei und Nachrichtendienste auf Bundes- und Länderebene ‚übersahen' bei ihrer Untersuchung der Mordfälle Hinweise, die auf die Beteiligung rechtsextremer und rassistischer Gruppen schließen ließen. Stattdessen ermittelten sie im Bereich der organisierten Kriminalität in kurdischen, türkischen und griechischen Gemeinschaften.

„Die deutschen Strafverfolgungsbehörden haben aus ihrem Versagen beim NSU-Komplex wenig gelernt", so Caliskan. „Außerdem gibt es deutliche Hinweise darauf, dass die Behörden ein Problem haben: Rassismus, der institutionell ist – also das Unvermögen, alle Menschen angemessen und professionell zu behandeln, unabhängig von ihrer Hautfarbe, ihres kulturellen Hintergrunds oder ihrer ethnischen Herkunft."

Dabei geht es weniger um Vorwürfe gegen einzelne Polizisten als vielmehr um ein Problem, das strukturell ist. Viele rassistisch motivierte Straftaten, z.B. Gewalt gegen Menschen anderer Hautfarbe, würden als gewöhnliche Delikte eingestuft und untersucht. In der Anfangsphase einer Ermittlung werde ein möglicher rassistischer Hintergrund zu selten in Erwägung gezogen. Dadurch wird das Ausmaß rassistischer Gewalt verschleiert. Die Organisation fordert die Strafverfolgungsbehörden auf, rassistische Straftaten als solche zu behandeln.

ethik-heute.org

Vokabeln
die Einschüchterung intimidation
einstufen to classify
in Erwägung ziehen to contemplate
das Unvermögen(–) incapability
das Versagen(–) failure
verschleiern to disguise
die Zuschreibung(en) attribution

1 Was gibt es in Deutschland immer mehr?
2 Was sagt Amnesty International dazu?
3 Was haben die Untersuchungen von Amnesty International ergeben?
4 Was hat der NSU über sieben Jahre lang gemacht?
5 Wie haben die deutschen Behörden beim NSU-Skandal versagt?
6 Welche Problematik geht von diesen Behörden aus?
7 Wie geht die Polizei mit rassistischen Delikten um?
8 Warum ist es laut Artikel nicht möglich, die genaue Anzahl rassistisch motivierter Anschläge zu bestimmen?

2b Übersetzen Sie den ersten Abschnitt des Textes ins Englische.

3 Rassismus

3a Lesen Sie die *Grammatik* und finden Sie alle Relativpronomen im Text (Übung 2).

3b Übersetzen Sie die Fragen und die Relativsätze unten ins Deutsche.
1. We are doing a survey about why migrants want to come to Germany.
2. This is the woman who helps refugees.
3. Where do you come from?
4. We lived in the house that was attacked.
5. I asked him who he lived with when he arrived in Austria.
6. Whose idea was the support group?

4a Hören Sie sich das Interview mit Jana Morath vom Bremer Verein Opferhilfe an. Sind die Aussagen R (richtig), F (falsch) oder NA (nicht angegeben)?
1. Die Bremer Opferhilfe hilft jedes Jahr über 2 000 Opfern.
2. Wer rassistische Gewalt erlebt, kann mit diesem Erlebnis ziemlich gut umgehen.
3. Die meisten Opfer rassistischer Anschläge sind Asylanten.
4. Familie und Freunde sollen die Opfer direkt und sofort unterstützen.
5. Wenn man selbst rassistische Gewalt erlebt hat, soll man sich nicht isolieren.
6. Bei Verletzungen macht es keinen Sinn, zum Arzt oder ins Krankenhaus zu gehen.
7. Die Opfer können eine Strafanzeige am Tatort oder später bei der Polizei machen.
8. Man darf niemanden dabeihaben, wenn man eine Strafanzeige macht.

4b Hören Sie sich das Interview noch einmal an. Schreiben Sie eine Zusammenfassung des Interviews (ca. 90 Wörter). Achten Sie auf folgende Punkte:
- wie sich die Opfer nach dem Angriff fühlen und was sie machen sollen
- wie Freunde und Familie helfen können
- was man machen soll, wenn man selber Opfer geworden ist.

5 Recherchieren Sie ein Projekt in Österreich oder der Schweiz, das Opfern rassistischer Gewalt hilft. Schreiben Sie einen Bericht (ca. 300 Wörter). Achten Sie auf folgende Fragen:
- Wer sind die Opfer?
- Wie wurden sie angegriffen?
- Welche konkrete Hilfe gibt es für sie?

Grammatik

Relative and interrogative pronouns

- In German, relative pronouns always send the verb to the end of the clause:
Der Flüchtling, **der** aus Afghanistan **kommt**, ist 15 Jahre alt.

- Relative pronouns (who, which, that) are used to present extra information about the subject of the sentence. There is a relative pronoun for each gender and case:
Das Kind, **das** aus Syrien kommt, ist erst vier Jahre alt.
Die Asylantin, **der** wir eine Wohnung besorgt haben, kommt aus Afghanistan.
Das sind die Jugendlichen, **deren** Eltern noch in Jemen sind.

- Most question words do not change their case: *warum, was, wann, wie, wieso, wo, woher, wohin, inwiefern*, etc. However, there are case endings for the interrogative pronoun *wer* (who):

Ich weiß nicht, an **wen** ich mich wenden soll. *I don't know who I should turn to.*

Wem ist damit geholfen? *Whom does this help?*

See pages 147–148 and 157–158.

Schlüsselausdrücke

Rassistische Gewalt ist …
… ist eine Form von Diskriminierung.
Davon sind … betroffen.
Die Opfer davon sind …
Man kann den Opfern helfen, indem man …

3.1 B: Die Opfer des Rassismus

1 Lesen Sie das Zitat. Was bedeutet es? Diskutieren Sie mit einer Partnerin/einem Partner.

> Wir bluten alle die gleiche Farbe.

2 Lesen Sie den Text und wählen Sie die vier Aussagen, die mit dem Sinn des Textes übereinstimmen.

„Warum tut ihr das?"

Anfang Februar kam die 48-jährige Afrikanerin Sibongile Fitzke gerade von ihrer Arbeit im Krankenhaus in Greiz (Thüringen) nach Hause. Zwei Männer und eine Frau griffen sie vor ihrer Haustür an. „Sie kamen direkt auf mich zu und fingen an, mich zu beschimpfen", erzählt Sibongile Fitzke. „Sie schlugen mich. Ich fragte: Warum tut ihr das? Aber sie schlugen einfach weiter."

Als sie versuchte, die Polizei zu rufen, verfolgten zwei der Angreifer sie, stießen sie die Treppe zu einem nahen Parkhaus hinab, traten sie und drückten sie auf den Boden. „Ich bekam keine Luft mehr", erzählt sie. Irgendwann ließen die Täter von ihr ab. Sie bat einen vorbeikommenden Mann um Hilfe, doch der wimmelte sie ab. Schließlich habe sie sich in eine nahegelegene Bar geschleppt, um Hilfe zu rufen. Dort saßen die Täter – an einem Tisch. Der Besitzer rief die Polizei.

Das ist ein halbes Jahr her – über den Angriff wurde öffentlich nichts bekannt. Die Brutalität, mit der die Täter vorgegangen seien, mache den Fall außergewöhnlich, sagt Theresa Lauß von der Opferberatung, die Sibongile Fitzke betreut. Und dass die Bedrohungen sich bis heute fortsetzten. Die Täter seien mittlerweile ins Nachbarhaus gezogen. Sibongile Fitzke erzählt von den täglichen Schikanen. Von dem Sturmklingeln an ihrer Tür. Von den Beleidigungen, wenn sie die Angreifer täglich auf der Straße trifft. „Sie lachen mich aus", sagt sie. Der Psychoterror zermürbt sie.

Auf die Frage, wie sie sich fühle, bricht es aus ihr heraus: „Ich fühle mich sehr, sehr schlecht. Es verletzt mich, es tut mir weh." Die Hilflosigkeit sei das Schlimmste, die Ohnmacht. Dabei wollte sie gar nicht unbedingt nach Deutschland kommen, erzählt sie. 2008 hat sie einen Greizer geheiratet, 2009 zog sie aus Simbabwe zu ihm. Im Moment schließt sie ihre Ausbildung als Krankenpflegehelferin ab. Sie liebe die Arbeit, besonders mit den älteren Leuten. Im Greizer Krankenhaus komme sie mit allen gut zurecht – mit den Ärzten, den Patienten. Jetzt hat sie Angst. Vor allen Dingen nachts. Sogar in ihrem eigenen Haus.

Vokabeln

abwimmeln to get rid of someone
angreifen to attack
herausbrechen to burst out
die Ohnmacht powerlessness
das Sturmklingeln prolonged ringing of a doorbell
verfolgen to follow
zermürben to wear down

1 Sibongile Fitzke wurde Opfer einer rassistischen Gewalttat.
2 Viele Menschen haben ihr nach der Gewalttat geholfen.
3 Die Polizei hat die Täter festgenommen.
4 Sibongile wird immer noch von ihren Angreifern bedroht.
5 Sie ist mit ihrer Familie jetzt in ein anderes Haus gezogen.
6 Sie ist als Asylantin nach Deutschland gekommen.
7 An ihrem Arbeitsplatz ist sie beliebt und hat keinerlei Probleme.
8 Auch heute noch fürchtet sie sich jeden Tag vor den Tätern.

3 Rassismus

3 🎧 Hören Sie sich das Interview mit Özlem und Yasir an und wählen Sie die richtige Antwort.

1. Özlem hat den Eindruck, dass ihr Hijab der Grund ist, warum sie oft …
   - a bevorzugt behandelt wird.
   - b in Geschäften nicht bedient wird.
   - c von anderen ausgelacht wird.
2. Özlems Mutter bleibt jetzt immer zu Hause, weil sie …
   - a Özlem schützen will.
   - b kein Deutsch spricht.
   - c sich vor Belästigung fürchtet.
3. In der Schule ist Özlem …
   - a Opfer rassistischer Hänselei.
   - b gut integriert.
   - c nur mit Mädchen befreundet.
4. Yasir wird manchmal …
   - a körperlich attackiert.
   - b als ‚Ausländer' beschimpft.
   - c von deutschen Familien nach Hause eingeladen.
5. Eine Gruppe von drei Männern hat Yasir …
   - a die Geldbörse gestohlen.
   - b mit Gewalt aus dem Bus geworfen.
   - c massiv bedrängt.
6. Yasir möchte am liebsten …
   - a ignoriert werden.
   - b selbst gewalttätig werden.
   - c Deutscher werden.

Özlem

Yasir

4 Lesen Sie die *Strategie* und übersetzen Sie den Text ins Deutsche.

My name is Rabi, I'm 20 years old and I come from Sudan in Africa. I have been living in Germany for two years. In my country there is hardly any racism and I'm absolutely against violence, but here I've been a victim of a racial attack: a year ago I was beaten up by a group of male teenagers. I would never have expected something like this to happen. The people in the street looked away instead of helping me. I've met a lot of Germans who are neither racist nor intolerant towards foreigners. But some people do not help because they are scared, too.

5a Arbeiten Sie mit einer Partnerin/einem Partner zusammen. Stellen Sie sich vor, Sie sind Opfer rassistischer Gewalt geworden. Ihre Partnerin/Ihr Partner interviewt Sie für ein Radioprogramm. Machen Sie vor dem Interview Notizen zu folgenden Fragen:

- Woher kommen Sie und seit wann leben Sie in Deutschland/Österreich/der Schweiz?
- Welchen ‚alltäglichen Rassismus' erleben Sie?
- Wie fühlen Sie sich dabei?
- Welche rassistischen Angriffe haben Sie schon erlebt?
- Wie ging es Ihnen danach?
- Wer hat Ihnen geholfen?

5b Schreiben Sie einen Artikel (ca. 300 Wörter) für die Webseite des Radioprogramms über das, was Ihnen passiert ist.

Strategie

Using a variety of negative expressions

If you want to express something negative, don't just say *nicht* – try to use a wide variety of more complex expressions:

Wir wollen **keine** rechtsextreme Gewalt! (no, not any)

In Island gibt es **kaum** Rassismus. (hardly any)

Verbale Gewalt ist **niemals** richtig. (never)

Ich bin **absolut nicht** für Neonazis. (absolutely not)

Diskriminierung ist **keineswegs** gut, **sondern** immer schlecht! (by no means; but rather)

Die Passanten lachten, **anstatt** zu protestieren. (instead of)

Naziparolen sind **weder** lustig **noch** intelligent. (neither … nor)

Schlüsselausdrücke

Die Rassisten/Pöbler haben mich …
angegriffen/beschimpft/beleidigt/bedroht werden
Danach fühlte ich mich …
sich hilflos/schlecht/ohnmächtig/ängstlich fühlen
jemandem zur Hilfe kommen

3.2 A: Die Ursprünge des Rassismus

1 Lesen Sie das Zitat. Was ist damit gemeint? Diskutieren Sie mit einer Partnerin/einem Partner.

> „Wir verlangen auch unseren Platz an der Sonne."
> *Reichskanzler von Bülow, 1897*

2a Lesen Sie jetzt den Artikel und beantworten Sie die Fragen auf Deutsch.

Kolonialismus – das Erobern anderer Länder mit dem Ziel, deren Rohstoffe auszunutzen und die Ureinwohner zu unterwerfen – war und ist immer noch ein dunkles Kapitel in der Geschichte vieler reicher und mächtiger europäischer Nationen.

Dabei begann Deutschland (im Gegensatz zu Großbritannien, Spanien, Portugal und Frankreich) erst relativ spät mit dem Einnehmen ‚ihrer' Kolonien. Den Anfang machte der Kaufmann Hans Lüderitz aus Bremen, der 1882 im heutigen Namibia Land und Plantagen ‚kaufte' – für 100 Pfund in Gold und 200 Gewehre.

Die deutschen Kolonien in West-, Südwest- und Ostafrika (heute Namibia, Tansania, Burundi, Togo, Kamerun und Ruanda) wurden vom Deutschen Kaiserreich Ende des 19. Jahrhunderts erworben. Deutschland war zu Beginn des Ersten Weltkrieges das viertgrößte Kolonialreich der Welt.

In der Ideologie von Kolonialisten bestand die afrikanische Bevölkerung aus ‚Kindern', Menschen zwar – aber minderwertig und ohne Bildung, die es zu erziehen galt. Für das Belehren und Missionieren sorgten die Missionsgesellschaften, die den christlichen Glauben in die afrikanischen Dörfer brachten – egal, ob gewollt oder nicht.

Allein in Südwestafrika regierten 25 000 deutsche Siedler über 13 Millionen Eingeborene. Zwangsarbeit, körperliche Gewalt und Versklavung gab es täglich, was immer wieder zu Gegengewalt der afrikanischen Bevölkerung führte. 1904 kam es zu einem Aufstand der Herero- und Nama-Stämme mit äußerst brutalen Folgen: Dreiviertel aller Hereros (Frauen, Kinder und Männer) wurden von den Deutschen in die Wüste getrieben, wo sie verdursteten und verhungerten. Die Überlebenden wurden in Konzentrationslagern gefangen gehalten oder mussten als Zwangsarbeiter für deutsche Unternehmen arbeiten. Dies wird seitdem als Völkermord betrachtet. Nach dem Ersten Weltkrieg verlor Deutschland mit dem Versailler Vertrag alle seine Kolonien.

Vokabeln

der Aufstand(¨e) *revolt*
der/die Eingeborene(n) *native*
das Erobern(–) *conquest*
minderwertig *inferior*
unterwerfen *to subject*
die Versklavung *enslavement*
der Völkermord(e) *genocide*
die Zwangsarbeit(en) *forced labour*

1 Was ist Kolonialismus?
2 Wie unterschied Deutschland sich von anderen Kolonialmächten?
3 Wann und wie ist die erste deutsche Kolonie entstanden?
4 Wie haben die Deutschen die Eingeborenen in Afrika gesehen?
5 Was haben die Missionare gemacht?
6 Warum haben die Ureinwohner gegen die Deutschen gekämpft?
7 Was haben die Deutschen mit dem Stamm der Hereros gemacht?
8 Was passierte mit den deutschen Kolonien nach dem Ende des Ersten Weltkrieges?

2b Übersetzen Sie den letzten Abschnitt des Textes (*Allein …*) ins Englische.

3 Rassismus

2c Schreiben Sie eine Zusammenfassung des Textes (ca. 90 Wörter). Achten Sie auf folgende Punkte:
- Kolonien – wo und wann
- die Einstellung der deutschen Siedler gegenüber den Eingeborenen
- Gegengewalt der Eingeborenen.

3a Lesen Sie die *Strategie* und finden Sie sechs Wörter im Text (Übung 2a), die dem englischen Gerund entsprechen.

3b Übersetzen Sie die Sätze ins Deutsche.
1. Colonialism led in some cases to enslaving entire nations.
2. Missionary societies involved themselves with educating Africans.
3. Germany started buying colonies in 1882.
4. Driving the Hereros into the desert is regarded as genocide.
5. Germany stopped ruling its colonies in 1918.

4 Hören Sie sich das Interview mit einer Historikerin an. Wählen Sie die vier Aussagen, die mit dem Sinn des Berichts übereinstimmen.
1. Rassismus gibt es in Deutschland erst seit dem 19. Jahrhundert.
2. Die Naturwissenschaften versuchten zu zeigen, dass die weiße Rasse allen anderen überlegen ist.
3. Manche Nationen in Europa glaubten nicht an die Rassentheorien der Naturwissenschaft.
4. Schon vor fünfhundert Jahren diskriminierten andere Nationen die Eingeborenen.
5. Die Ureinwohner in Afrika und Asien wollten so wie die Menschen in der ersten Welt leben.
6. Rassismus wurde benutzt, um die Rohstoffe der Kolonien auszubeuten.
7. Auch in Amerika und Afrika gab es im 20. Jahrhundert systematischen Rassismus.
8. Vor fünfundzwanzig Jahren wurden viele Jugoslawen aufgrund ihrer ethnischen Herkunft getötet.

Jugoslawische Kriegsgefangene in den 90er Jahren

5 Recherchieren Sie die Geschichte des Kolonialismus in Ihrem Land und schreiben Sie einen Bericht (ca. 300 Wörter). Achten Sie auf folgende Fragen:
- Welche Kolonien – wo und wann?
- Welche Rohstoffe?
- Wie sahen sich die Kolonialisten?

Strategie

Translating the English gerund into German

The English gerund (the *-ing* form of a verb) has no fixed equivalent in German, but it is often translated in these two ways:

- by an infinitive used as a noun (which is always neuter):
Das Singen der Demonstranten war beeindruckend.
The demonstrators' **singing** was impressive.

- by the infinitive of the verb, generally with *zu*:
Sie fingen an zu singen.
They began **singing**.

Schlüsselausdrücke

… hatte Kolonien in …
Die Ureinwohner/Eingeborenen wurden …
… unterworfen/ausgenutzt versklavt.
… als minderwertig behandelt.
… als Kinder betrachtet.

3.2 B: Die Ursprünge des Rassismus

1a Lesen Sie das Gedicht. Was hat es mit Rassismus zu tun? Diskutieren Sie in einer Gruppe.

Über einige Davongekommene

Als Mensch
Unter den Trümmern
Seines
Bombardierten Hauses
Hervorgezogen wurde,
Schüttelte er sich
Und sagte:
Nie wieder.
Jedenfalls nicht gleich.

Günter Kunert (1950)

1b Übersetzen Sie das Gedicht ins Englische.

2 Hören Sie sich den Radiobericht über die Nazizeit an. Dann lesen Sie die Zusammenfassung unten und füllen Sie die Lücken aus.

Das Dritte Reich war eine Diktatur, die ihre Kritiker brutal **1** _____ . Die Nazis hielten andere **2** _____ für minderwertig im Vergleich zu Deutschen. Im Herbst 1938 kam es zu den ersten **3** _____ Angriffen gegen Juden. 1939 überfiel Hitler Polen und löste so den **4** _____ in Europa aus. In den **5** _____ kamen auch Polen und Russen zu Tode. Während des Holocaustes ermordeten die Nazis sechs Millionen **6** _____ .

> Krieg   gewalttätigen   Rassen   unterdrückte   Konzentrationslagern   Juden

3a Lesen Sie den Text auf Seite 57. Sind die Aussagen R (richtig), F (falsch) oder NA (nicht angegeben)?

1. Vor über vierzig Jahren gab es in der DDR zu wenig deutsche Arbeiter.
2. Die Arbeiter aus Mozambik wurden in der DDR gut behandelt.
3. In den 80er Jahren lebten 50 000 Mozambikaner in der DDR.
4. Rassistische Anschläge gegen Mozambikaner gab es damals nicht.
5. Heute machen jedes Jahr 1 Million Ostdeutsche Urlaub im Ausland.
6. Laut Almuth Berger sehen viele Ostdeutsche Menschen aus anderen Ländern immer noch negativ.
7. Arbeiter aus Vietnam sendeten ihr DDR-Geld in ihre Heimat.
8. Die Ostdeutschen konnten damals nicht genügend Produkte kaufen.

3 Rassismus

Fremdenfeindlichkeit in der DDR

Wegen der Republikflucht herrschte in der DDR der 70er und 80er Jahre ein chronischer Arbeitskräftemangel. Vor dem Fall der Berliner Mauer hielten sich dort rund hunderttausend Vertragsarbeiter aus dem kommunistischen Mozambik und Vietnam auf. Sie besaßen keine individuellen Rechte. Bilaterale Staatsverträge regelten Aufenthaltsdauer, Arbeit, Lohn, Unterbringung, aber auch Strafen. Die Arbeiter aus Mozambik bekamen nur 40 Prozent ihres Lohns ausgezahlt, die restlichen 60 Prozent bekam die mosambikanische Regierung. Sie lebten abgeschottet in Wohnheimen, Kontakt zu oder gar Beziehungen mit Deutschen waren unerwünscht.

Die Afrikaner wurden schon zu DDR-Zeiten immer wieder angepöbelt und geschlagen. Der Berliner Historiker Harry Waibel hat den Rassismus und den Rechtsradikalismus im SED-Regime minutiös in Archiven recherchiert und nachgewiesen: „Es gab 12 Tote und tausend Verletzte. Alles das ist geheim gehalten worden."

Die erste und einzige Ausländerbeauftragte der DDR, Almuth Berger, meint, dass die Ausländerfeindlichkeit von heute ihre Wurzeln auch in der Art und Weise hatte, mit der das SED-Regime Ausländer behandelte: „Da steckt tief drinnen eine Abneigung, ja auch Angst vor Fremden, vor Andersartigen."

Vietnamesen bildeten die größte Gruppe der DDR-Vertragsarbeiter. Viele von ihnen sind im wiedervereinigten Deutschland geblieben. Weil die DDR-Mark in Vietnam nicht umtauschbar war, wandelten sie ihren Lohn früher in Waren um und schickten diese nach Hause. Das führte zu Hamsterkäufen und zu Engpässen für die DDR-Bevölkerung, was wiederum Neid erzeugte. Das alles erzählt Huong Trute, die mit 18 zum ersten Mal in die DDR kam und heute ein Restaurant in Sachsen-Anhalt besitzt. Sie glaubt, dass auch heute in den neuen Bundesländern Ausländer als Sündenböcke herhalten müssen, wenn etwas schief laufe: Daran wird sich auch nichts ändern, glaubt sie. „Am Ende werden das immer die Fremden sein, die Schuld haben. Und das werde ich – und andere Ausländer – sein."

Vokabeln

abgeschottet *isolated, cut-off*
die Abneigung(en) *aversion*
der Arbeitskräftemangel *deficit of workers*
der Engpass(¨e) *shortage*
der Hamsterkauf *panic-buying, buying in bulk*
die neuen Bundesländer (pl) *the new federal German states, ie. the states of the former GDR now part of the reunified Germany*
die Republikflucht *escape from the GDR*
der Sündenbock(¨e) *scapegoat*

Grammatik

Present and future tenses

- Use the present tense to talk about what is happening now and what happens regularly or usually:

Ich **telefoniere** gerade mit Sandra.

Mark **hilft** normalerweise im Flüchtlingsheim.

- To talk about what will happen in the future, use the present tense of *werden* with the infinitive of the verb at the end of the sentence:

Ich **werde** mit Sandra **telefonieren**.

- However, if there is a time expression which clearly indicates the future, the present tense is often used:

Mark **hilft** nächsten Sommer im Flüchtlingsheim. *Mark is helping at the refugee hostel next summer.*

See pages 148–150 and 152.

3b Lesen Sie die *Grammatik* und finden Sie alle Präsens- und Futurformen im letzten Abschnitt des Textes (*Noch heute …*).

4 Was werden die Konsequenzen für eine Gesellschaft sein, wenn eine extrem rassistische Regierung an die Macht kommt? Schreiben Sie sechs Futur-Sätze.

5a Arbeiten Sie mit einer Partnerin/einem Partner zusammen. Machen Sie Notizen und diskutieren Sie dann folgende Fragen:

- Was hat Deutschlands Geschichte mit dem Problem des Rechtsradikalismus zu tun?
- Wie kann man Fremdenhass in der DDR erklären?
- Wie kann man heute gegen das Problem kämpfen?
- Wird Rassismus in Deutschland besser/schlimmer?

5b Schreiben Sie einen Beitrag (ca. 300 Wörter) für eine deutsche Webseite über den deutschen Rechtsradikalismus.

3.3 A: Der Kampf gegen Rassismus

Wolfgang Borchert

Vokabeln

heilig sprechen *to sanctify*
die Kanzel(n) *pulpit*
kriegstauglich *fit for action*
segnen *to bless*

Strategie

Expressing obligation

To express the idea that something shall/should/must/had to happen, you can use a variety of expressions:

Du sollst … Man sollte … You shall … One should …

Sie müssen/mussten … You must/had to …

Es ist unsere/ihre (moralische) Pflicht, … It is our/their (moral) duty to …

Wir sind verpflichtet, … We should feel obliged to …

Es war lebenswichtig, … It was vital to …

Es ist unsere Verantwortung, … It is our responsibility to …

Jeder ist gezwungen, … Everybody is compelled to …

1a Lesen Sie den Auszug aus dem Gedicht von Wolfgang Borchert. Diskutieren Sie folgende Fragen in einer kleinen Gruppe:

- Wovon handelt der Auszug?
- Welche Stimmung/Atmosphäre erzeugt er?
- Was will das Gedicht bewirken?

Dann gibt es nur eins!

[…]

Du. Dichter in deiner Stube. Wenn sie dir morgen befehlen, du sollst keine Liebeslieder, du sollst Haßlieder singen, dann gibt es nur eins:
Sag NEIN!
Du. Arzt am Krankenbett. Wenn sie dir morgen befehlen, du sollst die Männer kriegstauglich schreiben, dann gibt es nur eins:
Sag NEIN!
Du. Pfarrer auf der Kanzel. Wenn sie dir morgen befehlen, du sollst den Mord segnen und den Krieg heilig sprechen, dann gibt es nur eins:
Sag NEIN!
Du. Pilot auf dem Flugfeld. Wenn sie dir morgen befehlen, du sollst Bomben und Phosphor über die Städte tragen, dann gibt es nur eins:
Sag NEIN!

[…]

Wolfgang Borchert (1947)

1b Übersetzen Sie den Gedichtauszug ins Englische.

2a Lesen Sie den Text auf Seite 59. Sind die Aussagen R (richtig), F (falsch) oder NA (nicht angegeben)?

1. Die ‚Weiße Rose' protestierte ohne Gewalt gegen das Naziregime.
2. Die ‚Weiße Rose' bestand nur aus Münchner Studierenden.
3. Die meisten von ihnen waren zwischen 18 und 22 Jahre alt.
4. Die Familien der Studenten kamen aus dem Arbeitermilieu.
5. Die Geschwister Scholl waren von Anfang an gegen die Hitler-Diktatur.
6. Die ‚Weiße Rose' versuchte, mit ihren Schriftblättern die Nazis zu kritisieren.
7. Die Flugblätter wurden in der ganzen Stadt verteilt.
8. Nur die fünf Studenten der ‚Weißen Rose' wurden hingerichtet oder kamen ins Gefängnis.

2b Lesen Sie den Text noch einmal. Schreiben Sie eine Zusammenfassung des Textes (ca. 90 Wörter). Achten Sie auf folgende Punkte:

- die Ziele der ‚Weißen Rose'
- der Hintergrund der Mitglieder
- die Konsequenzen ihres Widerstandes.

3 Rassismus

Der Widerstand der ‚Weißen Rose'

Im Sommer 1942 und zu Beginn des Jahres 1943 verbreitete die studentische Widerstandsgruppe die ‚Weiße Rose' erst in München, dann auch im süddeutschen Raum sowie in Linz, Salzburg und Wien Flugblätter gegen Hitler und das nationalsozialistische Regime. Sie forderte darin zunächst zum passiven Widerstand auf, aber schon bald auch zum Sturz der Regierung. Die Medizinstudenten Hans Scholl und Alexander Schmorell bildeten den Kern dieser Gruppe. Christoph Probst, Sophie Scholl, Willi Graf und ihr Mentor Professor Kurt Huber schlossen sich ihnen nach und nach an und beteiligten sich in unterschiedlicher Weise an den regimekritischen Aktionen.

Die Mitglieder der ‚Weißen Rose' kamen aus eher konservativ-bürgerlichen Elternhäusern mit christlicher Prägung. Während Hans und Sophie Scholl zunächst begeisterte Anhänger der nationalsozialistischen Jugendbewegung waren, wehrte sich Willi Graf erfolgreich gegen Vereinnahmungsversuche der Partei. Persönliche Überzeugungen und negative Erfahrungen mit dem NS-Staat ließen die Mitglieder der ‚Weißen Rose' schon früh zu kritischen Beobachterinnen und Beobachtern des Regimes werden. Diese Haltung verband sie miteinander, aber auch ihr Interesse an Kunst, Literatur, Musik, Philosophie und Religion. Aus individuellen Freundschaften wurde schließlich ein Bündnis im Kampf gegen die nationalsozialistische Diktatur.

Die Flugblätter der ‚Weißen Rose' waren mehr als nur ein Aufstand des Gewissens. Sie waren politisch hoch motiviert und entstanden aus der Überzeugung heraus, dass man nicht mehr schweigend zuschauen dürfe, sondern Widerstand gegen das verbrecherische System leisten müsse. Die fünf Münchner Studierenden und ihr Professor bezahlten diese Überzeugung mit ihrem Leben. Sie wurden 1943 zum Tode verurteilt und hingerichtet. Auch zahlreiche Unterstützerinnen und Unterstützer der ‚Weißen Rose' und Mitwisserinnen und Mitwisser wurden in der Folge mit dem Tode oder mit Freiheitsentzug bestraft. Der mutige Widerstand der ‚Weißen Rose' ist trotz – oder gerade wegen – seiner schrecklichen Konsequenz eine Aufforderung an alle, sich einzumischen und etwas dagegen zu tun, wenn der freiheitlich-demokratische Staat und die Rechte der Menschen angegriffen werden.

Vokabeln

einmischen to interfere
das Flugblatt(¨er) leaflet
der Freiheitsentzug detention
das Gewissen(–) conscience
hinrichten to execute
leisten (Widerstand) to resist, fight back
die Prägung(en) tendency
der Sturz(¨e) fall
der Vereinnahmungsversuch(e) attempt at submission

3 Hören Sie sich den Bericht an und wählen Sie die richtige Antwort.

1. Vor 1933 …
   a wehrten sich die kommunistische Partei und die Kirchen gegen das Regime.
   b gab es keinen Widerstand gegen Hitler.
2. Kritik am Regime …
   a hatte keine Konsequenzen.   b konnte zum Tod führen.
3. Nach 1933 …
   a halfen einige Deutsche bedrohten Menschen.
   b wurden Deutsche von einigen Juden versteckt.
4. Graf Stauffenberg …
   a war prominenter Nazi.   b war gegen Hitler.
5. In Österreich …
   a gab es keinen Widerstand gegen Hitler.
   b wurden Flugblätter gegen Hitler verteilt.
6. Die Schweiz …
   a gab vielen Flüchtlingen Asyl.   b wurde von Deutschland besetzt.

4 Schreiben Sie einen Artikel (ca. 300 Wörter) über den Widerstand gegen Hitler von 1933 bis 1945. Benutzen Sie Schlüsselausdrücke sowie Ausdrücke aus der *Strategie* (Seite 58) und achten Sie auf folgende Fragen:

- Wer war vor 1933 in Deutschland gegen das Naziregime?
- Wer war in Deutschland nach 1933 im Widerstand?
- Wie kämpften sie gegen Hitler?
- Welche Konsequenzen hatten/konnten ihre Aktionen haben?
- Wie kämpfte man in Österreich und der Schweiz gegen Hitler?

Schlüsselausdrücke

Sie wehrten sich gegen das Regime/das Dritte Reich/die Nazis.
im Widerstand sein
protestieren
kämpfen
Flüchtlingen helfen
Opfer verstecken
die Gefahr laufen, … zu werden
Hätte man sie erwischt, dann …
fatale Konsequenzen haben

3 Wiederholung

Zeigen Sie, was Sie gelernt haben!

1 Verbinden Sie die Satzhälften.

1 In einigen Ländern Europas hat es einen besorgniserregenden Anstieg
2 Opfer von rechtsextremen Gewalttaten
3 Flüchtlingsunterkünfte sind in den letzten Jahren
4 Verbale Attacken und Beleidigungen gegen Ausländer
5 Alltäglichen Rassismus
6 Es ist unsere moralische Pflicht,

a gibt es auf der Straße, im Beruf und beim Sport.
b gegen Diskriminierung und Misshandlung vorzugehen.
c sind danach oft traumatisiert.
d von rassistischen Angriffen gegeben.
e sind auch rassistische Gewalt.
f zum Ziel von Brandanschlägen geworden.

2 Füllen Sie die Lücken mit dem richtigen Wort aus.

Kolonialismus heißt, dass eine Nation andere Länder oder Völker unter ihre **1** _____ nimmt. Diese Politik hat eine lange Geschichte und stellt ein dunkles Kapitel in der **2** _____ vieler europäischer Nationen dar. Von 1882 bis 1918 **3** _____ deutsche Siedler Länder in Südwest- und Ostafrika, weil sie die **4** _____ ihrer Kolonien nutzen wollten. Die Eingeborenen waren für sie **5** _____ Menschen, die sie **6** _____ behandelten und auch oft versklavten. Die afrikanische Bevölkerung wehrte sich gegen die **7** _____, wie zum Beispiel beim Hereroaufstand 1904, aber die Kolonialisten haben mit **8** _____ reagiert und so ihre Herrschaft aufrechterhalten können.

> brutal   Nationalsozialismus   eroberten   Gegengewalt   Kontrolle
> minderwertige   Vergangenheit   entdecken   Rohstoffe
> Geschichte   Unterwerfung   respektvoll   Völkermord

3 Lesen Sie die Sätze und wählen Sie die richtige Antwort.

1 ‚Die Weiße Rose' war eine …
  a Band aus den vierziger Jahren.
  b politische Partei im 20. Jahrhundert.
  c Widerstandsgruppe während der Nazizeit.
2 Schon vor dem Zweiten Weltkrieg gab es …
  a Widerstand gegen das Naziregime.
  b bombardierte Häuser in Deutschland.
  c Anschläge gegen Hitler.
3 Die Schweiz …
  a half deutschen Flüchtlingen.
  b wollte Flüchtlinge nicht ins Land lassen.
  c war kein neutrales Land.
4 Heute zeigen immer mehr Deutsche …
  a offen ihre Ablehnung der EU.
  b Zivilcourage bei rassistischen Angriffen.
  c Angst vor Frauen mit Hijab.
5 Wer ein Zeichen gegen Rassismus setzen will, sollte bei … mitmachen.
  a Rassentrennung
  b Strafdelikten
  c Demonstrationen gegen Fremdenhass
6 Rechtsextreme Angriffe sind …
  a ein gesamtdeutsches Problem.
  b ein spezifisch ostdeutsches Problem.
  c heute ein geringeres Problem.

3 Rassismus

Testen Sie sich!

1a Lesen Sie den Text und wählen Sie die vier Aussagen, die mit dem Sinn des Textes übereinstimmen.

Rassismus im Alltag

Häufig ist der Kontakt zwischen Deutschen und ‚Zuwanderern' durch Bilder geprägt, die rassistisch aufgeladen sind. Das Gegenüber wird aufgrund der Hautfarbe oder Religion einer bestimmten Gruppe zugeordnet. Und auf diese Zuordnung folgen Reaktionen: Umstände, die gesellschaftlich normal sind, werden verdächtig. Ein ‚Ausländer', der ein teures Auto fährt, wird zum ‚Kriminellen'. Kindergeschrei und unbekannter Duft aus der Küche der Nachbarin werden zur ‚fremden Kultur'.

Niemand ist frei von diesen Bildern. Sie wirken respektlos und verletzend, auch wenn sie ‚nicht so gemeint' sind. Die Zuschreibung negativer Eigenschaften anhand der Herkunft, des Äußeren oder der Religion konstruiert eine normale Mehrheit – ‚Wir Deutsche' – und eine Minderheit, die nicht dazu gehört. Diese Konstruktion führt zu handfester Diskriminierung. Wer einen ausländisch klingenden Namen trägt, bekommt in bestimmten Stadtteilen nur schwer eine Wohnung. Wer für einen ‚Türken' gehalten wird, dem kann es passieren, dass er nicht in Diskotheken eingelassen oder in einem Geschäft nur widerwillig bedient wird. Rassistische Einstellungen bestimmen mit, wie die Leistung von Schüler(innen) bewertet wird. Sie bestimmen mit, ob Jugendliche einen Ausbildungsplatz erhalten und welche Arbeitsstelle jemand bekommt. Dass bestimmte Arbeiten überwiegend Migrant(inn)en machen, liegt vor allem daran, dass sie oftmals keine andere Arbeit finden. Rassismus hat Einfluss darauf, wo man in der Gesellschaft steht.

Dass so viele Menschen angesichts der Verarmung und Arbeitslosigkeit den rechtsextremen Pöbeleien von rassistischen Politikern glauben, die behaupten, „Ausländer nehmen den Deutschen die Arbeit weg!", ist gefährlich. Dass sich diese Parolen in der Mitte der Gesellschaft verfangen, ist eine Folge dessen, dass die Einteilung und Bewertung von Menschen nach Herkunft, Hautfarbe oder Religion ‚normal' erscheint und breit akzeptiert wird. Davon sind demokratische Politiker(innen) und Journalist(inn)en nicht ausgenommen.

1 Rassismus im deutschen Alltag gibt es erst seit der Wiedervereinigung.
2 Beim alltäglichen Rassismus werden Ausländer wegen ihres Aussehens oder ihres Glaubens spezifischen Bildern zugeordnet.
3 Was für Deutsche als normales Verhalten gilt, ist nicht so für Ausländer, wenn sie sich genauso verhalten.
4 Ausländer sollten sich nicht diskriminiert fühlen, denn die Deutschen meinen das nicht ernst.
5 Es geht dabei immer um die Mehrheit der ‚guten Deutschen' – und die ‚Anderen'.
6 Rassismus führt zur Benachteiligung der Ausländer in vielen Bereichen.
7 Ausländische Jugendliche sind vom alltäglichen Rassismus nicht betroffen.
8 Ausländer machen oft die schlechtesten Jobs, aber das sind Jobs, die viele Deutsche nicht machen wollen.

[4 marks]

1b Lesen Sie die Sätze und finden Sie die richtige Antwort.

1 Die rassistischen Bilder von Ausländern …
  a tun ihnen weh und zeigen null Respekt.
  b gibt es nur bei Neonazis.
  c zeigen keine Vorurteile.

2 Viele Ausländer werden im täglichen Leben …
  a akzeptiert.
  b ignoriert.
  c diskriminiert.

3 Ausländische Schüler …
  a sind schlecht in der Schule.
  b haben die besten Noten.
  c werden auch in der Schule diskriminiert.

4 Es gilt als normal, Ausländer …
  a für allerlei Probleme verantwortlich zu machen.
  b total zu integrieren.
  c zu beschimpfen.

[4 marks]

1c Schreiben Sie eine Zusammenfassung des Textes in nicht mehr als 90 Wörtern. Achten Sie auf folgende Punkte:

- warum Ausländer bestimmten Gruppen zugeordnet werden [2]
- wie diese Zuordnung wirkt [2]
- die Konsequenzen des alltäglichen Rassismus. [3]

Bewertung Ihrer Sprache: fünf zusätzliche Punkte.

[12 marks]

2a Lesen Sie den Text und beantworten Sie die Fragen auf Deutsch.

Grazer wirbt mit Gratis-Tattoos gegen Rassismus

Mit einer ungewöhnlichen Aktion ruft ein Grazer Tattoo-Künstler gegen Rassismus und Diskriminierung auf. Jeder, der sich ein antirassistisches Motiv tätowieren lässt, bekommt das Tattoo gratis gestochen.

Alexander Smoltschnik ist seit Mitte der 90er als Tattoo-Künstler aktiv, unter anderem in Holland und Wien. In Graz betreibt er seit dem Vorjahr sein Studio ‚Pride & Glory'. Und genau dort will er seine Dienste nun kostenlos zur Verfügung stellen, zu bezahlen sind nur die Materialkosten.

Das Angebot gilt aber nur für jene, die sich ein antirassistisches Motiv stechen lassen wollen, denn Smoltschnik will mit dieser Aktion zugleich ein klares Zeichen setzen. Es geht ihm nicht um ein bestimmtes Motiv, entscheidend sei nur, dass in Form von Text und/oder Bild die Thematik eindeutig dargestellt wird, so Smoltschnik. Ein Kunde hätte sich etwa ein Zitat aus dem Charlie Chaplin Film „Der große Diktator" tätowieren lassen, ein anderes Beispiel seien etwa zwei Menschen, die sich umarmen – einer weiß und einer dunkelhäutig.

„Wir werden mit Tätowierungen gegen Rassismus nicht die Welt retten, das ist mir klar. Trotzdem halte ich es für wichtig, sichtbare Zeichen gegen Rassismus, Diskriminierung und für ein gemeinsames Miteinander zu setzen. Genau da will und kann ich mithelfen."

1. Was ist so besonders an Alexander Smoltschniks Aktion? [1]
2. Wo findet die Aktion statt? [1]
3. Was ist bei der Aktion nicht umsonst? [1]
4. Was muss der Kunde machen, um an der Aktion teilzunehmen? [2]
5. Was kann er mit der Aktion nicht ändern? [1]
6. Warum macht er das trotzdem? [2]

[8 marks]

2b Übersetzen Sie die beiden letzten Abschnitte des Textes (*Das Angebot … mithelfen.*) ins Englische.

[10 marks]

3a Hören Sie sich einen Radiobericht an. Sind die Aussagen R (richtig), F (falsch) oder NA (nicht angegeben)?

1. Viele Gerüchte werden von älteren Deutschen erfunden.
2. In Michael Wollnys Laden haben Asylbewerber täglich Waren mitgenommen, ohne zu bezahlen.
3. Er sagte über soziale Medien, dass dieses Gerücht stimmt.
4. Laut einem Gerücht sollen in ganz Deutschland Asylanten Tiere getötet und gegessen haben.
5. Viele Deutsche behaupten, dass Ausländer ihnen die Häuser wegnehmen.
6. In Berlin gibt es 150 000 Häuser, in denen Ausländer wohnen.
7. Es ist sehr schwer für Ausländer, eine Wohnung oder ein Haus zu bekommen.
8. Ein Politiker hat einen Angriff auf ein junges Mädchen mit Fakten belegt.

[8 marks]

3b Lesen Sie die englische Zusammenfassung des Hörtextes und übersetzen Sie sie ins Deutsche.

There are lots of rumours about the criminal activities of foreigners, but many examples are completely made up. A shopkeeper in Bavaria had to post on social media that he had no problem with asylum seekers in his shop. There are also rumours of horses and goats being stolen and eaten. Another rumour is that foreigners 'steal' flats from Germans, but often the opposite is true: foreigners are still being discriminated against when they look for flats or houses. The big danger is not only that such rumours spread fear and hate, but that they can be exploited for political gain.

[10 marks]

3 Rassismus

4 Schauen Sie sich die Fotos an. Arbeiten Sie mit einer Partnerin/einem Partner zusammen und diskutieren Sie folgende Fragen:

- Was ist Rassismus im Alltag?
- In welchen Situationen kommt Rassismus im Alltag vor?
- Wie kann man gegen den Rassismus im Alltag kämpfen?

5 Schreiben Sie einen Bericht (ca. 300 Wörter) über Rassismus im Alltag, in dem Sie die Fragen in Übung 4 beantworten.

Tipp

Strategies for checking your work

Make sure you always check your written work for accuracy and look out for these common mistakes:
- gender
- word order
- tenses
- cases (particularly after prepositions)
- agreement between subject and verb
- agreement between adjective and noun.

Also check that:
- you are within the limits of the word count, if one is given for the task
- you have covered all aspects of the question or task
- you have used a wide variety of vocabulary
- you have included a range of complex structures
- your spelling and grammar are correct.

65

3 Vokabeln

3.1 Die Opfer des Rassismus

	abwimmeln	to get rid of s.o.
	alltäglich	everyday
der	Angehörige(n)	relative
	angreifen	to attack
der	Angriff(e)	attack
die	Angst (Ängste)	fear
	anpöbeln	to insult, harass
der	Asylant(en)	asylum seeker
	attackieren	to attack
	auffallen	to stand out
	auslachen	to laugh at
	bedrängen	to harass
die	Bedrohung(en)	threat
	beschimpfen	to insult
	betroffen	affected
der	Brandanschlag(¨e)	arson attack
die	Brutalität(en)	brutality
das	Delikt(e)	crime
	demütigend	humiliating
die	Diskriminierung(en)	discrimination
der	Dolmetscher(–)	interpreter
	einschüchtern	to intimidate
die	Einschüchterung(en)	intimidation
	ermorden	to kill
die	Erscheinung(en)	appearance
	erwünscht	wanted
	eskalieren	to escalate
	ethnisch	ethnic
	festnehmen	to arrest
die	Flüchtlingsunterkunft(¨e)	refugee accommodation
	fürchten	to fear
die	Gewaltandrohung(en)	threat of violence
	gewalttätig	violent
die	Hautfarbe(n)	skin colour
die	Herkunft(¨e)	origin
die	Hilflosigkeit(en)	helplessness
	hinfallen	to fall down
	ignorieren	to ignore
	institutionell	institutional
	konfrontieren	to confront
die	Kriminalität(en)	crime
die	Ohnmacht(¨e)	impotence
das	Opfer(–)	victim
der	Psychoterror(–)	psycho-terror
der	Rassismus	racism
	rassistisch	racist
	rechtsextrem	far-right
	rechstradikal	extreme right-wing
der	Rechtsradikalismus	right-wing extremism/radicalism
	reißen	to pull
die	Religionszugehörigkeit(en)	religious affiliation
die	Schikane(n)	harassment
	schlagen	to hit
	schubsen	to push
	schützen	to protect
	spüren	to feel
der	Spruch(¨e)	quote
	stabilisieren	to stabilise
	stehlen	to steal
der	Stein(e)	stone
die	Strafanzeige(n)	criminal complaint
die	Straftat(en)	offence
der	Täter(–)	perpetrator
der	Tatort(e)	crime scene
	traumatisiert	traumatised
	treten	to kick
	unsichtbar	invisible
die	Unterstützung(en)	support
	verängstigt	fearful
	verletzt	injured
die	Verletzung(en)	injury
	verschwinden	to disappear
	vorgehen	to act against
	wegrennen	to run away
	wegstoßen	to push away
	zermürben	to wear down
	zurückziehen	to pull back

3.2 Die Ursprünge des Rassismus

die	Abneigung(en)	aversion
	anpassen	to fit in
der	Aufstand(¨e)	uprising
	ausgrenzen	to exclude
	ausnutzen	to exploit
	behandeln	to treat
	beherrschen	to dominate, rule
der	Behinderte(n)	disabled person
das	Belehren (sing)	instruction
die	Bevölkerung(en)	nation
die	Bildung(en)	education
der	Eingeborene(n)	native
	einstufen	to class
	erobern	to conquer

3 Rassismus

	grausam	*cruel*	der Bombenanschlag(¨e)	*bomb attack*
die	Herrschaft(en)	*rule, reign*	die Demonstration(en)	*demonstration*
der	Kolonialismus	*colonialism*	die Diktatur(en)	*dictatorship*
das	Konzentrationslager(–)	*concentration camp*	der Fremdenhass(–)	*racial hatred*
die	Machtübernahme(n)	*takeover, seizing power*	friedlich	*peaceful*
	minderwertig	*inferior*	ermorden	*to kill*
das	Missionieren(–)	*missionary work*	das Gefängnis(se)	*prison*
die	Naturwissenschaft(en)	*science*	die Gesellschaft(en)	*society*
der	Neid(–)	*envy*	das Gewissen(–)	*conscience*
die	Rasse(n)	*race*	der Held(en)	*hero*
die	Rassentrennung(en)	*segregation*	die Hilfsbereitschaft(en)	*helpfulness*
der	Reichtum(¨er)	*riches*	hinrichten	*to execute*
der	Rohstoff(e)	*resource*	die Isolation(en)	*isolation*
der	Siedler(–)	*settler*	die Jugendbewegung(en)	*youth movement*
	steigern	*to increase*	die Kampagne(n)	*campaign*
	überfallen	*to attack*	kämpfen	*to fight*
	überlegen	*superior*	(Widerstand) leisten	*to offer (resistance)*
	umbringen	*to kill*	die Machtübernahme(n)	*takeover*
	unterdrücken	*to suppress*	mutig	*brave*
der	Untermensch(en)	*sub-human (a label applied to non-Aryans by National Socialists)*	die Pflicht(en)	*responsibility*
			protestieren	*to protest*
	unterwerfen	*to subject*	provozieren	*to provoke*
der	Ureinwohner(–)	*native*	reagieren	*to react*
der	Ursprung(¨e)	*origin*	regimekritisch	*critical of a regime*
	verfolgen	*to persecute*	selbstbewusst	*self-confident*
die	Verfolgung(en)	*persecution*	die Solidarität(en)	*solidarity*
	verhaften	*to arrest*	der Sturz(¨e)	*fall*
die	Versklavung(en)	*enslavement*	teilnehmen	*to participate*
	vertreiben	*to drive out*	der Tod(e)	*death*
der	Völkermord(e)	*genocide*	die Toleranz(en)	*tolerance*
das	Vorurteil(e)	*prejudice*	töten	*to kill*
der	Wertstoff(e)	*resource*	die Verantwortung(en)	*responsibility*
	zerstören	*to destroy*	vorgehen	*to act*
die	Zwangsarbeit(en)	*forced labour*	wehren	*to resist, fight against*
	zwingen	*to force*	der Widerstand(¨e)	*resistance*
			die Zivilcourage(n)	*civil courage*

3.3 Der Kampf gegen Rassismus

	anfassen	*to touch*
	angreifen	*to attack*
der	Anhänger(–)	*fan*
	auffordern	*to request*
	auflehnen	*to rise up*
die	Ausbeutung(en)	*exploitation*
	auswandern	*to emigrate*
	bedrohen	*to intimidate*
	belästigen	*to pester*
	beleidigen	*to insult*
der	Blickkontakt(e)	*eye contact*

4 Deutschland und die Europäische Union

By the end of this section you will be able to:

		Language	Grammar	Skills
4.1	Die Rolle Deutschlands in Europa	Discuss how the EU has evolved and Germany's role within it	Use the perfect, imperfect and pluperfect tenses	Vary vocabulary by using synonyms
4.2	Vor- und Nachteile der EU für Deutschland	Discuss the advantages and disadvantages of the EU for Germany	Use *da(r)* + preposition to anticipate a *dass* or infinitive clause	Express doubt and uncertainty
4.3	Die Auswirkungen der EU-Erweiterung auf Deutschland	Understand the impact of EU expansion on Germany	Use the future perfect tense	Expand a discussion

Was bringt Europa? Ursprünglich aus einem Bündnis von sechs westeuropäischen Staaten in den Nachkriegsjahren entstanden, hat sich die EU zu einem Zusammenschluss von 28 Ländern entwickelt. In der früheren Wirtschaftsgemeinschaft geht es längst nicht nur um den Ausbau des europäischen Marktes, sondern um das Schaffen eines einheitlichen Europas mit gemeinsamen Zielen, das eine Rolle auf der Weltbühne spielen kann.

Aber was bringt die Union dem Durchschnittsbürger? Ist es wirklich möglich, dass so viele unterschiedliche Länder friedlich zusammenarbeiten können, besonders wenn die Union sich noch weiter vergrößert? Die Prioritäten der unterschiedlichen Mitgliedsstaaten können zu Spannungen führen, wie das Brexit-Referendum in Großbritannien gezeigt hat. Und welche Rolle spielt Gründungsmitglied und Wirtschaftsmacht Deutschland?

1 Welche Tatsachen unter *Wussten Sie schon?* finden Sie überraschend? Warum? Diskutieren Sie mit einer Partnerin/einem Partner.

Wussten Sie schon?

- Die EU hat insgesamt über eine halbe Milliarde Einwohner und 24 Amtssprachen.
- Der EU-Binnenmarkt ist einer der größten gemeinsamen Wirtschaftsräume der Welt und ermöglicht freien Handel unter den Mitgliedsstaaten.
- Der Euro wurde im Jahr 2002 eingeführt und ist die Nationalwährung von 19 Mitgliedsstaaten, die zusammen eine Währungsunion bilden.
- Es gibt 751 Abgeordnete im Europäischen Parlament. Als das bevölkerungsreichste Land Europas hat Deutschland den größten Anteil an Sitzen im Parlament mit 96 Abgeordneten.
- Die EU hat sowohl einen Wahlspruch als auch eine Nationalhymne.
- Wer Mitgliedsstaat der EU werden will, muss gewisse Kriterien erfüllen, darunter finanzielle Stabilität und Beachtung der Menschenrechte.
- 2012 wurde der EU wegen ihres Einsatzes für Frieden, Demokratie und Menschenrechte der Friedensnobelpreis verliehen.
- EU-Bürger haben Aufenthaltsrecht in anderen Mitgliedsstaaten. Mehr als eine halbe Million Deutsche wohnen in anderen europäischen Ländern.

4 Deutschland und die Europäische Union

2a Lesen Sie *Wussten Sie schon?* und finden Sie die deutschen Wörter, die den englischen Begriffen entsprechen.

1 official languages
2 economic area
3 free trade
4 member states
5 currency union
6 MP
7 with the largest population
8 human rights

2b Lesen Sie *Wussten Sie schon?* noch einmal und beantworten Sie die Fragen auf Deutsch.

1 Wie viele Menschen wohnen in den EU-Ländern?
2 Was ist der Euro? — *Es gibt die Nationalwährung von 19 Mitgliedstaaten*
3 Warum hat Deutschland die meisten Abgeordneten im Europäischen Parlament?
4 Welchen Preis hat die EU gewonnen? *Mir ist klar das die EU gewann den Friedensnobelpreis*
5 Warum ist es für EU-Staatsbürger relativ einfach, in einem anderen europäischen Land zu wohnen?

3a Recherchieren Sie im Internet und finden Sie weitere Details über die Tatsachen im *Wussten Sie schon?* heraus.

- Welche Länder gehören nicht der Währungsunion an?
- Welche Sprachen sind in Europa am meisten verbreitet?
- Welches Land hat die wenigsten Abgeordneten im Parlament?
- Was ist der Wahlspruch der EU?
- Und die Nationalhymne?
- Außer dem Aufenthaltsrecht in anderen Mitgliedsstaaten, welche anderen Rechte haben EU-Bürger?

3b Finden Sie drei weitere Details heraus.

3c Tauschen Sie Ihre Informationen in der Klasse aus. Was möchten Sie noch wissen? Machen Sie eine Liste von Fragen und machen Sie weitere Recherchen in der Klasse.

4 Wählen Sie fünf Tatsachen und fassen Sie Ihre Meinung dazu schriftlich zusammen.

Beispiel: *Es ist ein großer Vorteil für EU-Bürger, dass sie Aufenthaltsrecht in jedem Mitgliedsstaat haben.*

4.1 A: Die Rolle Deutschlands in Europa

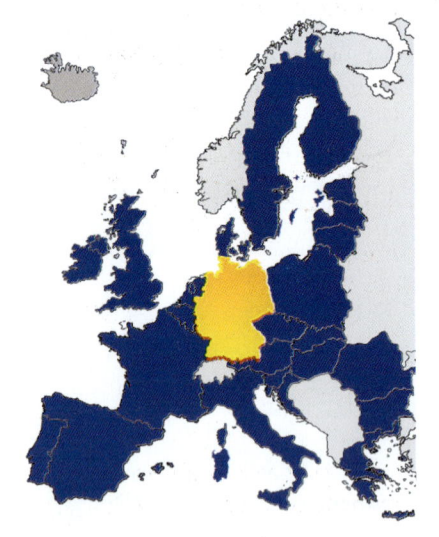

Deutschland im Herzen der EU

1 Machen Sie ein Brainstorming in der Klasse. Welche Länder sind Mitglieder der EU?

2 Hören Sie sich das Interview an und wählen Sie die fünf Aussagen, die mit dem Sinn des Interviews übereinstimmen.

1. Die Europäische Union hat ihren Namen mehrmals geändert.
2. Das Vereinigte Königreich war ein Gründungsmitglied der Gemeinde.
3. Der Zweck der EWG war, den Handel zwischen den Mitgliedsstaaten zu fördern.
4. Bis 1973 traten keine neuen Staaten der EWG bei.
5. Der Vertag von Maastricht garantierte bestimmte Rechte für alle EU-Bürger.
6. Außenpolitik bleibt die Verantwortung jedes einzelnen Staats.
7. 1995 wurden die Grenzkontrollen zwischen manchen europäischen Ländern verstärkt.
8. Die Union hatte immer die Absicht, Frieden in Europa zu sichern.

3a Lesen Sie den Text und finden Sie alle Verben im Perfekt, Imperfekt und Plusquamperfekt.

DEUTSCHLAND UND EUROPA

Welche Rolle soll Deutschland in Europa spielen? Deutschland steht in der Mitte Europas, und nicht nur vom geographischen Standpunkt aus gesehen. Als Gründungsmitglied der EU und bevölkerungsreichster Mitgliedsstaat, ist die Wichtigkeit Deutschlands für die Union unbestritten. Als größte Wirtschaftsmacht der Union zahlt Deutschland auch den größten Beitrag zum europäischen Haushalt und hat die meisten Abgeordneten im Parlament.

Wie ist das denn gekommen? In den 50er Jahren war Deutschland das Land, das einen verbrecherischen Krieg verloren hatte. Die Aufnahme in die EWG bedeutete wirtschaftliche Zusammenarbeit mit den Nachbarsstaaten, aber auch Mitwirkung an dem europäischen Friedensprojekt, das den Deutschen half, sich eine neue europäische Identität zu verschaffen. Bis Ende der 80er Jahre hatte das Projekt Europa für die Deutschen einen Raum geschaffen, in dem sie ihre Wirtschaft entwickeln und Freundschaften verknüpfen konnten.

Mit der Wende hat sich einiges geändert. Der Mauerfall und die politischen Veränderungen in Osteuropa brachten neue Mitgliedsstaaten für die EU, aber Deutschland war damals mit seinen eigenen Problemen beschäftigt. Die wirtschaftliche Integration der neuen Bundesländer hatte sich schwieriger als erwartet erwiesen und Deutschland galt damals als der Problemfall Europas, was die Finanzen betraf. Aber dann kam das zweite deutsche Wirtschaftswunder. Deutschland allein trägt mehr als ein Viertel zur Wirtschaftsleistung der Eurozone bei. Als die Euro-Krise kam, war nur Deutschland in der Lage, den Euro zu retten, selbst wenn andere Länder es wegen der auferlegten Sparmaßnahmen beschimpften.

Die Macht der deutschen Wirtschaft bedeutet eine führende Position für Deutschland in Europa. Nicht alle Deutschen wollen jedoch diese Verantwortung, und befürchten nur als Geldquelle der Union angesehen zu werden. „Ich hatte schon immer gedacht, die EU beruht auf gemeinsamen Werten und Ideen von Zusammenarbeit," meint Jörg Fischer, Wirtschaftler aus Bremen. „Deutschland sollte es vermeiden, die Großmacht zu spielen." Aber seine Kollegin Sara Schottler sieht es anders: „Es ist nicht abzustreiten, dass Deutschland die führende Wirtschaftsmacht Europas ist. Wir sollten diesen Einfluss positiv benutzen, um Bedingungen in ganz Europa zu verbessern. Dann können wir die Zukunft Europas sichern."

4 Deutschland und die Europäische Union

3b Lesen Sie die ersten zwei Abschnitte des Textes (Seite 70) noch einmal und füllen Sie die Lücken mit dem richtigen Wort aus.

1 Kein Staat in Europa hat eine _____ Bevölkerung als Deutschland.
2 Die Macht der deutschen Wirtschaft ist _____.
3 Nach dem Krieg wollte Deutschland vor allem mit anderen Ländern _____.
4 Deutschlands Rolle in Europa hat sich seit dem Kriegsende _____.

> offensichtlich   größere   verschlechtert   zusammenarbeiten
> verwirrend   unterstützen   teilen   reichere   verändert

3c Lesen Sie den Rest des Textes und beantworten Sie die Fragen auf Deutsch.

1 Welche Probleme hatte Deutschland nach der Wende?
2 Welcher Prozentsatz der europäischen Wirtschaftsleistung kommt jetzt aus Deutschland?
3 Was konnte Deutschland während der Euro-Krise machen?
4 Warum wollen manche Deutsche keine führende Rolle?
5 Was hatte Jörg Fischer immer als Basis für die EU gehalten?
6 Welche Rolle soll Deutschland spielen, laut Susanna Schottler?

4 Übersetzen Sie die Sätze ins Deutsche.

1 By the end of the 1980s, Germany had developed new friendships with its European neighbours.
2 Germany's economic power grew after unification.
3 The political changes brought many challenges.
4 The integration of East Germany turned out to be financially difficult.
5 Many Germans had never expected their country to play a leading role in Europe.

5 Was haben Sie über die Geschichte der EU und ihre Zwecke gelernt? Wählen Sie die zehn wichtigsten Tatsachen aus und diskutieren Sie mit einer Partnerin/einem Partner.

6 Schreiben Sie eine kurze Zusammenfassung der Geschichte der EU (ca. 90 Wörter).

Grammatik

Perfect, imperfect and pluperfect tenses

You need to be able to recognise the three different past tenses when you are reading and listening to texts.

Perfect: ich habe gemacht
I did, have done

Imperfect: ich machte
I did, was doing, used to do

Pluperfect: ich hatte gemacht
I had done

Some verbs are irregular and some form the perfect and pluperfect tenses using *sein*.

Perfect: ich bin gegangen

Imperfect: ich ging

Pluperfect: ich war gegangen

See pages 150–152.

Schlüsselausdrücke

einen großen Beitrag leisten
eine führende Rolle spielen
eine Wirtschaftsmacht werden
sich als … erweisen
gemeinsame Werte

Die Unterzeichnung des Vertrages von Maastricht

Der Euro stellt sich vor

4.1 B: Die Rolle Deutschlands in Europa

1 Arbeiten Sie mit einer Partnerin/einem Partner zusammen. Achten Sie auf folgende Fragen und erstellen Sie jeweils eine Liste:
- Mit welchen Ländern teilt Deutschland eine Grenze?
- Welche Sprachen werden in den Nachbarländern gesprochen?

2a Lesen Sie den Text und finden Sie die passenden Synonyme.

In der Mitte …

Neue Schilder auf der Autobahn weisen auf die Europastadt Frankfurt hin. Oberbürgermeister Peter Feldmann hat eins davon auf der Autobahn Richtung Darmstadt enthüllt. „Frankfurt am Main, das geographisch gesehen in der Mitte Europas liegt, will auf seine Internationalität und seine europäische Bedeutung hinweisen," sagt Feldmann. „Mit EU-Institutionen wie der Europäischen Zentralbank, sowie anderen internationalen Banken und Konzernen, ist Frankfurt auch finanzpolitisch im Zentrum der EU."

Was ist denn eine Europastadt? Eigentlich braucht eine Stadt keine offizielle Anerkennung, um sich als Europastadt zu bezeichnen. Die Stadt muss nur die Verpflichtung eingehen, den europäischen Einigungsprozess aktiv zu begleiten.

„Frankfurt am Main ist die internationalste Stadt Deutschlands," sagt Herr Feldmann. Hier leben Menschen aus über 170 Nationen und über 3 000 internationale Firmen haben sich in Frankfurt niedergelassen. In Frankfurt wird Europa gemacht." Ilse Petersen ist nach Frankfurt gezogen, um bei der Deutschen Bank zu arbeiten. „Hier fühlt man sich wirklich europäisch," meint sie. „Das Kulturleben der Stadt ist international geprägt und ich habe einen internationalen Freundeskreis."

Und an der Grenze …

Wo früher ein scharf bewachtes Grenzgebiet war, gibt es jetzt eine Eurostadt. Die deutsche Stadt Görlitz und ihre polnische Zwillingsstadt Zgorzelec, auf der gegenüberliegenden Seite der Neiße, bilden zusammen einen Unternehmensverein. Täglich überqueren Tausende Deutsche und Polen die Grenzen, um auf der anderen Seite einzukaufen und zu arbeiten. Rund 2 000 Polen haben Wohnungen in Görlitz; es gibt gemeinsame Kindergärten, Jugendklubs und zweisprachige Theaterstücke.

Görlitz/Zgorzelec ist als Modellfall für die europäische Integration bezeichnet. Aber die Städte haben auch Probleme wie Arbeitslosigkeit zu bekämpfen. Und persönliche Annäherung fällt auch nicht immer leicht.

Deshalb nimmt seit kurzem das Gymnasium in Görlitz polnische Schüler auf und immer mehr deutsche Schüler lernen Polnisch als zweite Fremdsprache. Die 16-jährige Claudia aus Görlitz findet die Initiative positiv: „Ich hatte eigentlich nicht so viel Kontakt zu Jugendlichen aus der polnischen Stadt. Wir sind meistens nur hingefahren, um zu tanken, weil es billiger ist." Elena aus Zgorzelec hofft, eine Ausbildung in Deutschland zu machen: „Meine Eltern haben Angst, dass ich Polen verlasse," erklärt sie. „Aber das ist was Europa für mich bedeutet: eine Zukunft ohne Grenzen".

Vokabeln
bewacht guarded
enthüllen to unveil
die Neiße river on Germany–Poland border
tanken to fill up your car (at petrol station)

1 Wichtigkeit
2 titulieren
3 versprechen, etwas zu tun
4 sich ansiedeln
5 in letzter Zeit

4 Deutschland und die Europäische Union

2b Lesen Sie den Text noch einmal. Sind die Aussagen R (richtig), F (falsch) oder NA (nicht angegeben)?

1. Mit den neuen Schildern will Frankfurt seine globale Wichtigkeit betonen.
2. Um eine offizielle Europastadt zu werden, muss man sich bei einem Ausschuss bewerben.
3. Nicht wenige internationale Unternehmen haben ein Büro in Frankfurt.
4. Ilse hat sowohl beruflich als auch persönlich von ihrem Aufenthalt in Frankfurt profitiert.
5. In der Zwillingsstadt Görlitz/Zgorzelec arbeiten mehr Polen im deutschen Stadtteil als umgekehrt.
6. Die Polen und Deutschen teilen manche Einrichtungen für Kinder und Jugendliche.
7. Deutsche Schüler interessieren sich kaum für Polnisch.
8. Trotz ihrer Ausbildung in Deutschland sieht Elena ihre Zukunft in Polen.

2c Übersetzen Sie den letzten Abschnitt (*Deshalb nimmt …*) ins Englische.

3 Recherchieren Sie Frankfurt oder Görlitz weiter im Internet. Dann arbeiten Sie mit einer Partnerin/einem Partner zusammen und machen Sie ein Rollenspiel.

- Person A wohnt in Frankfurt oder Görlitz.
- Person B ist Journalist(in) und macht ein Interview über das Leben in der Europastadt.

4a Hören Sie sich das Interview über die Europawoche an, und wählen Sie die richtige Antwort.

1. Es ist die Absicht der Europawoche, …
   a europäische Erfolge zu feiern.
   b Auseinandersetzungen zu lösen.
   c schwierige Fragen zu vermeiden.

2. Das Programm in Nordrheinwestfalen …
   a konzentriert sich hauptsächlich auf politische Themen.
   b bietet eine Vielfalt von Aktivitäten an.
   c hat keinen Platz für kulturelle Veranstaltungen.

3. Wer am Wettbewerb Europawoche teilnimmt …
   a kann eine Subvention für ein Projekt bekommen.
   b kann 72 000 Euro gewinnen.
   c muss mit Kindern oder Flüchtlingen arbeiten.

4. Frau Fischer findet die Projekte toll, weil sie …
   a viele Investitionen von großen Unternehmen anziehen.
   b viel Unterstützung von Politikern bekommen.
   c von normalen Bürgern geleitet werden.

4b Hören Sie sich das Interview noch einmal an. Schreiben Sie eine Zusammenfassung des Interviews (ca. 90 Wörter). Achten Sie auf folgende Punkte:

- die Zwecke der Europawoche und das Programm in Nordrheinwestfalen
- der Wettbewerb und erfolgreiche Projekte
- was Frau Fischer besonders beeindruckend findet.

5 Stellen Sie sich vor, Ihre Schulleitung hat vor, die Europawoche abzusagen. Schreiben Sie eine E-Mail (ca. 300 Wörter) an die Schulleitung und erklären Sie, warum Sie dagegen sind. Schlagen Sie auch ein paar Ideen für Veranstaltungen vor.

Strategie

Varying vocabulary by using synonyms

Using a range of vocabulary in your written and spoken German makes your language more interesting. Aim to develop a range of language for ideas you regularly express, such as opinions. For example, the following would all express the idea that something is advantageous:

Es war vorteilhaft, …

Die Stadt hat davon viel (wenig) profitiert.

Das Erlebnis war sehr lehrreich.

Die Stadt liegt sehr günstig.

4.2 A: Vor- und Nachteile der EU für Deutschland

1 Welche Vor- und Nachteile bringt die EU? Machen Sie ein Brainstorming in der Klasse.

2a Was hat die EU den Bürgern gebracht? Lesen Sie die fünf Abschnitte und entscheiden Sie, welcher Titel (1–5) zu welchem Absatz (A–E) passt.

A In Europa verreisen, ohne an der Grenze den Pass vorzeigen zu müssen – das können mehr als 400 Millionen EU-Bürger. Basis dafür ist das Schengener Abkommen von 1985, dem inzwischen 26 Staaten – darunter Deutschland – angehören.

B Heute ist für viele Europäer der Frieden eine Selbstverständlichkeit. Dieser Frieden ist auch auf dem Fundament der Europäischen Union gebaut. 2012 erhielt die EU dafür den Friedensnobelpreis. Doch in der Außenpolitik fällt es den EU-Staaten oft schwer, mit einer Stimme zu sprechen. Zu verschieden sind ihre nationalen Interessen. Dem früheren US-Außenminister Henry Kissinger wird das Bonmot zugeschrieben, er wisse nicht, welche Telefonnummer er anrufen sollte, um mit Europa zu sprechen.

C Die Staaten der Europäischen Union haben gemeinsame Verordnungen gegen Umweltverschmutzung. So gibt es eine ‚Feinstaubrichtlinie', die bestimmt, wie viele Staubpartikel unsere Atemluft höchstens enthalten darf, und es gibt eine ‚Trinkwasserrichtlinie', die die Höchstwerte für Giftstoffe im Trinkwasser festlegt. Es ist aber nicht immer einfach, sich zu einigen und einzelne Länder müssen sich daran gewöhnen, Kompromisse einzugehen.

D Dass im Supermarkt nicht nur deutsche Produkte angeboten werden, ist für alle völlig selbstverständlich. Spanischer Wein, französischer Käse und polnische Wurstwaren stehen im Regal. Die Kunden haben die Wahl. Dabei können sie sich darauf verlassen, dass die deutschen Lebensmittelstandards auch für die Produkte aus dem europäischen Ausland gelten. Kunden freuen sich auch darüber, dass es keinen Zoll gibt, der die ausländischen Waren künstlich verteuert.

E Europa bedeutet für viele komplizierte Strukturen und viel Bürokratie. Man ärgert sich darüber, dass in Brüssel anscheinend Unmassen von ‚Eurokraten' sitzen und unser Geld für sinnlose Dinge ausgeben. Gerne werden auch in der Presse Beispiele zitiert, aber man sollte darauf achten, dass die Zusammenhänge oft nicht angegeben sind. Tatsächlich arbeiten in der Europäischen Kommission rund 32 900 EU-Beamte. Zum Vergleich: Auf dem Frankfurter Flughafen sind etwa 80 000 Personen tätig. Und von ihrem Haushalt von über 134 Milliarden Euro gibt die Europäische Union nur sechs Prozent für die Verwaltung aus.

Vokabeln

gelten to be valid
die Verordnung(en) regulation
die Verwaltung(en) administration
der Zoll customs, duty
der Zusammenhang(¨e) context
zuschreiben (+ dat) to attribute

1 Friedenssicherung
2 Eine teuere Bürokratie
3 Eine gemeinsame Umweltpolitik
4 Reisefreiheit
5 Freier Handel

2b Fassen Sie den Inhalt von jedem Abschnitt in einem Satz zusammen.

4 Deutschland und die Europäische Union

2c Lesen Sie die Abschnitte A–E noch einmal. Sind die Aussagen R (richtig), F (falsch) oder NA (nicht angegeben)?

1. Die Einführung des Schengener Abkommens hat zur Abschaffung von vielen Grenzkontrollen geführt.
2. Im Bereich der Außenpolitik führen Meinungsunterschiede selten zu Schwierigkeiten.
3. Die Umweltverordnungen bestimmen, wie viel Wasser jedes Land sparen muss.
4. Es gibt keine zusätzlichen Steuern auf Waren aus anderen EU-Ländern.
5. Die EU Kommission hat noch mehr Angestellte als der Frankfurter Flughafen.

2d Übersetzen Sie Abschnitt D ins Englische.

3a Lesen Sie die *Grammatik*. Finden Sie Beispiele in den Abschnitten auf Seite 74, die *da* + eine Präposition vor einem Infinitivsatz oder einem Nebensatz mit *dass* benutzen.

3b Schreiben Sie noch fünf Sätze, in denen Sie *da* + eine Präposition benutzen.

4a Marco und Angelika besprechen Ihre Meinungen über die EU. Hören Sie sich die Diskussion an und wählen Sie die fünf Aussagen, die mit dem Sinn der Diskussion übereinstimmen.

1. Marco findet, dass die Reisefreiheit ein großer Vorteil von der EU ist.
2. Angelika findet es gerecht, dass reiche Länder einen größeren finanziellen Beitrag leisten.
3. Angelika bezweifelt nicht, dass arme Länder in der Zukunft mehr deutsche Produkte kaufen werden.
4. Marco glaubt, dass die EU in der Lage ist, bei Notfällen eine positive Rolle zu spielen.
5. Angelika wehrt sich dagegen, dass die Wünsche individueller Länder EU-Gesetzen unterworfen sind.
6. Angelika ist froh, dass die EU Regeln eingeführt hat, um Lebensmittelstandards zu sichern.
7. Marco will, dass man mehr auf die vielen Leistungen der EU achtet.
8. Angelika gibt zu, dass die EU gewisse Erfolge gehabt hat.

4b Hören Sie sich die Diskussion noch einmal an. Machen Sie eine Liste von Ausdrücken, die Angelika und Marco benutzen, um Ihre Meinung auszudrücken.

5 Arbeiten Sie mit einer Partnerin/einem Partner zusammen. Person A ist für die EU; Person B ist dagegen. Benutzen Sie die Vokabeln von der *Strategie* und machen Sie ein Rollenspiel.

Beispiel:
A: *Ich bin völlig davon überzeugt, dass die EU nur Vorteile bringt.*
B: *Auf der anderen Seite finde ich, dass es keine Beweise für die Vorteile der EU gibt.*

6 Was halten Sie von der EU? Gibt es eher Vorteile oder Nachteile? Schreiben Sie einen kurzen Bericht (ca. 200 Wörter), indem Sie Ihre Meinung darüber zusammenfassen.

Grammatik

Using *da(r)* + preposition

Da + preposition can be used when the object of the verb in your sentence is something that can only be expressed as a phrase. In these cases, *da* + preposition introduces either an infinitive phrase with *zu* or a subordinate clause starting with *dass*.

Ich **freue** mich **auf** unsere Reise nach Frankreich.

Ich freue mich **darauf**, in den Ferien nach Frankreich **zu** fahren.

Ich freue mich **darauf**, **dass** du in den Ferien mit nach Frankreich kommst.

Note that *da* acquires an 'r' if the preposition begins with a vowel.

See page 159.

Strategie

Expressing doubt and certainty

In any discussion, you may well wish to express whether or not you are certain about something. Develop your own bank of expressions to use across topic areas. You could start with these:

Ich bin (nicht) davon überzeugt.

Ich bin mir (nicht) sicher.

Es kommt darauf an.

Das mag wohl stimmen.

Es gibt viele/keine Beweise.

Man kann leicht feststellen, dass …

Ich bezweifle (nicht) …

4.3 A: Die Auswirkungen der EU-Erweiterung auf Deutschland

Vokabeln

ausbeuten *to exploit*
der Beitritt(e) *joining*
die Bilanz(en) *balance sheet, result*
der Erntehelfer(–) *harvest worker*
die Erweiterung(en) *expansion*
die Fachkraft(¨e) *skilled worker*
der Menschenhandel *human trafficking*

1 Europa-Quiz. Was wissen Sie jetzt über Europa? Beantworten Sie die Fragen auf Deutsch und recherchieren Sie im Internet die Tatsachen, die Ihnen unbekannt sind.

1. Wie viele Mitglieder hat die EU jetzt? Und wie viele hatte sie 1992?
2. Wie groß ist die gesamte Bevölkerung der EU?
3. Wer sind die neuesten Mitglieder?
4. Welche Länder sind Beitrittskandidaten?
5. Welche Bedingungen muss man erfüllen, um der EU beizutreten?
6. Mit welchen Mitgliedsstaaten teilt Deutschland eine Grenze?

2a Lesen Sie den Text und übersetzen Sie den ersten Abschnitt (*Zwischen … führen könnten.*) ins Englische.

Was hat ein größeres Europa gebracht?

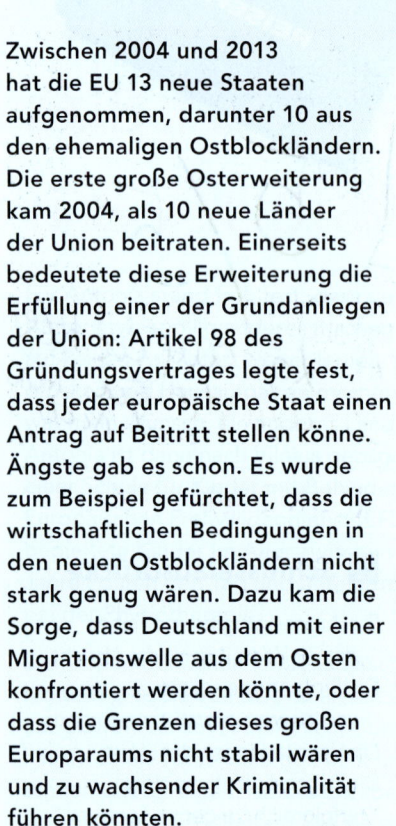

Zwischen 2004 und 2013 hat die EU 13 neue Staaten aufgenommen, darunter 10 aus den ehemaligen Ostblockländern. Die erste große Osterweiterung kam 2004, als 10 neue Länder der Union beitraten. Einerseits bedeutete diese Erweiterung die Erfüllung einer der Grundanliegen der Union: Artikel 98 des Gründungsvertrages legte fest, dass jeder europäische Staat einen Antrag auf Beitritt stellen könne. Ängste gab es schon. Es wurde zum Beispiel gefürchtet, dass die wirtschaftlichen Bedingungen in den neuen Ostblockländern nicht stark genug wären. Dazu kam die Sorge, dass Deutschland mit einer Migrationswelle aus dem Osten konfrontiert werden könnte, oder dass die Grenzen dieses großen Europaraums nicht stabil wären und zu wachsender Kriminalität führen könnten.

„Menschenhandel ist seit der EU-Erweiterung ein größeres Problem geworden," sagt Kriminologe Axel Schaffer. „Frauen aus den armen Ländern wie Rumänien können jetzt einfacher nach Deutschland transportiert werden und werden hier missbraucht und ausgebeutet. Aber auf der anderen Seite arbeiten die Polizeibehörden der EU-Staaten viel mehr zusammen, um Probleme wie Menschenhandel oder Drogen zu bekämpfen."

Die gefürchtete Welle der Armutsmigration kam nicht zustande, obwohl sicher ist, dass Migranten aus den neuen EU-Staaten, sich in Deutschland ein besseres Leben gesucht haben. Polen sind jetzt die zweitgrößte Minderheit in Deutschland und die Auswanderung guter Fachkräfte nach Deutschland ist eher ein Problem für Polen als für Deutschland. Gut ausgebildete junge Leute aus dem ehemaligen Ostblock finden die Löhne in Deutschland attraktiv und tragen viel zur Wirtschaft bei.

Auch schlecht ausgebildete Migranten haben ihren Platz. Deutsche ziehen sich auch aus den niedrig qualifizierten Jobs immer mehr zurück. Deutscher Spargel wird heute in der Regel von ausländischen Erntehelfern gestochen: Solche Jobs wollen die meisten Deutschen nicht machen.

Wirtschaftlich hat Deutschland eine positive Bilanz gezogen. Laut Forschungsstudien hat die Erweiterung eine Million neue Jobs in Deutschland geschaffen. Dies hat die enorme Steigerung des Handels zwischen Deutschland und den neuen EU-Staaten ermöglicht. Ökonomen schätzen, dass allein die Geschäfte mit Polen, Ungarn, Tschechien und der Slowakei in Deutschland 7 770 Arbeitsplätze gesichert und viel zum deutschen Wohlstand beigetragen haben.

4 Deutschland und die Europäische Union

2b Lesen Sie den Text noch einmal und füllen Sie die Lücken mit dem richtigen Wort aus.

1. Es war immer ein Zweck der EU, den Beitritt neuer Mitglieder zu _____.
2. Manche Deutsche fürchteten, von Auswanderern aus dem Osten _____ zu werden.
3. Es wurde behauptet, die Erweiterung könne den Menschenhandel _____.
4. Frauen aus armen Ländern werden nach Deutschland geschmuggelt und schlecht _____.
5. Seit der Osterweiterung hat der Handel zwischen Deutschland und den neuen Mitgliedsstaaten _____.

> überfordert   ermöglichen   vereinfachen   verändert   zugenommen
> überflutet   zwingen   behandelt   ausgebildet   überfallen

2c Lesen Sie den Text noch einmal und beantworten Sie die Fragen auf Deutsch.

1. Welche Ängste hatten manche Deutsche vor der Erweiterung im Jahr 2004?
2. Welchen Vorteil für das Justizsystem hat die Erweiterung gebracht?
3. Welches Problem hat die Erweiterung für Polen verursacht?
4. Was für Arbeit gibt es für Migranten ohne Ausbildung?
5. In welchem Bereich hat Deutschland vor allem von der Erweiterung profitiert und warum?

2d Schreiben Sie eine Zusammenfassung des Textes (ca. 90 Wörter). Achten Sie auf folgende Punkte:

- die Geschichte der Osterweiterung und Ängste
- Vorteile der Osterweiterung
- Nachteile der Osterweiterung.

3 Hören Sie sich das Interview mit Jan an und wählen Sie die fünf Aussagen, die mit dem Sinn des Interviews übereinstimmen.

1. Jan hat sich vor seinem Umzug nach Deutschland keine Sorgen gemacht.
2. Er war sicher, dass er einfach eine Stelle finden würde.
3. Sein Arbeitgeber arbeitet auch mit Unternehmen in Tschechien zusammen.
4. Liliana vermisst oft ihre Familie.
5. Jan und Liliana stehen unter Druck von ihren Familien, ein Kind zu bekommen.
6. Die Chancen für Migranten ohne ein hohes Bildungsniveau sind geringer.
7. In den Ferien macht Jan Saisonarbeit, um mehr Geld zu sparen.
8. Jan ist der Meinung, dass er dem deutschen Staat nicht zur Last fällt.

4a Machen Sie eine Liste von den Vor- und Nachteilen der Erweiterung der EU für Deutschland. Welche finden Sie am wichtigsten? Diskutieren Sie mit einer Partnerin/einem Partner.

4b Machen Sie dann ein Rollenspiel.

- Person A findet die EU-Erweiterung positiv für Deutschland.
- Person B ist dagegen.

4c Schreiben Sie einen Artikel (ca. 300 Wörter), indem Sie zu dieser Aussage Stellung nehmen.

> Die EU-Erweiterung hat nur Gutes gebracht.

Schlüsselausdrücke

Auf der einen Seite hat die EU-Erweiterung zu steigendem Handel geführt.
Man darf nicht übersehen, dass Handel mit dem Osten deutsche Arbeitsplätze sichert.
Die gefürchtete Migrationswelle ist nicht zustande gekommen.
Menschenhandel ist ein wachsendes Problem.
Ist es Ausbeutung, Migranten für niedrig bezahlte Jobs einzustellen?

4.3 B: Die Auswirkungen der EU-Erweiterung auf Deutschland

1 Wie wird Europa in 20 Jahren aussehen? Entscheiden Sie sich, welche dieser Prognosen Sie für möglich halten. Dann diskutieren Sie mit einer Partnerin/einem Partner.

- Die EU wird zu einer viel engeren Union geworden sein, die wie eine Nation aussieht.
- Die EU wird sich auf 40 Mitglieder erweitert haben.
- Die EU wird Länder aufgenommen haben, die sich eigentlich nicht auf dem europäischen Kontinent befinden.
- Die EU wird auseinandergebrochen sein.

2 Lesen Sie die Texte. Sind die Aussagen R (richtig), F (falsch) oder NA (nicht angegeben)?

DAS REICHT! ...

Die EU ist jetzt groß genug. Die ersten Mitglieder der Union bilden immer noch den wirtschaftlichen und politisch stabilen Kern der Gemeinschaft, und es ist erstaunlich, wie schnell neue Mitglieder sich emporgearbeitet haben, besonders die drei baltischen Staaten (Estland, Litauen und Lettland). Die EU ist ein enormer Erfolg gewesen. Aber die Mitglieder sollten sich jetzt auf eine Vertiefung ihrer Zusammenarbeit konzentrieren und ihre jetzigen Probleme bekämpfen, anstatt neue Mitglieder aufzunehmen. Die Welt sieht anders aus in Budapest als in Helsinki und es hat in den letzten Jahren neue Herausforderungen gegeben – unter anderem finanzielle Krisen und die zunehmende Zahl an Flüchtlingen.

Und einige der gewünschten Beitrittskandidaten passen meiner Meinung nach nicht in eine europäische Union. Marokko und Tunesien sind bestimmt begehrte Handelspartner für Frankreich und Spanien, aber sie liegen nicht in Europa. Und für Deutschland steht die Türkei an der Spitze. Die Türkei liegt zwar auf dem europäischen Kontinent, wenn auch nur mit einem kleinen Bruchstück, aber das Land ist einfach nicht europäisch. Fragen zu den Menschenrechten sind nicht das einzige Problem. Klar soll Deutschland vor allem eine enge Partnerschaft mit der Türkei pflegen, aber eine Aufnahme in die EU ist nicht wünschenswert. Wir wollen die Union nicht erweitern, bis wir sie zerstören.

Charlotte Jung, Finanzberaterin

... IMMER WEITER!

Widerspruch gegen die Erweiterung der EU gab es immer. Am Anfang war es Charles de Gaulle, der den Beitritt Großbritanniens fast zehn Jahre lang blockierte. Er erklärte, das Land habe seine eigenen Traditionen und passe nicht zu den anderen Ländern. Als nach der Zeitenwende von 1989 die osteuropäischen Länder um Einlass baten, klangen die Einwände ähnlich. Natürlich hat sich die Union mit der Zahl ihrer Mitglieder verändert. Sie ist bunter und auch anstrengender geworden. Aber die Union hat den Friedensnobelpreis wegen ihrer größten Erfolgsgeschichte gewonnen. Sie hat einen unruhigen Kontinent demokratisiert. Wenn neue junge demokratische Länder durch einen EU-Beitritt an Stabilität gewinnen, kommt das jedem zugute.

Und Länder wie die Türkei aufnehmen – warum denn nicht? Die EU basiert vor allem auf gemeinsamen Werten. Wir können keine Kompromisse eingehen, was diese Werte betrifft, vor allem in Bezug auf die Menschenrechte. Aber wenn die Möglichkeit eines Beitritts Länder motiviert, Korruption, Ausbeutung und Diskriminierung zu bekämpfen, dann kann die Union wirklich stolz auf sich sein.

Matthias Bäcker, Journalist

Charlotte Jung

1. Die ersten EU Mitglieder garantieren immer noch die finanzielle Sicherheit der ganzen Union.
2. Die Fortschritte in den baltischen Staaten sind bedauerlich.
3. Charlotte meint, man soll die Aufnahme neuer Mitglieder permanent ausschließen.
4. Ihrer Meinung nach, soll die Lösung aktueller Probleme eine zentrale Angelegenheit der Union sein.

Matthias Bäcker

5. Charles de Gaulle hat viele Einwände gegen den Beitritt Großbritanniens erhoben.
6. Die EU hat politische Veränderungen in Europa unterstützt.
7. Laut Matthias, sollte man nicht ständig auf Fragen der Werte pochen.
8. Es ist ein Zweck der EU, Rechtsfragen in den Staaten außerhalb der Union zu beeinflussen.

Vokabeln

das Bruchstück(e) *fragment*
der Einwand(¨e) *objection*
die Vertiefung(en) *deepening*
der Widerspruch(¨e) *objection*

4 Deutschland und die Europäische Union

3 Hören Sie sich das Interview mit Doro und Stefan an und füllen Sie die Lücken mit einem passenden Wort aus.

1. Doro glaubt, eine weitere Vergrößerung der EU könnte die Stabilität der Union _____.
2. Doro _____ gegen den möglichen Beitritt einiger Balkanstaaten.
3. Doro findet den möglichen Beitritt der Türkei _____.
4. Doro glaubt nicht, dass die Türkei _____ sein wird, die Voraussetzungen für einen Beitritt zu befriedigen.
5. Stefan hofft, dass die EU sich _____ erweitert.
6. Er ist der Meinung, dass ein Mangel an _____ der Union schaden könnte.

> nicht unbedingt   begrenzt   Flexibilität   beunruhigend
> bestimmen   wehrt sich   in Zukunft   gefährden
> vielversprechend   bereit   fähig

4 Übersetzen Sie den Text ins Deutsche.

Instead of expanding, the European Union should concentrate on solving its current problems. It would certainly be a challenge to accept a country such as Turkey, which is generally not considered to be a part of Europe. It is certainly possible for a country to be an important trading partner for the EU without joining the Union. With regard to the conditions for full membership, most states agree that the EU should make no compromises with respect to human rights.

5a Übersetzen Sie die Sätze in Übung 1 ins Englische.

5b Schreiben Sie Ihre drei Prognosen zur Zukunft der EU in 20 Jahren.

6a Mit welchen der folgenden Aussagen stimmen Sie überein? Bereiten Sie eine kurze Rede (1–2 Minuten) vor, in der Sie Ihre Meinung begründen.

- Die EU ist jetzt groß genug und soll keine neuen Mitglieder aufnehmen.
- Die EU soll sich noch erweitern, aber langsam, und neue Mitglieder müssen unumstritten in Europa liegen.
- Die EU soll so viele Länder wie möglich aufnehmen, um ihre Werte zu verbreiten und noch mehr globalen Einfluss zu haben.

6b Fassen Sie dann Ihre Meinung (ca. 150 Wörter) zu einer der Aussagen (Übung 6a) schriftlich zusammen.

Grammatik

The future perfect tense

The future perfect tense is used to express a supposition or the likelihood that something will have happened in the future.

Bis zum Jahr 2030 **wird** die EU weitgehenden Reformen **zugestimmt haben**.

Bis nächstes Jahr **werden** noch 400 000 Migranten nach Deutschland **gekommen sein**.

To form the future perfect tense, you need the present tense of *werden* and the past infinitive (i.e. a past participle and either *haben* or *sein*, depending on the verb).

See page 153.

Strategie

Expanding a discussion

When making your point in a discussion, you should aim to bring in further ideas or arguments to back up your opinion. The following expressions can help you do this:

Dazu kommt auch die Frage von …

Außerdem muss man in Betracht ziehen …

Ein weiteres Argument ist …

Es gibt noch eine Perspektive …

Schlüsselausdrücke

Die EU soll sich auf … konzentrieren.
Vertiefung ist besser als Erweiterung.
Je mehr Mitglieder die EU hat, desto stärker wird sie.
Einwände gegen die Erweiterung der EU hat es schon immer gegeben.
Wer Mitglied werden will, muss …
Die EU sollte sich auf Europa begrenzen.

4 Wiederholung

Zeigen Sie, was Sie gelernt haben!

1 Verbinden Sie die Satzhälften.

1. Die EU wurde gegründet,
2. Die EU hatte das Ziel,
3. Die vier Freiheiten der EU sind
4. Mit dem Schengener Abkommen
5. Im Jahr 2004
6. Nach der Wende wurde Deutschland

a. der freie Verkehr von Waren, Personal, Dienstleistungen und Kapital.
b. um den Frieden in Europa zu sichern.
c. das bevölkerungsreichste Land der EU.
d. traten acht Länder aus dem Ostblock der EU bei.
e. wurden die Grenzen zwischen manchen europäischen Ländern abgeschafft.
f. einen gemeinsamen Wirtschaftsmarkt zu schaffen.

2 Wählen Sie die richtige Antwort.

1. EU-Bürger können in manchen Mitgliedsstaaten reisen, …
   a. ohne an der Grenze kontrolliert zu werden.
   b. wenn Sie einen gültigen Ausweis haben.
   c. wenn sie bestimmte Voraussetzungen erfüllen.

2. Die Staaten der Europäischen Union haben … Verordnungen gegen Umweltverschmutzung.
   a. unterschiedliche
   b. gemeinsame
   c. widersprüchliche

3. Waren aus dem europäischen Ausland …
   a. können zollfrei importiert werden.
   b. werden künstlich verteuert.
   c. sind oft billiger als deutsche Produkte.

4. In Bezug auf Menschenrechte hat die EU …
   a. viel geleistet.
   b. Probleme übersehen.
   c. wenig Erfolg gehabt.

5. Das Erasmus-Programm hat die Absicht, … von einzelnen Personen innerhalb der EU zu fördern.
   a. die Mobilität
   b. die Fremdsprachenkenntnisse
   c. die Partnerschaften

6. Jugendliche, die ein anderes Land kennenlernen möchten, …
   a. haben nur die Möglichkeit, einen Studentenaustausch zu machen.
   b. sollten unbedingt Saisonarbeit machen.
   c. können auch als Freiwillige arbeiten.

3 Lesen Sie die Meinungen und schreiben Sie jeweils einen neuen Satz, der der Meinung widerspricht.

1. Wegen der EU wird Deutschland mit einer Welle von Armutsmigration konfrontiert.
2. Deutschland zieht keinen wirtschaftlichen Gewinn aus der EU.
3. Es ist schon gerecht, dass reiche Mitgliedsstaaten die ärmeren Länder subventionieren.
4. Die EU ist jetzt groß genug und soll keine neuen Mitglieder mehr aufnehmen.
5. Länder, die nicht auf dem europäischen Kontinent liegen, haben keinen Platz in der EU.
6. Die EU muss sehr flexibel sein, was die Voraussetzungen für neue Mitgliedsstaaten betrifft.

4 Schreiben Sie Sätze mit jedem der folgenden Wörter.

Bedingung   Beitrittsländer   bekämpfen   Einwand   sich erweitern   Währung   Werte   wünschenswert

4 Deutschland und die Europäische Union

Testen Sie sich!

1a Lesen Sie den Text und beantworten Sie die Fragen auf Deutsch.

1996 war das Jahr, in dem Rio Reiser starb. Ein Schaf namens Dolly kam zur Welt. Und ich kaufte mir mein erstes Auto, einen postgelben Bulli, Baujahr 1973. [...] Nach 85 Tagen endete die erste Tour durch Europa [...]. Doch die Art und Weise, wie ich reisen wollte, die hatte ich gefunden.

Viele Jahre und zwei VW-Busse später springt mein Hund Locke in unseren blauen Bulli, Jahrgang 1991. [...] Zwanzig Monate durch Europa: 50 000 Kilometer, drei Blechschäden und eine Reifenpanne. Und wir werden ohne Hilfe aus dem Weltraum auskommen müssen. Wir haben kein Navi, dafür einen zweieinhalb Kilo schweren Straßenatlas. Der ADAC-Präsident Peter Meyer schreibt im Vorwort des über 1400 Seiten starken Werkes, dass mehr als sieben Millionen Menschen diesen ‚idealen Partner' und ‚unverzichtbaren Begleiter für unterwegs', [...] gekauft haben. „Ich wünsche Ihnen allzeit gute Fahrt!" Herzlichen Dank, Herr Meyer!

Unsere Ziele stehen ohnehin auf keiner Karte. Es soll eine Reise zu Menschen und ihren Geschichten werden – 26 Länder, 26 Menschen, 26 Geschichten. Darunter eine Lettin, die am Strand vor ihrer Haustür über 30 Flaschenpostbriefe gefunden hat, der beste Freund von Arnold Schwarzenegger und eine schwedische Biologin, die eine umweltfreundliche Alternative der Bestattung entwickelt hat. Wir besuchen den besten Fußballer der Welt, Lionel Messi, und eine mutige Sizilianerin, die seit Jahren gegen die Mafia kämpft. [...] Und zwischendurch wird es immer wieder flüchtige Begegnungen mit nicht weniger interessanten Menschen geben, wie Marek aus Danzig oder Maria aus Logroño.

Die bald 80-jährige Spanierin wohnt in einem kleinen Haus und sitzt täglich vor ihrer Tür unter einem knorrigen Feigenbaum. Dort stempelt sie die Pässe der vorbeiziehenden Pilger. Es sind Leute aus der ganzen Welt, die sich zu der Rentnerin in den Schatten setzen und ihr von Reisen und Träumen erzählen. Maria hört ihnen zu. Sie selbst hat ihre Heimat nie verlassen. Ob das nie langweilig wird, ist sie einmal gefragt worden. „Manchmal schon," hat sie geantwortet, „aber es liegt ja an mir, aus meiner Zeit etwas zu machen."

Ein einfacher und schöner Satz: Zeit ist das, was man aus ihr macht. Egal, wo man gerade ist. Und hier fängt die Reise an.

Neues vom Nachbarn: 26 Länder, 26 Menschen,
Oliver Lück (2012)

---

der Blechschaden – *damage to bodywork*
der Bulli – *VW campervan*
der Feigenbaum(¨e) – *fig tree*

1. Was hat Oliver Lück 1996 gemacht? [2]
2. Bei seiner zweiten Europatour, was hat er nicht mitgenommen? [1]
3. Was war das Ziel dieser Reise? [1]
4. Was macht Maria jeden Tag? [2]
5. Welchen großen Unterschied gibt es zwischen Maria und den Pilgern? [1]
6. Warum wird Maria das Leben nicht langweilig? [1]

[8 marks]

1b Lesen Sie den Text noch einmal und füllen Sie die Lücken mit dem richtigen Wort aus.

1. Oliver Lück _____ seit seiner ersten Europareise für den VW-Bus.
2. Für seine zweite Europatour hat er auf die neueste Technik _____.
3. Sein Bulli hat unterwegs einigen Schaden _____.
4. Um den Weg zu finden, hat er sich auf einen Straßenatlas _____.
5. Während der Reise hat er die Geschichten von den Menschen, die er traf, _____.
6. Selbst Leute, die er nur kurz kennenlernte, haben Interessantes _____.

[6 marks]

verzichtet
gebraucht
begeistert sich
erworben
erzählt
aufgenommen
verlassen
gesammelt
erlitten

1c Übersetzen Sie den vorletzten Abschnitt (*Die bald 80-jährige Spanierin … etwas zu machen.*) ins Englische.

[10 marks]

83

> **Tipp**
>
> **Understanding complex sentence structures**
>
> German can often have long sentences made up of multiple clauses with a complex word order. To aid your understanding, you could use some of the following strategies:
>
> - Break down long sentences into different clauses to find the meaning.
> - Look at the position of adjectives and think about how they contribute to meaning.
> - Make sure you are clear about the purpose of different cases.
> - Consider how the word order chosen affects the emphasis on particular ideas in the sentence.

2a Sie hören ein Interview über Europaschulen. Wählen Sie die fünf Aussagen, die mit dem Sinn des Interviews übereinstimmen.

1. Europaschulen müssen bestimmte Voraussetzungen erfüllen.
2. Europäische Themen müssen regelmäßig im Unterricht behandelt werden.
3. Es fällt Schulen oft schwer, die nötigen Partnerschaften aufzubauen.
4. In Thomas' Schule ist der bilinguale Unterricht ab der siebten Klasse ein Pflichtfach.
5. Schüler haben das Recht, mit dem bilingualen Unterricht später aufzuhören.
6. Thomas hat an Diskussionen über die europäische Politik teilgenommen.
7. Die Schüler wollen hauptsächlich Partnerschaften mit Ländern, in denen sie ihre Fremdsprachen üben können.
8. Die meisten Schüler haben einen Migrationshintergrund.
9. Thomas konnte im Ausland Berufserfahrungen sammeln.
10. Thomas bereut die Entscheidung seiner Eltern, ihn auf die Europaschule zu schicken.

[5 marks]

2b Hören Sie sich das Interview noch einmal an und schreiben Sie eine Zusammenfassung in nicht mehr als 90 Wörtern. Achten Sie auf folgende Punkte:

- Besonderheiten einer Europaschule [2]
- Sprachunterricht in der Schule [3]
- welche anderen Vorteile Thomas von diesem Bildungsmodell bekommen hat. [2]

Bewertung Ihrer Sprache: fünf zusätzliche Punkte.

[12 marks]

3a Lesen Sie den Text. Sind die Aussagen auf Seite 85 R (richtig), F (falsch) oder NA (nicht angegeben)?

EUROPA OHNE GRENZEN

Die Kinder der 1990er und später kennen kein Europa mehr, in dem man sich nicht frei bewegen kann. Der italienische Fotograf Valerio Vincenzo erinnert sich noch gut daran. Aus dieser epochalen Veränderung heraus wurde sein fotografisches Projekt ‚Borderline' geboren.

Im Jahr 1995, damals Wirtschaftsstudent, befand er sich in Frankreich. 1995 gab es noch Zoll, Grenzkontrollen, und es konnte passieren, dass einem die Aufenthaltserlaubnis verwehrt wurde.

„Ich erinnere mich gut, wie schwer es war, die Aufenthaltserlaubnis zu bekommen, um dort zu bleiben und ein Praktikum zu machen", erklärt Valerio. „Man musste zum Beispiel eine bestimmte Summe Geld auf einem französischen Konto haben. Eine Situation, die für die sogenannte Erasmus-Generation – die Generation der Billigflüge und der Freizügigkeit – wirklich unglaublich klingt."

„1997 bin ich nach Frankreich zurückgekehrt, diesmal ohne Aufenthaltserlaubnis. Und die Tatsache, dass man über diese enorme Entwicklung nicht sprach, überraschte mich. Der Gedanke zu meinem Projekt ist mir durch ein Foto von Cartier-Bresson gekommen. Darauf sieht man einen Grenzübergang in Bailleul, zwischen Frankreich und Belgien. Ich wollte sehen, ob das Zollhaus immer noch da war und ob es wirklich so aussah." Am Anfang sollte das Projekt nur alte Zollhäuser umfassen. Dann entwickelte er seine Idee weiter: Valerio möchte verewigen, was er ‚Zukunftsgrenzen' nennt. Keine Barrieren, keine Mauern, keine Hindernisse.

Wenn man alle Grenzen Europas aneinanderlegen würde, hätte man eine Linie von 16 500 Kilometern. Eine Linie, die ihre Gestalt verändern kann, die manchmal unsichtbar wird. Ein Kreuz, eine Fläche mit Steinen, oder ein Steg, der sich fast schüchtern Richtung Ostsee schlängelt. So sieht die Grenze zwischen Deutschland und Polen aus. „Sicher ist die deutsch-polnische Grenze eine der symbolträchtigsten. Und dann gibt es die Grenzen, die wir aufbauen, die Mauern, die wir hochziehen", erklärt Valerio. „In Europa hat es Kriege um Gebiete gegeben, die heute leer sind. Daher ja, ich finde es absurd, heute Mauern hochzuziehen."

1 Für die heutige Generation gehört die Mobilität innerhalb der EU zum Alltag.
2 Während Valerios Studienzeit musste man einen Antrag stellen, um in einem anderen Land studieren zu dürfen.
3 Valerio musste sich mehrmals bewerben, bis er die Genehmigung bekam.
4 Valerios Projekt wurde von einem Besuch zur französischen Grenze inspiriert.
5 Er fotografiert ausschließlich verfallene Zollhäuser.
6 Heutzutage fällt es einem nicht gleich auf, wenn man eine Grenze überschreitet.
7 Valerio hat die deutsch-polnische Grenze mehr als alle anderen fotografiert.
8 Valerio meint, man soll heutzutage die Grenzen wieder dicht machen. [8 marks]

3b Lesen Sie den Text (Seite 84) noch einmal und wählen Sie die richtige Antwort.

1 Als Valerio Student war …
  a war es nicht selbstverständlich, dass man eine Aufenthaltserlaubnis für Frankreich bekam.
  b wurden Anträge auf eine Aufenthaltserlaubnis regelmäßig abgelehnt.
  c kostete es sehr viel Geld, die Aufenthaltserlaubnis zu bekommen.

2 Man musste auch … Kriterien erfüllen.
  a rechtliche
  b anspruchsvolle
  c finanzielle

3 Am Anfang des Projekts wollte Valerio … fotografieren.
  a Zollhäuser, die noch funktionieren,
  b ein bestimmtes bekanntes Zollhaus
  c Grenzübergänge zwischen Frankreich und Belgien

4 Valerio meint, die deutsch-polnische Grenze …
  a ist heute leicht zu übersehen.
  b hat sich kaum verändert.
  c hat eine besondere Bedeutung. [4 marks]

3c Übersetzen Sie den Text ins Deutsche.

As a student, Valerio had the opportunity to study in France. At the time, foreign students still had to apply for a residence permit and it was not always easy to get this. The abolition of border controls changed this situation enormously and Valerio wanted to document this, by photographing former checkpoints. He has been working on the project for over ten years. Without the support of Geomagazin, he would find it difficult to finance the project, but he hopes to visit as many borders as possible.

[10 marks]

4 Deutschland und die Europäische Union

4 Arbeiten Sie mit einer Partnerin/einem Partner zusammen. Lesen Sie die Aussagen und befragen Sie sich gegenseitig:

- Welche Ziele hat das Erasmus-Programm und wie versucht man, diese Ziele zu erreichen?
- Was halten Sie persönlich von diesen Initiativen?
- Wie wichtig ist die EU für Deutschland?

Mit dem Erasmus-Programm ins Ausland

- Ein Jahr an einer ausländischen Uni verbringen.
- Internationale Begegnungen und interkulturelle Austausche genießen.
- Fremdsprachenkenntnisse vertiefen.
- Als Freiwilliger neue Fähigkeiten erwerben und Berufserfahrung sammeln.

5 Schreiben Sie einen Artikel (ca. 300 Wörter), in dem Sie zur Aussage unten Stellung nehmen. Achten Sie auf folgende Punkte:

- ob die EU für die Jugend wichtig ist
- welche Initiativen es gibt, die Jugend zu unterstützen
- was Sie persönlich von diesen Initiativen halten.

> Die Jugend muss sich unbedingt auf eine europäische Zukunft vorbereiten.

4 Vokabeln

4.1 Die Rolle Deutschlands in Europa

das	Abkommen(–)	agreement
die	Anerkennung(en)	recognition
die	Annäherung(en)	process of becoming closer, approach
die	Arbeitskraft(¨e)	workforce
die	Aufnahme(n)	inclusion
sich	auseinandersetzen mit	to deal with, explore
der	Ausschuss(¨e)	committee
die	Außenpolitik(en)	foreign policy
	beeindruckend	impressive
	beitreten	to join, become a member of
	beruflich	professionally
	beruhen auf (+ *dat*)	to be based on
sich	bewerben um (+ acc)	to apply for
sich	bezeichnen als	to refer to oneself as
der	Brexit	Brexit
das	Bündnis(se)	alliance
die	Dienstleistung(en)	service
	ehemalig	former
	enthüllen	to reveal
sich	erweisen als	to turn out to be
die	Erweiterung(en)	expansion
die	Europäische Gemeinschaft für Kohle und Stahl (EGKS)	European Community for Coal and Steel (ECSC), forerunner to EEC
die	Europäische Union (EU)	European Union (EU)
die	Europäische Wirtschaftsgemein-schaft (EWG/EG)	European Economic Community (EEC)
	in Folge darauf	as a consequence (of that)
	friedlich	peaceful(ly)
	geprägt	characterised
die	Gemeinde(n)	municipality
die	Grenze(n)	border
	gründen	to found
das	Gründungsmitglied(er)	founder member
die	Herausforderung(en)	challenge
	hinweisen auf (+ acc)	to point to
der	Konzern(e)	corporation
die	Kosten decken	to cover the costs
	in Kraft treten	to come into effect
die	Leistung(en)	achievement
der	Mitgliedsstaat(en)	member state
die	Nachkriegsjahre (pl.)	post-war years
sich	niederlassen	to settle
das	Opfer(–)	sacrifice, victim
der	Prozentsatz(¨e)	percentage
die	Säule(n)	pillar
	schaffen	to create
das	Schild(er)	sign
die	Sicherheitspolitik(en)	security policy
	sichern	to ensure
die	Spannung(en)	tension
die	Subvention(en)	subsidy
die	Tagung(en)	conference
	überqueren	to cross
das	Umfeld(er)	local area
	umgekehrt	vice versa
	unbestritten	undisputed
der	Unternehmensverein	joint enterprise, venture
die	Veranstaltung(en)	event
die	Verpflichtung(en)	commitment
	verstärken	to strengthen
der	Vertrag(¨e)	treaty
die	Vielfalt(–)	variety
die	Währung(en)	currency
die	Waren (*pl*)	goods
	weisen auf	to point to
die	Wirtschaft(en)	economy
die	Wirtschaftsmacht(¨e)	economic power
die	Wurzel(n)	root
die	Zusammenarbeit	cooperation
	zweisprachig	bilingual
die	Zwischenzeit	meantime

4.2 Vor- und Nachteile der EU für Deutschland

die	Abschaffung(en)	abolition
der	Abstand(¨e)	difference, gap
	abstreiten	to deny
	anfangs	at the beginning
	angehören	to belong
	anscheinend	apparently
die	Arbeitslosenquote(n)	unemployment figure
das	Ausmaß(e)	extent
die	Außenpolitik	foreign policy
	bekämpfen	to combat
der	Bereich(e)	area
die	Bereicherung(en)	enrichment
die	Beschäftigung(en)	job, work
der	Bildungsweg(e)	educational path
	deutlich	clearly
die	Eingewöhnung(en)	settling-in process
sich	einigen	to agree
	empfinden	to feel, (here:) to find
	entsprechen (+ *dat*)	to correspond to
	ermöglichen	to make possible
die	Europäische Kommission	European Commission (EC)
die	Fachkraft(¨e)	expert

4 Deutschland und die Europäische Union

die	Fähigkeit(en)	competence
	fördern	to promote
die	Fortbildung(en)	further training
der/die	Freiwillige(n)	volunteer
der	Friede(n)	peace
das	Fundament	fundamental principle
die	Gebühr(en)	fee
	gelten	to be valid
	gestalten	to form
die	Gesetzgebung	legislation
der	Giftstoff(e)	toxic material
die	Grenzkontrolle(n)	border control
der	Handel(–)	trade
das	Hauptanliegen(–)	priority
	einen Kompromiss eingehen	to make a compromise
	künstlich	artificial
	raten	to advise
	es ist eine Selbstverständlichkeit	it goes without saying
	sinnlos	pointless
die	Steuer(n)	tax
	subventionieren	subsidise
	tätig	active
der	Teilnehmer(–)	participant
	übergreifend	comprehensive
	übersehen	overlook
die	Unmasse(n) (von)	vast quantity (of)
sich	verlassen auf (+ acc)	to rely on
die	Verordnung(en)	regulation
	verreisen	to travel around
	verschlossen	closed
die	Verwaltung(en)	administration
	vorzeigen	to show
der	Wohlstand	prosperity
der	Zoll(¨e)	customs duty
der	Zusammenhang(¨e)	context
	zusätzlich	additional
	(jdm) (etw) zuschreiben	to attribute (sth) to (sb)
der	Zweck(e)	purpose

4.3 Die Auswirkungen der EU-Erweiterung auf Deutschland

	abschätzen	to estimate
	abwiegen	to weigh
die	Angelegenheit(en)	matter, issue
der	Anreiz(e)	attraction
der	Antrag(¨e)	application
der	Arbeitnehmer(–)	employee
	aufnehmen	to accept
	ausbeuten	to exploit
	bedauerlich	regrettable
die	Bedingung(en)	condition
	begehrt	sought after
die	Behörde(n)	authority
der	Beitritt(e)	entry, joining
	bekämpfen	to combat
	in Bezug auf	with respect to
das	Bruchstück(e)	fraction
	bunt	colourful
der	Druck(¨e)	pressure
der	Einwand(¨e)	objection
die	Erfüllung	fulfilment
die	Ernte(n)	harvest
	erwarten	to expect
	Estland	Estonia
	festlegen	to set, determine
die	Gemeinschaft(en)	community
die	Grundlage(n)	foundation
	gut ausgebildet	well-educated
der	Handelspartner(–)	trading partner
der	Haufen(–)	pile
der	Kern(e)	core
	konfrontieren	to confront
	Lettland	Latvia
	Litauen	Lithuania
der	Lohn(¨e)	wage
der	Menschenhandel	human trafficking
die	Menschenrechte (pl)	human rights
die	Minderheit(en)	minority
	missbrauchen	to abuse
der	Ökonom(en)	economist
	pflegen	to take care of
	pochen auf (+ acc)	to insist on
	in der Regel	as a rule
	schätzen	to estimate
	ständig	constant(ly)
die	Steigerung(en)	increase
die	Vertiefung(en)	deepening
der	Vorwurf(¨e)	accusation
sich	weigern	to refuse
die	Welle(n)	wave
der	Widerspruch(¨e)	objection
	wünschenswert	desirable
	zugrunde gehen	to perish, be ruined
	zugutekommen	to be of benefit to, stand in good stead
sich	zurückziehen	to withdraw
	zustande kommen	to come to pass
	zweifellos	doubtless

5 Die Politik und die Jugend

By the end of this section you will be able to:

		Language	Grammar	Skills
5.1	**Politisches Engagement Jugendlicher**	Discuss the ways and the extent to which young people engage in politics	Use the passive	Express criticism tactfully
5.2	**Schwerpunkte der Jugendpolitik**	Discuss priorities for youth politics in Germany	Use modal particles	Express approval and disapproval
5.3	**Werte und Ideale**	Discuss the priorities of young people and the role of pressure groups	Use correct word order, including variations for emphasis	Use language to promote a cause

Wie wichtig ist die Politik für die Jugend? In mehreren Wahlen der letzten Jahre haben fast 40 Prozent der Wahlberechtigten unter 25 keine Stimme abgegeben. Und immer weniger Jugendliche sind Mitglieder von politischen Parteien. Gibt es wirklich eine Null-Bock-Generation, die sich gar nicht für die Demokratie interessiert? Oder ist es eher der Fall, dass die traditionelle Politik die Jugend nicht mehr reizt? Die Teilnahme an Demonstrationen oder Online-Unterschriftenlisten zeugt schon davon, dass Jugendliche andere Methoden der politischen Teilnahme suchen.

1a Lesen Sie *Wussten Sie schon?* Sind die Aussagen R (richtig), F (falsch) oder NA (nicht angegeben)?

1. Die Grünen sind die beliebteste Partei unter jungen Leuten, die einer politischen Partei beitreten.
2. Jugendliche sind in politischen Parteien unterrepräsentiert.
3. Die Mehrheit der deutschen Jugend ist der Meinung, die Bundesregierung würde ihre Interessen wenig achten.
4. Man ist in Deutschland bei den meisten Wahlen schon mit 16 wahlberechtigt.
5. Österreich hat im Jahre 2007 das Wahlalter gesenkt.
6. Die Schweiz war das letzte europäische Land, in dem Frauen wählen durften.

Wussten Sie schon?

- Nur 12% aller Jugendlichen unter 24 gehören einer politischen Partei an. Die Grünen haben den höchsten Anteil an jüngeren Mitgliedern.
- Laut einer Umfrage des deutschen Kinderhilfswerks, haben zwei Drittel der Kinder und Jugendlichen in Deutschland den Eindruck, dass die Bundesregierung sich wenig dafür interessiert, was junge Menschen denken.
- In Deutschland und in der Schweiz ist man generell mit 18 wahlberechtigt, aber in manchen Bundesländern darf man mit 16 wählen.
- In Österreich darf man seit 2007 mit 16 Jahren bei allen Wahlen seine Stimme abgeben.
- Deutschland und Österreich haben das Wahlrecht für Frauen gleich nach dem ersten Weltkrieg eingeführt. In der Schweiz dagegen dürfen Frauen erst seit 1971 wählen.

5 Die Politik und die Jugend

1b Was wissen Sie schon über die Politik in Deutschland? Welche Definition passt zu welchem Wort?

1	Demokratie	a	Ein Vertreter des Volkes, der im Parlament sitzt
2	Landtag	b	Eine politische Region in Deutschland – es gibt 16 davon
3	Bundesland	c	Das Parlament eines Bundeslandes
4	Abgeordneter	d	Ein Staat, in dem das Volk frei wählt, wer regieren soll
5	Bundestag	e	Das deutsche Parlament

1c Wie ist es in Österreich oder in der Schweiz? Heißen die unterstrichenen Begriffe in Übung 1b dort anders? Sie können im Internet nachschauen.

2a Arbeiten Sie mit einer Partnerin/einem Partner zusammen. Schauen Sie sich die Wahlplakate an und diskutieren Sie folgende Fragen:

1. Was ist auf dem Wahlplakat zu sehen?
2. An welche Gruppe von Wählern wendet sich diese Parteienwerbung?
3. Auf welchen Aspekt der Politik konzentriert man sich bei jedem Plakat?
4. Welches Plakat spricht Sie am meisten an? Warum?

2b Machen Sie Recherchen über eine politische Partei in Deutschland, Österreich oder der Schweiz und schreiben Sie einen kurzen Bericht (100–150 Wörter). Achten Sie auf folgende Punkte:

- Geschichte und Größe der Partei (Gründung, Anzahl der Mitglieder, Abgeordneten usw.)
- die Hauptziele der Partei
- was die Partei für die Jugend macht
- was Sie von dieser Partei halten.

5.1 B: Politisches Engagement Jugendlicher

Vokabeln
der Ausschuss(¨) committee
begeistern to enthuse
vertreten to represent
der/die Vorsitzende(n) chairperson
das Wahlverzeichnis(se) electoral register

1 Diskutieren Sie folgende Fragen mit einer Partnerin/einem Partner:
- Was bedeutet politisches Engagement für Sie?
- Wie können sich Jugendliche politisch engagieren?
- Welche Methode des Engagements finden Sie am wichtigsten?

2a Lesen Sie den Text und beantworten Sie die Fragen auf Deutsch.

In Parteien kann man viel bewegen

Schon mit 15 ist Antje in die Jugendorganisation der SPÖ (Sozialdemokratische Partei Österreichs) eingetreten, drei Jahre später wurde sie zur Vorsitzenden in ihrer Heimatstadt gewählt. „Wir haben das Glück, in einem demokratischen Land zu wohnen und sollten auch dazu beitragen." Sie sieht es als Teil ihrer Arbeit, andere Jugendliche für die Politik zu begeistern. Die Jugendorganisation organisiert daher nicht nur Demos, sondern auch Feste. Als Vorsitzende der Jugendorganisation spricht sie regelmäßig mit Abgeordneten über Themen, die die jungen Mitglieder bewegen und versucht ihre Meinung zu vertreten. Sie arbeitet selbst in dem Gesundheitsausschuss, der sich vor allem mit Jugendproblemen befasst. Neulich wurde in dem Krankenhaus eine neue Station für krebskranke Jugendliche aufgemacht und Antje ist stolz, dass ihr Ausschuss dafür geworben hatte. Muss man in einer Partei sein, um einen solchen Erfolg zu haben? Antje glaubt, es ist einfacher, dadurch Initiativen durchzusetzen und ist stolz auf die Jugendarbeit ihrer Partei. „Bei uns sind viele Jugendliche aktiv, weil sie ernst genommen werden."

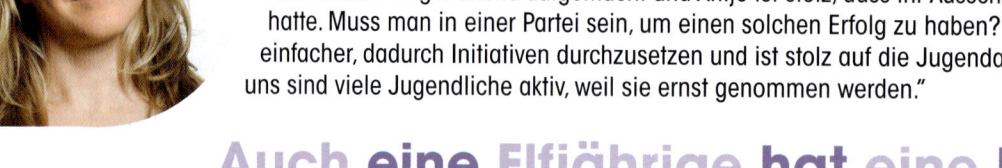

Auch eine Elfjährige hat eine Meinung

Felix Finkbeiner gründete mit neun Jahren die Umweltschutzkampagne ‚Plant-for-the-Planet'. Jetzt engagiert er sich als Polit-Aktivist und will vor dem Verfassungsgericht durchsetzen, dass das Wahlalter in Deutschland herabgesetzt wird. Ihm geht es darum, dass viele Kinder und Jugendliche politische Ansichten haben und dass sie von den Parteien mehr berücksichtigt werden sollten. Das, meint er, wird schon eher geschehen, wenn Jugendliche einen direkten Einfluss auf das Wahlergebnis haben. In manchen Bundesländern, wurde die Altersgrenze für Kommunalwahlen schon auf 16 heruntergesetzt, aber Finkbeiner denkt an eine noch niedrigere: „In unserer Vorstellung darf ein jüngerer Jugendlicher oder ein Kind die Möglichkeit haben, sich ins Wählerverzeichnis eintragen zu lassen. Denn auch eine Elfjährige hat eine Meinung."

Die U18 Wahl

Bei der bundesweiten ‚U18 Wahl' können Kinder und Jugendliche ihre Stimme abgeben und Politikern zeigen, dass die Politik sie nicht kalt lässt. 1 400 Wahllokale gibt es in ganz Deutschland. Obwohl die abgegebenen Stimmen nicht zum Endergebnis zählen, werden sie als ein wichtiges Signal für die Politiker betrachtet – immerhin sind es die Wähler von morgen! Laut Umfragen nimmt das Interesse an Politik bei jungen Nachwuchswählern durch ‚U18 Wahl' zu. Und genau das ist das Ziel von ‚U18 Wahl'. Regina Renner, Referentin für Jugendpolitik und Koordinatorin der U18 Wahl in Bayern ist überzeugt: „Mit der U18 Wahl können Kinder und Jugendliche zeigen, dass sie eine Meinung zu politischen und gesellschaftlichen Themen haben und diese auch vertreten können. 16-Jährige dürfen schon in Österreich wählen. Warum nicht hier?"

5 Die Politik und die Jugend

1. Was ist Antjes Einstellung zur Politik?
2. Welche Aufgaben hat sie als Vorsitzende der Jugendorganisation?
3. Welchen Erfolg hat sie neulich erlebt?
4. Warum findet sie es wichtig, in einer Partei zu sein?
5. Welches Ziel hat Felix Finkbeiner?
6. Wie rechtfertigt er seine Zwecke?
7. Was ist das Ziel von der ‚U18 Wahl'?
8. Warum soll die ‚U18 Wahl' Politiker interessieren?

2b Lesen Sie den Text noch einmal. Sind die Aussagen R (richtig), F (falsch) oder NA (nicht angegeben)?

1. Antje meint, dass die Meinung der Jugend in ihrer Partei berücksichtigt wird.
2. Felix führt Diskussionen mit Politikern über die Herabsetzung des Wahlalters.
3. Felix findet die unterschiedlichen Walhlalter bei Kommunalwahlen ungerecht.
4. Die ‚U18 Wahl' läuft auf nationaler Ebene.
5. Durch die ‚U18 Wahl' können Jugendliche einen direkten Einfluss auf die Politik haben.

2c Übersetzen Sie den Text ins Deutsche.

How can young people contribute to the democratic process? One possibility is to become a member of a political party. "It is important that the political views of young people are represented," says Karsten, chairperson of the youth organisation in his home town. "We are the voters of tomorrow, after all." In Germany you can usually vote from the age of 18, although 16-year-olds can vote in some local elections. Felix Finkbeiner thinks that the voting age should be lowered, so that politicians take more account of the views of young people.

3 Hören Sie den Bericht über die Senkung des Wahlalters in Österreich. Schreiben Sie eine Zusammenfassung des Berichts (ca. 90 Wörter). Achten Sie auf folgende Punkte:

- warum die Situation in Österreich besonders interessant ist
- welche Argumente es für und gegen die Senkung des Wahlalters gibt
- was bei den ersten beiden Wahlen passiert ist und warum.

4 Arbeiten Sie mit einer Partnerin/einem Partner zusammen. Diskutieren Sie folgende Fragen:

- Ab welchem Alter sollte man wählen dürfen, Ihrer Meinung nach?
- Was sollten die Politiker tun, um junge Leute zu engagieren?

5 Entwerfen Sie ein Werbeplakat für die ‚U18 Wahl'. Schreiben Sie auch einen Text (ca. 300 Wörter) über Ihre Leistungen und Ziele, um junge Leute anzuziehen.

Grammatik

The passive

When a verb is in the passive, the stress is on the action itself, rather than who is carrying out the action.

- The passive is formed using the correct tense of *werden* and the past participle.

Die Stimmen …
The votes …

werden ausgezählt.
are counted. (present)

wurden ausgezählt.
were counted. (imperfect)

sind ausgezählt **worden**.
have been counted. (perfect)

waren ausgezählt **worden**.
had been counted. (pluperfect)

werden ausgezählt **werden**.
will be counted. (future)

- With a modal verb, the infinitive is at the end:

Die Stimmen müssen ausgezählt **werden**.

- You can often avoid a passive by using *man*:

Man muss die Stimmen auszählen.

See pages 153–154.

Schlüsselausdrücke

Politiker müssen Jugendliche ernst nehmen
mehr Aufmerksamkeit auf die Jugend lenken
16-Jährige sind nicht reif genug zu wählen
politisch interessiert/bewusst sein

5.2 B: Schwerpunkte der Jugendpolitik

1 Lesen Sie die Aussage und diskutieren Sie folgende Fragen in einer Gruppe:

- Was halten Sie von dieser Definition der Jugendpolitik?
- Machen Sie Recherchen. Was ist ein Kinder- und Jugendbeirat, ein Jugendparlament und ein Jugendlandtag?

> Jugendministerin Irene Alt erklärt zum Internationalen Tag der Jugend der Vereinten Nationen am 12. August: „Im Mittelpunkt des Internationalen Tags der Jugend steht der Respekt für die junge Generation. Das heißt für mich, Jugendliche an gesellschaftlichen Planungs- und Entscheidungsprozessen zu beteiligen, damit sie unsere Gesellschaft aktiv mitgestalten können."

2 Lesen Sie den Text. Sind die Aussagen R (richtig), F (falsch) oder NA (nicht angegeben)?

Was uns bewegt

Unter dem Motto, „Was uns bewegt", kamen 140 Jugendliche aus Baden-Württemberg zum Jugendlandtag. Die Ergebnisse aus den lokalen und regionalen Veranstaltungen wurden gebündelt und im Jugendlandtag zusammengetragen. In zehn verschiedenen Arbeitsgruppen haben sie die Themen weiterbearbeitet und schlussendlich als Positionspapier an die Politik übergeben.

Johannes Wagner arbeitete in der Gruppe Mobilität. Ist die Verkehrspolitik denn so interessant für Jugendliche? „Ja", meint er. „Jugendliche haben oft kein Auto und müssen sich auf die öffentlichen Verkehrsmittel verlassen. Wenn diese nicht ausreichend sind, kann es die Chancen von Jugendlichen wirklich beeinträchtigen. Wir hatten eine E-Mail von einem Jungen, der einen Ausbildungsplatz ablehnen wollte, weil er um vier Uhr morgens hätte aufstehen müssen, um pünktlich dahin zu kommen. Mit dem Auto wäre er wohl in einer Dreiviertelstunde da gewesen. Das ist schon bemerkenswert. Deshalb fordern wir Politiker auf, sich für bessere Verkehrsverbindungen einzusetzen."

Nicht nur typische Jugendthemen lagen auf dem Tisch. Ein Ausschuss befasste sich mit der Umweltpolitik und verlangte härtere Recycling-Vorschriften sowie eine Steuer auf Plastiktüten. Ein anderer Ausschuss arbeitet an dem Thema Integration und forderte die Politiker auf, Maßnahmen zu ergreifen, um die Lebenssituation von Flüchtlingskindern zu verbessern. Bildungspolitik war aber ein Hauptthema und alle waren sich einig, dass mehr gemacht werden sollte, um den Zugang zur Hochschule für benachteiligte Jugendliche zu sichern. Dabei ging es darum, BaFöG für alle zu garantieren.

Ein Höhepunkt des Jugendlandtags war ein Frühstück mit Landespolitikern. Die Jugendlichen hatten nun endlich die Möglichkeit ihre Forderungen den höchsten Landespolitikern mitzuteilen, deren Meinung dazu zu hören und ihnen Fragen zu stellen. Jutta Meyer war dabei: „Eigentlich hatte ich sehr wenig von dem Gespräch erwartet. Aber die Ministerin, mit der ich sprach, war doch sehr gut über die Prioritäten der Jugendlichen informiert und war bereit, alles zu diskutieren."

Und am Ende waren sich (auch) die Minister(innen) einig: Das muss wiederholt werden!

Vokabeln

jdn. auffordern, etw. zu tun to call on someone to do something
etw. bearbeiten to work on something
BaFöG = Ausbildungsförderung *educational grant*
bemerkenswert noteworthy
sich einig sein to be in agreement, be united
die Veranstaltung(en) event
zusammentragen to compile

1 Die Themen für den Landtag wurden von den Teilnehmern erdacht.
2 Schlechte öffentliche Verkehrsmittel können den Berufschancen Jugendlicher schaden.
3 Die Politiker haben versprochen, die Verkehrsmittel zu verbessern.
4 Der Landtag hat sich hauptsächlich mit Themen befasst, die nur Jugendliche betreffen.
5 Alle teilten die Meinung, dass Chancengleichheit in Bezug auf Hochschulbildung verbessert werden soll.
6 Jutta fand ihr Treffen mit der Ministerin überraschend positiv.

5 Die Politik und die Jugend

3 Der Jugendlandtag hat die folgenden Forderungen in seinem Positionspapier gestellt. Verbinden Sie die Satzhälften.

1. Wir fordern eine bessere Busverbindung
2. Wir fordern die Unterstützung
3. Wir fordern die Einbeziehung von Jugendlichen
4. Wir fordern eine Steuer auf
5. Wir wollen bessere Berufsberatung und
6. Wir fordern bessere Integrationsprojekte

a. auf allen politischen Ebenen.
b. mehr Vergünstigungen für Auszubildende.
c. Wegwerfverpackungen.
d. besonders im ländlichen Raum.
e. für Flüchtlinge.
f. von ehrenamtlichem Engagement.

4 Wählen Sie eine der Forderungen vom Jugendlandtag in Übung 3. Bereiten Sie eine kleine Rede vor, indem Sie versuchen, Ihre Klassenkameraden zu überzeugen, dass diese Priorität an der Spitze stehen sollte.

5a Hören Sie sich das Interview mit Carina über ihre Arbeit im Jugendbeirat an. Beantworten Sie die Fragen auf Deutsch.

1. Wer kann Mitglied des Jugendbeirats werden?
2. Welchen Kontakt hat die Gruppe zu Politikern?
3. Welche Erfolge hatte der Jugendbeirat?
4. Wie versucht der Jugendbeirat, die Bildungspolitik in der Stadt zu beeinflussen?
5. Was ist, laut Carina, der Zweck des Beirats?

5b Hören Sie sich das Interview mit Carina noch einmal an. Machen Sie eine Liste von Ausdrücken mit Partikeln.

5c Übersetzen Sie dann die Ausdrücke und erklären Sie die Funktion der Partikel.

6 Übersetzen Sie den Text ins Deutsche.

The purpose of a youth parliament is to enable young people to discuss the political topics which are important to them. It is essential that politicians take the opinions of the youth parliament into account and take them seriously. The last parliament discussed a variety of themes, including the environment and integration, and set priorities. "We hope that some of our ideas will be put into practice," said chairwoman Anna Dreschler.

7 Schreiben Sie ein eigenes Positionspapier (ca. 300 Wörter) mit einer Liste von Forderungen. Erklären Sie, warum diese Forderungen für Jugendliche wichtig sind und warum die Politiker Ihrer Region sie ernst nehmen sollten.

Grammatik

Modal particles

German speakers use modal particles frequently. Although they are somewhat colloquial, they are used in a variety of ways to give expression and emphasis to speech. Here are some of the more common ones:

doch mal denn schon wohl eigentlich ja auch

Das hat er **wohl** nicht gemeint.
He didn't really mean it./He can't have meant it. (introduces an element of uncertainty)

Das ist **doch** nicht die Hauptfrage.
*That's **actually** not the key question.* (emphasis, used to contradict)

Was ist **denn** hier passiert?
*What's happened here **then**?* (used to gain time)

See pages 146–147.

Schlüsselausdrücke

Ich habe die Ansichten meiner Klassenkameraden zusammengetragen.
Diese Tatsache ist bemerkenswert.
Der Mangel an … beeinträchtigt die Lebenschancen Jugendlicher.
Dieses Problem braucht eine dringende Lösung.
Sie müssen berücksichtigen, dass …
Wir fordern Sie auf, …
Die Politik muss in die Praxis umgesetzt werden.

5.3 A: Werte und Ideale

1 Was möchten Sie an der Welt verändern? Ordnen Sie die Themen Ihrer Wichtigkeit nach. Dann vergleichen Sie in der Klasse.

- Armut
- Datenschutz
- Umweltschutz
- Gleichberechtigung
- Menschenrechte
- Flüchtlinge
- Arbeitslosigkeit

2a Hören Sie sich Ingo, Nadia, Rudi und Maria an. Welches Thema ist für sie am wichtigsten?

1. Datensicherheit
2. die Rettung des Planeten
3. Chancengleichheit
4. Benachteiligung in der Kindheit

2b Hören Sie sich die Beiträge von Ingo und Nadia noch einmal an und wählen Sie die fünf Aussagen, die mit dem Sinn der Beiträge übereinstimmen.

1. Laut Ingo sind gewaltige Überschwemmungen ein großes Risiko.
2. Ingo meint, Entwicklungsländer seien besonders gefährdet.
3. Ingo meint, wir müssen sparsamer mit unserer Ressourcen umgehen.
4. Ingo freut sich, dass die Politiker aktiv Lösungen zu diesen Problemen suchen.
5. Nadia glaubt, dass Armut zuerst ein soziales Problem ist.
6. Laut Nadia sind Kinder, die in Armut aufwachsen, oft benachteiligt.
7. Nadia kann wirklich nicht glauben, dass es in Deutschland immer noch arme Kinder gibt.
8. Nadia meint, Politiker sollten die Probleme in den Entwicklungsländern genauso ernst nehmen.

2c Hören Sie sich die Beiträge von Rudi und Maria noch einmal an und beantworten Sie die Fragen auf Deutsch.

1. Wie betrachten Politiker, Rudis Meinung nach, das Problem des Datenschutzes?
2. Warum ist Datenschutz ein besonderes Problem für Jugendliche?
3. Wovor hat Rudi Angst?
4. Wie rechtfertigt Maria ihre Ansicht über mangelnde Gleichberechtigung?
5. Was sollten Politiker, Marias Meinung nach, machen?

3a Lesen Sie den Text über ehrenamtliches Engagement auf Seite 99 und schreiben Sie eine Zusammenfassung des Textes (ca. 90 Wörter). Achten Sie auf folgende Punkte:

- wie Jugendliche von ehrenamtlichem Engagement profitieren
- warum die Gesellschaft auch profitiert
- warum die Teilnahme problematisch ist und wie das Problem zu lösen ist.

3b Lesen Sie den Text noch einmal und übersetzen Sie den ersten Abschnitt (*Bewiesen ist … verbunden sind.*) ins Englische.

Grammatik

Word order and emphasis

Some word order rules in German are very strict, such as the verb always being the second idea in the sentence. However, word order can be varied in other ways for the purposes of emphasis or for other stylistic reasons. This will often involve placing the element to be emphasised at the beginning of the sentence.

Ich bin mir bewusst, dass dieser Kontakt gut für die alten Leute ist. *It is clear to me that this contact is beneficial to elderly people.*

Dass dieser Kontakt gut für die alten Leute ist, ist mir bewusst. *That this contact is beneficial to elderly people is clear to me.*

Mir ist bewusst, dass dieser Kontakt gut für die alten Leute ist. *To me, it is clear that this contact is beneficial to elderly people.*

See pages 159–161.

5 Die Politik und die Jugend

Ehrenamtliches Engagement

Bewiesen ist, dass ehrenamtliches Engagement persönliche und soziale Vorteile bringt. Nicht nur gewinnen teilnehmende Schüler(innen) selbst viel dadurch, auch erweckt die Arbeit das politische Interesse. Wer sich engagiert, spürt, dass es möglich ist, einen Beitrag zur Gesellschaft zu leisten. Die meisten Jugendlichen finden die Arbeit sinnvoll und haben laut Studien das Gefühl, selbst was zu bewirken. Oft entwickeln sie ein starkes Interesse an politischen Themen, die mit der Arbeit verbunden sind.

So ging es Karin, 18, aus Bayern. „Wichtig ist es für mich, das Gefühl zu haben, meine Arbeit ist was wert", sagt sie. „Ich arbeite einmal in der Woche freiwillig in einem Altenheim, plaudere mit den Bewohnern und gehe mit ihnen spazieren. Ich bin mir bewusst, dass dieser Kontakt gut für die alten Leute ist und mir persönlich viel bringt." Jetzt denkt Karin daran, nach dem Abitur ein Freiwilliges Soziales Jahr (FSJ) zu machen. Vom Bundesarbeitskreis geregelt, ermöglicht es jungen Menschen, sich für mindestens ein halbes Jahr ehrenamtlich zu engagieren und etwas sozial Wertvolles zu machen. Die Freiwilligen bekommen Taschengeld und auch Unterkunft und Verpflegung.

Daniel, 20, aus Bern, hat ein halbes Jahr in einem Kinderheim gearbeitet. Durch den Einblick in das Leben von benachteiligten Kindern hat er sich für seinen Beruf entschieden. Als direkte Folge seines Freiwilligendienstes will er jetzt Sozialpädagogik studieren.

„Jugendliche haben starke Werte", meint Bildungsforscherin Ute Brandt. „Oft interessieren sie sich weniger für die traditionelle Politik, engagieren sich jedoch sehr für politische Fragen wie soziale Gerechtigkeit und wollen einen Beitrag leisten." Die Teilnahme am Freiwilligendienst ist aber selbst ein politisches Thema, denn die meisten Freiwilligen kommen aus relativ wohlhabenden Familien und bekommen finanzielle Unterstützung von ihren Eltern – nicht jeder will nur vom Taschengeld leben. In Schulen engagieren sich Hauptschüler(innen) auch ehrenamtlich seltener als Gymnasiasten, was Fragen der Gleichberechtigung stellt. Laut Ute Brandt sollte das ehrenamtliche Engagement ein wichtiges Ziel des Bildungswesens sein. Schulen sollten mehr tun aber der Leistungsdruck hat zu einer Vernachlässigung der Selbstverwirklichung der Schüler geführt. Politiker sind anscheinend dafür. „Versprochen wird viel, getan eher weniger", meint Ute.

---

4 Schreiben Sie die Sätze um, um die Betonung zu ändern.

1. Es ist unumstritten, dass ehrenamtliches Engagement positive Folgen hat.
2. Maltes Einstellung zu Flüchtlingen war nach einem halben Jahr im Asylantenheim völlig anders.
3. Es gibt immer noch mehr Bewerbungen von Gymnasiasten, trotz vieler Versuche, mehr Hauptschüler zu interessieren.

5 Arbeiten Sie mit einer Partnerin/einem Partner zusammen und diskutieren Sie folgende Fragen:

- Was ist das Ziel von sozialem Engagement?
- Was sind die Vor- und Nachteile davon?
- Was halten Sie persönlich von dem Konzept?

6 Sie haben gerade ein FSJ abgeschlossen und eine Freundin/ein Freund überlegt sich, eins zu machen. Schreiben Sie ihr/ihm eine E-Mail (ca. 300 Wörter), worin Sie von Ihren Erfahrungen berichten. Versuchen Sie auch, sie/ihn zu überzeugen, ein FSJ zu machen.

Vokabeln

benachteiligt *disadvantaged*
ermöglichen *to make possible*
die Gerechtigkeit *justice*
Gymnasiasten (pl) *German grammar school (Gymnasium) students*
der Leistungsdruck *pressure to achieve*
die Vernachlässigung *neglect*
die Verpflegung *board, meals*
wohlhabend *prosperous*

Schlüsselausdrücke

bewiesen ist …
einen Beitrag zur Gesellschaft leisten
das Gefühl haben, etwas zu bewirken
eine Methode der Selbstverwirklichung
Freiwillige als billige Arbeitskräfte ausbeuten
ein Ziel des Bildungswesens sein
neue Freundschaften knüpfen
Berufserfahrung sammeln

5.3 B: Werte und Ideale

1 Arbeiten Sie mit einer Partnerin/einem Partner zusammen und bearbeiten Sie folgende Fragen:

1. Was verstehen Sie unter dem Begriff ‚Interessenverband'?
2. Welche Interessenverbände kennen Sie?
3. Was ist eine ‚Bürgerinitiative'?
4. Welche Bürgerinitiativen kennen Sie?

2 Lesen Sie den Text. Sind die Aussagen R (richtig), F (falsch) oder NA (nicht angegeben)?

1. Für die Organisation *Bund für Umwelt und Naturschutz* ist die Jugendarbeit von höchster Bedeutung.
2. Stefan Till ist auf nationaler Ebene für die Organisation aktiv.
3. Stefan will, dass Jugendliche über ihren eigenen Verbrauch nachdenken.
4. Er will, dass die Schüler auch zu Hause umweltfreundlicher essen.
5. Der Verband *Selbstbestimmt leben* will die Selbständigkeit von Behinderten unterstützen.
6. Eine hohe Zahl von Behinderten leben in Armut.
7. Dieter betrachtet finanzielle Schwierigkeiten als die ernste Folge von langfristiger Arbeitslosigkeit für Behinderte.
8. Dieter meint, Unternehmen könnten sich den Bedürfnissen von Behinderten besser anpassen.

Vokabeln

die Ausgrenzung(en) exclusion
ergänzen to complement
der Landbau agriculture
die Mitwirkung(en) participation, collaboration
unentbehrlich indispensable

Interessenverbände

Wer sich für die Umwelt einsetzen will, ist beim Interessenverband *Bund für Umwelt und Naturschutz* willkommen. Der Jugendverband *BUNDJugend* hat zurzeit bundesweit 61 000 Mitglieder(innen) unter 27 – und die Mitwirkung von Jugendlichen hält die Organisation für unentbehrlich. Stefan Till, Student aus Mecklenburg-Vorpommern, ist schon seit vier Jahren Mitglied. Stefan arbeitet an einem Projekt, dass Jugendliche über die Folgen der Konsumgesellschaft sensibilisieren sollte und hat dabei mit Schulen landesweit gearbeitet. „Unser Konsum hat Auswirkungen, von denen wir oft nichts wissen. Wir haben mehr Ganztagsschulen hier, die auch eine Kantine haben, und haben Seminare über umweltfreundliche Ernährung geführt. Einen fleischlosen Tag in der Woche gibt es jetzt in mehreren Schulen. Produkte aus dem regionalen und ökologischen Landbau werden vorgezogen, anstelle von Erdbeeren, die um die Welt reisen." Er ist stolz auf die Leistungen der Gruppe. „Kleine Schritte sind es", meint er „aber viele kleine Schritte leisten einen großen Beitrag".

Selbstbestimmt leben: Der Name des Verbands ist auch sein Ziel. Die Gruppe setzt sich für die Interessen von Behinderten ein und unterstützt sie, so unabhängig wie möglich zu leben. Die nationale Organisation wird durch örtliche Gruppen ergänzt. Dieter Renz (25) aus Innsbruck ist seit seinem vierten Lebensjahr im Rollstuhl. Zurzeit arbeitet er an einer nationalen Kampagne, um bessere Berufschancen für junge Behinderte zu verlangen. „Zu viele Behinderte haben keinen Zugang zur Arbeitswelt," meint er. „Langfristige Arbeitslosigkeit führt zu Depressionen und zur sozialen Ausgrenzung. Aber Behinderte haben viel zu bieten – wir fordern daher, dass Arbeitgeber besser informiert und flexibler sind, was die Arbeitsbedingungen von Behinderten betrifft."

Dieter ist mit 14 Mitglied des Verbands geworden, und seine erste Kampagne führte er für bessere Sportmöglichkeiten für Jugendliche in seiner Stadt. Als Schüler hat er den Verein *Fußball im Rollstuhl* gegründet und dafür Geld von der Stadt bekommen. „Das war ein kleines Projekt aber dadurch habe ich gesehen, was man erreichen kann, wenn man sich wirklich für etwas einsetzt."

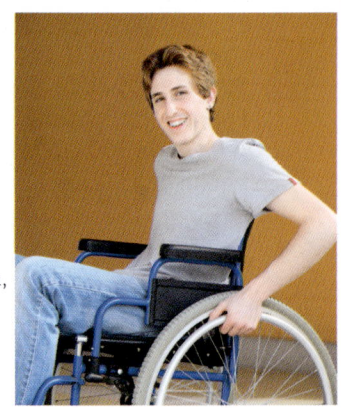

5 Die Politik und die Jugend

3 Übersetzen Sie den Text ins Deutsche.

Interest groups campaign for specific purposes. The organsiation *BUND* has the aim of protecting the environment and works at a national level to encourage the government to introduce environmentally friendly laws. However, the group also wants to draw attention to how the individual can make a difference. For several years, *BUND* has been active in schools, where volunteers raise pupils' awareness of environmental problems. They also hope that this work will motivate young people to get involved as volunteers and make a contribution to environmental protection in their home town. By doing so, young people will understand that they are able to make a difference.

4 Hören Sie sich den Bericht über die Bürgerinitiative ‚Bürger gegen Fluglärm' an und füllen Sie die Lücken mit dem richtigen Wort aus.

> Kommentare   Steigerung   Reduzierung   Proteste   Gewalt
> Qual   Aufmerksamkeit   Behörde   Einspruch   Einstellung

1. Aktivisten protestieren gegen die _____ des Fluglärms.
2. Die Lärmbelastung ist für Bewohner zu einer _____ geworden.
3. Die Aktivisten fordern eine _____ von Nachtflügen.
4. Leserbriefe an Zeitungen helfen, _____ auf das Problem zu lenken.
5. Die Bürgerinitiative ermutigt die Bewohner, _____ gegen den Fluglärm zu erheben.
6. Die Demonstrationen sind ohne _____ abgelaufen.

5a Wählen Sie ein Thema und machen Sie Recherchen im Internet über Interessenverbände in deutschsprachigen Ländern, die sich mit folgenden Ideen beschäftigen:

- Menschenrechte
- Gleichberechtigung
- Umweltprobleme.

5b Lesen Sie die *Strategie* und machen Sie eine Präsentation vor der Klasse, indem Sie die Arbeit Ihres Verbands beschreiben, und erklären Sie, warum Sie diese Arbeit wichtig finden.

6 Wählen Sie ein Anliegen und entwerfen Sie ein Flugblatt für Ihre Kampagne. Verwenden Sie mehrere Argumente, die möglichst viele Ihrer Mitbürgerinnen/Mitbürger für Ihre Initiatve begeistern.

- die Einrichtung eines Jugendclubs in Ihrer Stadt
- bessere öffentliche Verkehrsmittel in Ihrer Stadt und Umgebung
- mehr Recyclingmöglichkeiten in der Stadt.

Strategie

Using language to promote a cause

When promoting a cause, you need to use persuasive and rhetorical language. For example:

Die Vorteile sind nicht abzustreiten. The advantages cannot be disputed.

Es ist deutlich zu sehen. It is clear to see.

Es ist außer Zweifel, dass … There is no doubt that …

Es steht fest, dass … It is certain that …

Die Tatsachen sind überzeugend. The facts are convincing.

Es lässt sich nicht leugnen, dass … It cannot be denied that …

Dies beweist, dass … This proves that …

in jeglicher Hinsicht in every respect

Das Auffallende dabei ist … The striking thing about it is …

Wollen Sie einen Unterschied machen? Do you want to make a difference?

Haben Sie Lust, einen Beitrag zu leisten? Do you want to make a contribution?

5 Wiederholung

Zeigen Sie, was Sie gelernt haben!

1 Füllen Sie die Lücken mit dem richtigen Verb aus.

Wie kann man politisch aktiv sein? Man kann …
1 Flugblätter _____
2 eine Unterschriftenliste _____
3 in einer Bürgerinitiative _____
4 in einer politischen Partei _____
5 Mitglied eines Interessenverbands _____
6 bei jeder Wahl seine Stimme _____
7 an Demonstrationen _____
8 Geld für eine Kampagne _____
9 bestimmte Produkte _____
10 sich ehrenamtlich _____

> teilnehmen   verteilen   boykottieren
> engagieren   angehören   unterzeichnen
> werden   abgeben   mitmachen   spenden

2 Verbinden Sie die Satzhälften.

1 Ab 18 ist man in Deutschland
2 Ein Interessenverband
3 Ein Jugendbeirat gibt Jugendlichen die Möglichkeit,
4 Die *U18 Wahl*
5 Immer weniger Jugendliche

a setzt sich für einen bestimmten politischen Zweck ein.
b am politischen Prozess teilzunehmen.
c zeigt Politikern die Ansichten der Jugend.
d wahlberechtigt.
e sind in politischen Parteien.

3 Geben Sie Ihre Antworten auf Deutsch.

1 Nennen Sie drei politische Parteien in Deutschland.
2 Nennen Sie einen Interessenverband und beschreiben Sie seine Arbeit.
3 Erklären Sie die Aufgaben des
   a Bundestags
   b Landtags
   c Stadtrats.

Testen Sie sich!

1a Lesen Sie den Text (Seite 103) und wählen Sie die richtige Antwort.

1 Laut der UN Kinderrechtskonvention …
   a dürfen Staaten einheimischen Kindern den Vorzug geben.
   b sollen alle Kinder die gleichen Rechte haben, egal wo sie herkommen.
   c brauchen Flüchtlingskinder besondere Rechte.

2 Die Kinderrechtskonvention …
   a ist die einzige Grundlage für Kinderrechte in Deutschland.
   b wurde erst nach langem Überlegen von Deutschland unterschrieben.
   c trägt viel zu Fragen der Kinderrechte in Deutschland bei.

3 Das deutsche Kinderhilfswerk will, dass …
   a Politiker besondere Gesetze für Flüchtlinge einführen.
   b Kinderrechte mehr Aufmerksamkeit von Politikern bekommen.
   c neue Unterkünfte für Flüchtlinge gebaut werden.

4 Das Jugendschutzgesetz …
   a ist jetzt veraltet.
   b ist zeitgemäß verändert worden.
   c hat einen Einfluss auf Schulregeln.

5 Flüchtlingskinder, die ohne ihre Eltern in Deutschland sind, …
   a werden oft gewalttätig.
   b wohnen oft in unpassenden Unterkünften.
   c bekommen eine besondere Ausbildung.

[5 marks]

5 Die Politik und die Jugend

Kinder: Rechte und Schutz

Die Rechte von Kindern und Jugendlichen sind ein Schwerpunkt der Politik. Die internationale Grundlage dafür ist die UN Kinderrechtskonvention. Die Konvention beruht auf vier Grundprinzipien: dem Recht auf Gleichbehandlung, dem Recht auf Leben und persönliche Entwicklung, dem Vorrang des Kindeswohls und dem Recht auf Beteiligung und Meinungsfreiheit. Diese Rechte sollten für jedes Kind auf der Welt gelten, unabhängig von Geschlecht oder Herkunft.

Der rechtliche Rahmen wird in Deutschland durch die Vorschriften des Jugendhilferechts ergänzt. Deutschland hat die Konvention als einer der ersten Staaten der Welt 1990 unterzeichnet und ist daher verpflichtet, alle fünf Jahre einen Bericht an die UNO abzustatten, indem erklärt wird, wie die Konvention in die Praxis umgesetzt wird. Laut des letzten Berichts ist schon viel erreicht worden, beispielsweise neue Gesetze, die Kinder stärker vor Gewalt schützen sollten. Das Bundesministerium behauptet auch, die Situation unbegleiteter Minderjähriger, die in Deutschland Asyl suchen, habe sich verbessert. Es gäbe laut des Berichts, eine bessere Betreuung durch die Jugendämter. Interessenverbände behaupten jedoch, dass nicht genug gemacht wird: die Unterkünfte für Flüchtlinge sind oft nicht kindgerecht und es gibt unzureichenden Zugang zu Bildungs- und Gesundheitswesen. Laut der Konvention sollten Flüchtlingskinder die gleichen Rechte haben wie die Einheimischen.

Die Förderung von Kinderrechten sind eine Kernaufgabe des Interessenverbandes *Deutsches Kinderhilfswerk*. Die Organisation wirbt für eine zentrale Koordinierungsstelle für Kinderrechte sowie einen Bundesbeauftragten und einen parlamentarischen Ausschuss, die sich um Kinderrechte kümmern. Ein Schwerpunkt dieser Arbeit soll die Bekämpfung der Kinderarmut sein, um den Prinzipien der Gleichberechtigung für alle ein Stück näher zu kommen. Dadurch würde das Kindeswohl stärker berücksichtigt werden. Auch möchte die Organisation, dass Kinderrechte ins Grundgesetz aufgenommen werden.

Aber andere Gesetze schützen auch Kinder. Das Jugendschutzgesetz dient dem Schutz der Jugend in der Öffentlichkeit und regelt den Verkauf von Tabak und Alkohol, die Abgabe von Filmen und Computerspielen und auch den Aufenthalt in Gaststätten. Das Gesetz besteht seit 1951, ist aber mehrmals neu gefasst worden – die neuesten Veränderungen betreffen den Jugendmedienschutz.

1b Lesen Sie den Text noch einmal und schreiben Sie eine Zusammenfassung in nicht mehr als 90 Wörtern. Achten Sie auf folgende Punkte:

- welche Regelungen Kinder in Deutschland schützen [3]
- welche Fortschritte es im Bereich von Kinderrechten gegeben hat [2]
- wie man die Lage für Kinder noch verbessern könnte. [2]

Bewertung Ihrer Sprache: fünf zusätzliche Punkte.

[12 marks]

Tipp

Summarising a factual text

When summarising a text, you will need to cut it down to about a third of its original length. You need to include the key ideas from the original, but should avoid just selecting sentences from it. You should use your own words to express ideas more succinctly. The following techniques may help you:

- Make a list of the key points in bullet points in your own words.
- Check that you have all the key aspects required.
- Organise the points into a coherent text, using connectives.
- Finally, read your summary to make sure that it reads coherently.

2 Übersetzen Sie den Text ins Englische.

Obwohl ihre Eltern schon seit Jahren politisch aktiv waren, interessierte sich Sonja kaum für die Politik, bis sie an einem Seminar über Frauenrechte teilnahm. Gleich darauf wurde Sonja Mitglied eines Interessenverbands, der versucht, den Weg in typische Männerberufe für Mädchen zu vereinfachen. Sonja hat jetzt vor, Ingenieurin zu werden, und gibt zu, dass sie ohne diesen Kurs nie auf die Idee gekommen wäre. Jetzt setzt sie sich für bessere Berufsberatung in Schulen ein und ist zum Vorstand des Jugendparlaments in ihrer Heimatstadt gewählt worden. Ihre Eltern freuen sich und Sonja selbst ist stolz auf ihren Beitrag zur Jugendpolitik in ihrer Stadt.

[10 marks]

3a 🎵 Sie hören einen Bericht über den politischen Jugendring Dresden. Wählen Sie die fünf Aussagen, die mit dem Sinn des Berichts übereinstimmen.

1 Das Ziel des politischen Jugendrings hat sich im Laufe der Jahre verändert.
2 Es gibt oft heftige Auseinandersetzungen in der Gruppe.
3 Lehrer spielen bei der Organisation von Projekten eine große Rolle.
4 Projekte werden vom Rathaus geleitet.
5 Mitglieder haben die Möglichkeit, Kontakte im Ausland zu knüpfen.
6 Die Stadt subventioniert Aktivitäten, damit jeder mitmachen kann.
7 Die ältere Generation ist dem Jugendring gegenüber eher skeptisch.
8 Die Kinder sind über die Geschichte ihrer Heimat nicht sehr gut informiert.

[5 marks]

3b 🎵 Hören Sie sich den Bericht noch einmal an und füllen Sie die Lücken mit dem richtigen Verb aus.

1 Der Jugendring will junge Leute für die Politik _____.
2 Die Gruppe möchte, dass die Jugendlichen selbst Projekte _____.
3 Mitglieder können auch Ideen mit Jugendlichen aus dem Ausland _____.
4 Teilnehmer können finanzielle Unterstützung von der Stadt _____.
5 Die ältere Generation will, dass Jugendliche Wert auf die Demokratie _____.
6 Schulen sollen die politische Bildung von Kindern _____.

[6 marks]

> legen   informieren   begeistern   knüpfen
> vermeiden   führen   bekommen
> beginnen   austauschen

4 Arbeiten Sie mit einer Partnerin/einem Partner und entwerfen Sie ein Interview über den politischen Jugendring. Person A spielt die Rolle des Interviewers, Person B ist Mitglied des Jugendrings.

Sie können folgende Punkte diskutieren:

- die Zwecke des Jugendrings und was er macht
- wie die Mitglieder vom Jugendring profitieren
- welche Erfolge der Jugendring gehabt hat.

5 Halten Sie den politischen Jugendring für eine gute Idee? Schreiben Sie einen Brief an die Stadtverwaltung in ihrer Stadt, um sie zu überzeugen, einen Jugendring zu organisieren. Schreiben Sie ca. 300 Wörter.

6 Übersetzen Sie den Text ins Deutsche.

Many young people claim to be interested in politics although they do not belong to a political party. Often they have little trust in political institutions but are highly motivated to make a contribution to society. Young people often have strong values and want to make a difference by doing something meaningful. Voluntary work enables young people to get involved in valuable social projects. However, not all young people have the opportunity to take part in this. It has been established that this work is advantageous for all and so schools should promote it and discuss its importance.

[10 marks]

7a Lesen Sie das Gedicht (Seite 105). Wählen Sie die fünf Aussagen, die mit dem Sinn des Gedichts übereinstimmen.

1 Manche alte Leute können sich nicht immer etwas zu Essen leisten.
2 Obwohl Deutschland wohlhabend ist, leben manche Kinder in Armut.
3 Politiker ignorieren die gesellschaftlichen Probleme.
4 Das Volk fühlt sich hilflos der Situation gegenüber.
5 Politiker waren nie vertrauenswürdig.
6 Das Volk regt sich über die Habsucht der Politiker auf.
7 Die Wähler haben im Endeffekt die Macht.
8 Die Politiker machen sich lächerlich.

[5 marks]

7b Lesen Sie das Gedicht noch einmal und beantworten Sie die Fragen auf Deutsch.

1 Was muss der Rentner machen, um eine Currywurst zu kaufen? [1]
2 Warum weint das Kind? [1]
3 Wie hat sich die Einstellung des Volkes den Politikern gegenüber verändert? [1]
4 Was ist, laut Gedicht, die Priorität der Politiker? [1]
5 Wie kann sich das Volk rächen? [1]

[5 marks]

Politiker, seid ihr denn blind?

Was ist nur los im reichen deutschen Land,
in dem angeblich Milch und Honig fließt,
jedoch der Rentner nur mit Flaschenpfand,
am Sonntag eine Currywurst genießt?

Politiker, seid ihr denn alle blind,
kann euch überhaupt nichts mehr schockieren?
An jeder Straßenecke weint ein Kind,
muss wegen euch – dahin vegetieren!

Die Wut des Volkes, die Angst der Kinder,
wird in naher Zukunft eskalieren,
ihr Politiker, ihr Menschenschinder,
dann ist Schluss mit – Armut ignorieren.

Viele Menschen schenkten euch Vertrauen,
konnten sich auch Jahre nicht beklagen,
heute kann man nicht mehr auf euch bauen,
ihr seid keinen Tag mehr zu ertragen.

Das einzige, das für euch zählt, ist Geld,
eure Diäten werden ständig mehr,
für diesen Mammon wird das Volk gequält,
doch dafür setzt es sich bald hart zur Wehr.

Politiker – Herren wie auch Damen,
die nächste Wahl sie kommt – das ist sicher,
und kein Wähler zeigt für euch Erbarmen,
ihr werdet abserviert – mit Gekicher.

Horst Rehmann (2015)

das Flaschenpfand – *refund from returning glass bottles*
das Erbarmen – *mercy*
das Gekicher – *giggling*

8 Schauen Sie sich das Foto an. Arbeiten Sie mit einer Partnerin/einem Partner zusammen und diskutieren Sie folgende Fragen:

- Sind Demonstrationen Ihrer Meinung nach eine positive Form des politischen Engagements?
- Wie engagieren Sie sich politisch?
- Welche Themen interessieren die Jugendlichen in Deutschland, Österreich oder der Schweiz Ihrer Meinung nach am meisten?

Tausende von Jugendlichen gehen auf die Straßen, um für ein besseres Bildungssystem zu demonstrieren.

9 Stellen Sie sich vor, Sie haben an der Demonstration auf dem Foto teilgenommen. Schreiben Sie einen Zeitungsartikel darüber (ca. 300 Wörter). Achten Sie auf folgende Punkte:

- die Zwecke der Demonstration
- wie die Demonstration abgelaufen ist
- ob die Demonstration erfolgreich war.

6 Die Wiedervereinigung und ihre Folgen

By the end of this section you will be able to:

		Language	Grammar	Skills
6.1	Friedliche Revolution in der DDR	Discuss the events and developments which led to German reunification	Use the pluperfect subjunctive in conditional clauses	Recognise and use subjunctive forms
6.2	Die Wiedervereinigung – Wunsch und Wirklichkeit	Discuss and contrast the desired and actual outcomes of reunification	Use cases	Use language for describing change
6.3	Alte und neue Bundesländer – Kultur und Identität	Discuss and compare the culture and identity of the old and new federal states	Use conditional sentences with the imperfect and pluperfect subjunctive	Plan an essay

Eine Revolution im 20. Jahrhundert – und dazu noch eine friedliche – das kann man kaum glauben. Und dennoch war die Wiedervereinigung Deutschlands zumindest zum Teil das Ergebnis eines Volkes, das seine Angst vor einem autoritären System verloren hatte. Was mit Friedensgebeten und den sogenannten Montagsdemonstrationen für Reformen in Leipzig begann, führte im November 1989 zu Demonstrationen, an denen fast 500 000 Menschen teilnahmen, und zum Rücktritt der DDR-Regierung. Durch die Bemühungen des sowjetischen Staatschefs Michail Gorbatschow im Zeichen von ‚Glasnost' und das Engagement von Bundeskanzler Helmut Kohl kam es schließlich am 9. November 1989 zur Öffnung des Brandenburger Tors und zum Fall der Berliner Mauer.

Wussten Sie schon?

- Seit Ende der 70er Jahre hatte sich die Kluft zwischen dem westdeutschen und dem ostdeutschen Lebensstandard vergrößert. Das Durchschnittseinkommen eines DDR-Bürgers lag bei 46% des Einkommens eines BRD-Bürgers.

- Seit Mitte der 80er Jahre bemühte sich der sowjetische Staatschef Gorbatschow um eine Entspannung im Verhältnis zum kapitalistischen Westen und führte in der Sowjetunion die Presse- und Meinungsfreiheit ein.

- Am 24. Dezember 1989 konnten Deutsche aus der Bundesrepublik und Westberlin zum ersten Mal nach mehr als 25 Jahren ohne Visum in die DDR reisen und mit ihren Freunden und Verwandten Weihnachten feiern.

- Am 31. Dezember 1989 feierten rund 500 000 Deutsche aus Ost und West Silvester am Brandenburger Tor, das bisher die Teilung Berlins symbolisierte.

- Nicht alle DDR-Bürger wollten unbedingt eine Wiedervereinigung. Sie wollten jedoch Reformen innerhalb der DDR. Ihr Slogan war „Wir bleiben hier".

- Nach der Wiedervereinigung entstanden Stereotypen zwischen den Ostdeutschen ‚Ossis' und den Westdeutschen ‚Wessis', die teilweise immer noch existieren.

1a Lesen Sie *Wussten Sie schon?* Sind die Aussagen R (richtig), F (falsch) oder NA (nicht angegeben)?

1. Seit den 80er Jahren bemühte sich die Sowjetunion um eine Verbesserung des Verhältnisses zum Westen.
2. Die Löhne und Gehälter in der DDR lagen unter denen der BRD.
3. Die Wiedervereinigung fand 1989 statt.
4. Nicht alle DDR-Bürger wollten Reformen.
5. Heutzutage gibt es keine Vorurteile mehr zwischen Ost- und Westdeutschen.

6 Die Wiedervereinigung und ihre Folgen

1b Finden Sie die passenden Synonyme.

1. die Kluft
2. der Rücktritt
3. die Wiedervereinigung
4. das Durchschnittseinkommen
5. verschwunden

a. die zwei deutschen Staaten werden wieder zu einem Staat
b. nicht mehr da
c. die Lücke
d. aus der Politik ausscheiden
e. was man normalerweise jeden Monat verdient

1c Schauen Sie sich die drei Fotos an (A–C). Welches Foto passt zu welchem Punkt aus *Wussten Sie schon?*

2 Arbeiten Sie mit einer Partnerin/einem Partner zusammen. Welche Landeshauptstadt gehört zu welchem Bundesland? Schauen Sie im Internet oder in einem Atlas nach.

1. Stuttgart
2. Wiesbaden
3. Potsdam
4. Kiel
5. Hannover

a. Brandenburg
b. Baden-Württemberg
c. Niedersachsen
d. Hessen
e. Schleswig-Holstein

3 Was passt zusammen? Verbinden Sie die Satzhälften.

1. Die wirtschaftliche Situation in der DDR
2. Die Sowjetunion hatte mit der Ernennung von Michail Gorbatschow zum Staatschef
3. Als Folge davon wurden in Ungarn
4. Das bedeutete, dass
5. Durch diese Ereignisse ermutigt,
6. Als sich die Politik der DDR daraufhin nicht änderte,

a. viele DDR-Bürger versuchten, über Ungarn in die BRD zu kommen, da die DDR ihre Politik nicht änderte.
b. das politische System gelockert und Reformen ermöglicht.
c. verschlechterte sich, als die Sowjetunion Anfang der 80er Jahre den Preis für Rohöl erhöhte.
d. die Grenzen zu Österreich geöffnet.
e. gingen Tausende von DDR-Bürgern auf die Straßen, um für Reformen und mehr Demokratie zu demonstrieren.
f. verließen viele DDR-Bürger ihre Heimat und flohen über Ungarn und Österreich in die BRD.

4 Arbeiten Sie mit einer Partnerin/einem Partner zusammen. Was war Ihrer Meinung nach positiv an der Wiedervereinigung? Gab es vielleicht auch Probleme? Machen Sie eine Liste mit positiven und problematischen Aspekten und diskutieren Sie dann in der Klasse.

6.1 A: Friedliche Revolution in der DDR

Demonstrationen in der DDR

Sowjetischer Staatschef Michail Gorbatschow bei seinem Besuch in Berlin, Oktober 1989

1 Arbeiten Sie mit einer Partnerin/einem Partner zusammen und versuchen Sie mit Hilfe der Bilder einige Antworten auf diese Frage zu finden.

Wie kam es nach 40 Jahren DDR so plötzlich zum Zusammenbruch und zum Fall der Mauer?

2a Lesen Sie den Text. Welche Definition (a–e) passt zu welchem Wort (1–5)?

Ein Volk hat seine Angst verloren

Als die Sowjetunion unter Führung von Michail Gorbatschow Mitte der 80er Jahre einen Reformkurs einleitete, um die sowjetische Planwirtschaft vor dem Zerfall zu retten und die Kooperation mit dem kapitalistischen Westen suchte, war das ein wichtiger Schritt in Richtung Demokratisierung des Ostblocks. Anfang Mai 1989 beginnt Ungarn mit dem Abbau der Grenzen zu Österreich. Viele DDR-Bürger sehen das als Chance, die DDR zu verlassen. Im September kommen über 10 000 DDR-Flüchtlinge über Ungarn und Österreich in die Bundesrepublik. Gleichzeitig wachsen die kritischen Stimmen innerhalb der DDR. Die Bürger gehen auf die Straßen, um für mehr Demokratie und Reformen zu demonstrieren. Obwohl die Sicherheitskräfte brutal gegen die Demonstranten vorgehen, lassen diese sich nicht einschüchtern.

Es bildet sich eine politische Oppositionsgruppe – das ‚Neue Forum' – und es will als Partei anerkannt werden. Die Regierung weigert sich und es kommt zu Massendemonstrationen. Am 9. Oktober finden in Ostberlin offizielle Feierlichkeiten zum 40. Jahrestag der Gründung der DDR mit großen Militärparaden statt. Auch Michail Gorbatschow nimmt daran teil. In einer Rede warnt er die DDR-Regierung Erich Honeckers davor, die Forderungen der Bevölkerung nach Reformen zu ignorieren. Seine Worte „Wer zu spät kommt, den bestraft das Leben" werden seither mit diesem Tag verbunden. Die Militärparaden wollen zwar den Anschein von Kontrolle vermitteln, aber es kommt in vielen Städten zu Demonstrationen gegen die SED und die DDR-Regierung.

Neun Tage später tritt der Staatschef und Generalsekretär Erich Honecker zurück. Damit beginnt auch der Zusammenbruch der SED, denn es gelingt nicht, die Kontrolle zurückzugewinnen. Bei einer Kundgebung am 4. November in Ostberlin demonstrieren knapp eine Million Menschen und fordern Reformen. Am 8. November wird das ‚Neue Forum' als politische Vereinigung zugelassen und einen Tag später wurde auf einer Pressekonferenz bestätigt, dass es ab sofort jedem DDR-Bürger möglich sei, ins Ausland zu reisen. In den Fernsehnachrichten hieß es, die DDR öffne die Grenzen in den Westen. So kam es gegen Mitternacht am Brandenburger Tor zum ersten Mal seit über 20 Jahren zur Öffnung der Grenze und die Bilder des Jubels tausender Menschen aus Ost- und Westberlin werden sicher nie vergessen werden.

Vokabeln

bestätigen *to confirm*
die Kundgebung(en) *rally*
SED = Sozialistische Einheitspartei Deutschlands *GDR communist party*
der Zerfall *disintegration*
zurücktreten *to step down*

1 Planwirtschaft
2 Sicherheitskräfte
3 sich weigern
4 einschüchtern
5 Kundgebung

a eine Demonstration
b die Polizei oder die Armee
c jemandem drohen, um zu verhindern, dass man etwas tut
d man soll etwas tun, aber man tut es nicht
e ein System, in dem nicht der freie Markt sondern ein Fünf-Jahresplan der Regierung die Wirtschaft bestimmt

6 Die Wiedervereinigung und ihre Folgen

2b Lesen Sie den Text noch einmal und beantworten Sie die Fragen auf Deutsch.

1. Warum wollte die Sowjetunion die Beziehungen zu den westlichen Ländern verbessern?
2. Was war die Folge des Grenzabbaus zwischen Ungarn und Österreich?
3. Wie war die Situation innerhalb der DDR?
4. Wie versuchte die DDR-Regierung ihre Macht zu zeigen?
5. Was wollte Gorbatschow mit seiner Warnung sagen?
6. Woran sieht man, dass die DDR-Bürger ihre Angst vor dem Staat verloren hatten?
7. Was passierte in der Nacht zum 10. November?

2c Lesen Sie den Text noch einmal und übersetzen Sie den zweiten Abschnitt (*Es bildet sich … die DDR-Regierung.*) ins Englische.

3 Füllen Sie die Lücken mit der richtigen Verbform aus.

1. Wenn die DDR-Bürger ihre Angst vor dem Regime nicht _____ _____ (verlieren), _____ die Revolution nicht erfolgreich _____. (sein)
2. _____ Ungarn seine Grenzen zu Österreich nicht _____ (öffnen), _____ nicht so viele Menschen die DDR _____. (verlassen)
3. Die Ost- und Westberliner _____ nie zusammen Silvester _____ (feiern), wenn die Mauer nicht _____ _____. (fallen)
4. Wenn ich damals _____ _____ (leben), _____ ich sicher auch bei der Party am Brandenburger Tor _____. (mitmachen)
5. _____ die Alliierten nicht _____ (zustimmen), _____ es keine Wiedervereinigung _____. (geben)

4 🎵 Hören Sie sich das Radiointerview mit Simone und Franjo an, die ein Projekt zum Thema ‚1990 – Das Jahr der Wiedervereinigung' machten. Wählen Sie die fünf Aussagen, die mit dem Sinn des Interviews übereinstimmen.

1. Simone und Franjo sprechen über ein Projekt zum Thema Berliner Mauer.
2. Franjos Familie stammt aus dem ehemaligen Ostdeutschland.
3. Franjo ist in Leipzig geboren.
4. Mitglieder seiner Familie wurden durch den Bau der Mauer getrennt.
5. Alle waren überrascht, als Deutschland wieder ein Land wurde.
6. Die DDR-Regierung versuchte zu zeigen, dass sie alles unter Kontrolle hatte.
7. Helmut Kohl und Michail Gorbatschow planten zusammen ein Zehn-Punkte-Programm.
8. Die erste Silvesterparty nach der Öffnung des Brandenburger Tors muss fantastisch gewesen sein.
9. Alle DDR-Bürger nahmen an den ersten demokratischen Wahlen teil.

5 Arbeiten Sie mit einer Partnerin/einem Partner zusammen. Diskutieren Sie folgende Fragen und machen Sie Notizen:

- Inwiefern war der Fall der Berliner Mauer ein bedeutendes Ereignis?
- Wie kam es zum Fall der Mauer?
- Warum war die Öffnung des Brandenburger Tors sowohl ein symbolisches als auch ein emotionales Ereignis?

Grammatik

Pluperfect subjunctive in conditional sentences

The pluperfect subjunctive is used in conditional clauses when the sentence refers to something which could have happened but did not (also called 'rejected condition').

- To form the pluperfect subjunctive, use *haben* or *sein* in the **imperfect subjunctive**, plus the **past participle** of the verb.

  Wenn Michail Gorbatschow seine Einstellung zum kapitalistischen Westen nicht **geändert hätte**, **wäre** die Mauer nicht **gefallen**.
  If Mikhail Gorbachev had not changed his attitude towards the capitalist West, the Wall would not have fallen.

- The pluperfect subjunctive has to be used in both the clause beginning with *wenn* and the main clause.

- You can replace *wenn* by starting the sentence with the pluperfect subjunctive:

  Hätte die DDR früher Reformen **eingeführt**, **wären** nicht so viele Ostdeutsche in den Westen **geflohen**.

See page 156.

6.1 B: Friedliche Revolution in der DDR

1a Wie reagierte die internationale Politik auf das Ereignis der Wiedervereinigung? Lesen Sie die Aussagen und füllen Sie die Lücken mit dem richtigen Wort aus.

1
Deutschland ist heute zu einem wirklich großen Tag erwacht und wir werden das neue Deutschland ebenso begrüßen wie die bisherige _____, die immer ein treuer _____ der NATO, ein wirklicher Partner und ein Freund gewesen ist.
Margaret Thatcher (Großbritannien)

2
Die _____ Deutschlands, die sich im Einvernehmen mit den Nachbarn, mit den anderen Staaten und Völkern vollzogen hat, ist ein großes _____ nicht nur für die Deutschen allein. [...] Sie wurde zu einem Symbol und wie ich hoffe, wird sie auch zum Faktor der Festigung der allgemeinen Friedensordnung.
Michail Gorbatschow (Sowjetunion)

3
Die Teilung Deutschlands [...] gehört jetzt der _____ an. Dem vereinten Deutschland wird jetzt die Verantwortung übergeben, seinen Weg weiterzugehen [...] und [...] man wird feststellen, dass die Freundschaft und die Partnerschaft zwischen Deutschland und Frankreich und den anderen vielleicht das wichtigste geschichtliche Ereignis des modernen _____ ist.
François Mitterrand (Frankreich)

Strategie

Recognising and using subjunctive forms

The subjunctive is used:

- in reported speech and after expressions such as *es heißt, dass ...*, when talking about something you have heard:

  *Meine Tante sagte, sie **habe** nie gedacht, dass die Mauer je fallen würde.*

- in *wenn*-clauses and in conditional sentences to express what would have happened:

  *Wenn sie das gewusst **hätte**, **wäre** sie auch zum Brandenburger Tor gegangen.*

- after certain conjunctions which introduce an 'unreal' situation, such as *als* and *als ob*:

  *Sie tat so, als **hätte** sie mich nicht gesehen.*

  The same can apply after *es sei denn, ...* (unless).

- with modal verbs, where it may lend politeness to a request:

  *Ich **möchte** mich bei dir entschuldigen.*

Vergangenheit   Bundesrepublik   Ereignis
Zeitalters   Vereinigung   Verbündeter

1b Was scheint Ihrer Meinung nach für die drei Politiker besonders wichtig zu sein?

2 〰 Hören Sie sich den Bericht über Reaktionen der europäischen Nachbarn zur deutschen Wiedervereinigung an. Schreiben Sie eine Zusammenfassung des Berichts (ca. 90 Wörter). Achten Sie auf folgende Punkte:

- warum die Wiedervereinigung eine große Herausforderung war
- was die Bedenken waren
- was man sich erhoffte.

3 Wählen Sie die richtige Antwort.

1 Ich bin mir nicht sicher, aber es heißt, dass am 4. November 1989 rund eine Million Menschen in Ostberlin demonstriert **haben** / **hätten**.
2 Wie ich gehört habe, **habe** / **hat** Helmut Kohl das Zehn-Punkte-Programm zusammengestellt.
3 Mein Bruder behauptete, dass die ersten freien Wahlen in der DDR am 10. März 1990 stattgefunden **hätten** / **hatten**. So ein Quatsch! Sie waren am 18. März.
4 Man sagt Helmut Kohl **ist** / **sei** ein überzeugter Befürworter der EG gewesen. Was meinst du?
5 Wenn Michail Gorbatschow die BRD nicht besucht **hätte** / **habe**, **wären** / **seien** viele Westdeutsche skeptischer gewesen.

6 Die Wiedervereinigung und ihre Folgen

4 Lesen Sie den Text. Sind die Aussagen R (richtig), F (falsch) oder NA (nicht angegeben)?

Die wahren Revolutionäre

9. November 1989, am Abend verkündet Günter Schabowski die Liberalisierung der Reiseerlaubnis auf einer internationalen Pressekonferenz. Später meldet der Nachrichtensprecher des Westfernsehens: „Die DDR öffnet die Grenze". Die Westberliner trauen ihren Ohren nicht und strömen zum Brandenburger Tor. Gleichzeitig drängen die Ostberliner zu den Grenzübergängen. Schließlich öffnen die Grenzposten die Grenzen. Die Leute jubeln, umarmen sich, viele weinen vor Freude – es ist geschafft. Die Mauer ist gefallen – durch eine friedliche Revolution. Doch der Weg bis es so weit war, war nicht so einfach, wie Peter Kunze von damals berichtet.

„Ich kann mich noch ganz gut erinnern, an diesen 4. November. Meine Freunde und ich waren wie jeden Montag beim Friedensgebet in der Nikolaikirche. Die Kirche war total voll gewesen. Es schien, als kämen jede Woche mehr Menschen. Vor der Kirche hatte sich eine Menschenmenge und viele Demonstranten versammelt. Auf ihren Plakaten stand: 'Gebt uns unsere Freiheit und öffnet unser Land'.

Ich hatte das Plakat kaum gelesen, als ein Stasi-Spitzel angerannt kam und versuchte, das Plakat zu zerreißen. Die beiden Demonstranten hielten das Plakat jedoch fest. Plötzlich fiel das Mädchen auf den Boden und wurde von anderen Demonstranten mitgeschleift.

Gleichzeitig fand in Leipzig auch die bekannte Leipziger Messe statt und daher waren westdeutsche Fernsehteams in der Stadt, die den ganzen Vorfall aufnahmen. Noch am gleichen Abend kam ein Bericht darüber in den westdeutschen Nachrichten und die Bilder bekamen eine historische Bedeutung.

Viele Demonstranten wurden verhaftet. Meine Freunde und ich hatten Glück, dass uns kein Spitzel entdeckte.

Die brutalen Methoden der DDR Staatsgewalt machten uns zwar Angst, aber wir organisierten weiterhin Demonstrationen und Protestaktionen. Obwohl wir Aktivisten von der Stasi als Staatsfeinde angesehen wurden, wollten wir aktiv bleiben und uns für Demokratie und Freiheit einsetzen. Die Regierung versuchte unsere Demonstrationen und Aktionen mit Gewalt zu unterdrücken, aber das schreckte uns nicht ab. Denn je mehr Menschen an den Protesten teilnahmen, desto machtloser wurde die Stasi und die DDR-Regierung."

Insgesamt gab es zwischen August 1989 und April 1990 über 3 500 Protestaktionen in der damaligen DDR und zwar nicht nur in den bekannten Städten wie Leipzig und Ostberlin, sondern auch in vielen Kleinstädten.

1. Die DDR-Regierung will die Ausreise für DDR-Bürger in den Westen erleichtern.
2. Tausende klettern auf das Brandenburger Tor, um zu feiern.
3. Die Protestbewegung begann mit Friedensgebeten in einer Kirche in Leipzig.
4. Stasi-Spitzel hielten zwei Demonstranten fest.
5. Niemand hat den Angriff der Stasi auf die Demonstranten gesehen.
6. Die Regierung wollte die Demonstrationen gewaltsam unterdrücken.
7. Peter Kunze und seine Freunde haben sich nach dem Angriff des Stasi-Spitzels aus Angst nicht mehr politisch betätigt.
8. Demonstrationen gegen das SED-Regime gab es in der ganzen DDR.

Vokabeln

drängen *to push, press towards*
das Friedensgebet(e) *peace prayer*
der Spitzel(–) *spy*
mitschleifen *to drag along*
der Vorfall(¨e) *incident*

5 Übersetzen Sie den Text ins Deutsche.

Young people who grew up in the GDR did not know what life was like in the West. It was forbidden to watch so-called West-TV and in schools it was said that it was much better living in the GDR than in the capitalist West. Some students did not want to believe this, however. And when the first peaceful Monday demonstrations started in Leipzig, they gave hope to many GDR citizens. More and more people took part in the protest movement and demonstrated for reforms and democratic rights. When the Wall eventually fell, everybody's life changed overnight.

Schlüsselausdrücke

Es ist kaum zu glauben, was ich gerade erlebt habe …
Heute habe ich ein Stück Geschichte miterlebt, …
einfach unglaublich
Was mich am meisten beeindruckt hat, war …
Wer hätte gedacht, dass …

6 Stellen Sie sich vor, Sie leben in Ostberlin und haben gerade die Öffnung des Brandenburger Tores miterlebt. Schreiben Sie einen Tagebucheintrag (ca. 300 Wörter), in dem Sie:

- die Entwicklung bis zum Mauerfall erwähnen
- die Ereignisse am Abend des 9. November beschreiben
- Ihre Gefühle ausdrücken.

113

6.2 A: Die Wiedervereinigung – Wunsch und Wirklichkeit

1 Arbeiten Sie mit einer Partnerin/einem Partner zusammen. Lesen Sie das Zitat und machen Sie Notizen zu den Fragen. Vergleichen Sie dann Ihre Antworten in der Klasse.

- Was will das Zitat sagen?
- Was schließen Sie daraus?

> Wenn man vorher gefragt hätte: „Was ist euch die deutsche Einheit wert?" hätten alle gesagt: „Alles". Nur war das nicht so viel, wie sie heute kostet.

Ignaz Bubis (1927–99), deutscher Finanzfachmann, Vorsitzender des Zentralrats der Juden in Deutschland

2a Lesen Sie den Text und wählen Sie die richtige Antwort.

Wiedervereinigung – Gedanken zu 25 Jahren Deutsche Einheit

Wenn wir heute an die Wiedervereinigung denken, erinnern wir uns an Bilder des Jubels und der Feierlichkeiten, Freudentränen und lachende Gesichter. Und doch war damals gar nicht sicher, was nach dem Mauerfall eigentlich passieren würde. Wenn man sich mit damaligen DDR-Bürgern unterhält, dann erfährt man, dass zu jener Zeit eine große Unsicherheit herrschte. Man wusste nicht, ob die Grenzsoldaten nicht vielleicht doch mit Gewalt auf das Stürmen der Mauer reagieren würden, ob es nicht doch noch einen Staatsstreich gäbe oder ob man seine Arbeit verlieren würde. Vor allem fragten sich viele, ob alles wirklich so friedlich bleiben würde. Dass sich die Grenzöffnung und die Wiedervereinigung ohne einen Schuss ereignete, dafür sind auch heute noch nicht nur die ehemaligen DDR-Bürger dankbar. Die Wiedervereinigung bedeutete also auf jeden Fall Freiheit für die Ostdeutschen. Als Berlin eine geteilte Stadt war, mussten sich Freunde und Verwandte an der Grenzübergangsstelle Bahnhof Friedrichstraße verabschieden. Heute ist die damalige Ausreisehalle – der sogenannte ‚Tränenpalast'– ein Museum. Sie erinnert an eine Zeit, in der Freiheit nur in einem Teil der Stadt eine Realität war.

Für die Freiheit gingen die DDR-Bürger auf die Straßen und dieser Wunsch ging mit der Wiedervereinigung in Erfüllung. Wie aber sieht es heute im Bereich der Wirtschaft aus? Obwohl es nach der Wiedervereinigung im Osten anfangs viel Arbeitslosigkeit gab, da die Industrie veraltet war, hat sich doch sehr viel verändert.

25 Jahre nach der Wiedervereinigung lag die Arbeitslosigkeit auf dem niedrigsten Stand seit 1989. Die Planwirtschaft wurde in eine Marktwirtschaft umgeformt und besonders in den Bereichen Maschinenbau, Elektroindustrie und Chemie gibt es viele positive Entwicklungen. Die Infrastruktur der alten DDR wurde in vielen Teilen des Landes modernisiert und die Lebenserwartung in Ostdeutschland ist seit 1989 um sieben Jahre gestiegen. Ein Ziel für die Zukunft muss es nun sein, gleichwertige Lebensbedingungen in den alten und neuen Bundesländern zu schaffen. Die wirtschaftlich starken Länder im Westen müssen auch weiterhin die ostdeutschen Länder unterstützen, um die Wirtschaftskraft des Ostens weiter auszubauen.

1. Wie war die Stimmung unter der DDR-Bevölkerung kurz nach dem Mauerfall?
   - a ruhig
   - b unsicher
   - c traurig
2. Wovor hatte man Angst?
   - a vor der Grenzöffnung
   - b vor Stürmen
   - c vor einem Staatsstreich
3. Was ist der Tränenpalast heute?
   - a ein Bahnhof
   - b ein Museum
   - c eine Ausreisehalle
4. Warum demonstrierten die Ostdeutschen?
   - a für Freiheit
   - b für den Frieden
   - c gegen Arbeitslosigkeit
5. Warum verloren nach der Wiedervereinigung viele Ostdeutsche ihre Arbeit?
   - a wegen der Infrastruktur
   - b wegen der Marktwirtschaft
   - c wegen der veralteten Industrie
6. Was will man in der Zukunft erreichen?
   - a eine Wirtschaftskraft
   - b einen gleichwertigen Lebensstandard
   - c eine bessere Lebenserwartung

6 Die Wiedervereinigung und ihre Folgen

2b Lesen Sie den Text noch einmal und schreiben Sie eine Zusammenfassung (ca. 90 Wörter). Achten Sie auf folgende Punkte:

- Reaktionen auf den Mauerfall – heute und in der DDR damals
- welche Wünsche in Erfüllung gingen
- Aufgaben für die kommenden Jahre.

2c Übersetzen Sie den letzten Abschnitt (*25 Jahre …*) ins Englische.

3 Wählen Sie die richtige Antwort. Bestimmen Sie den Kasus.

1 Der Rücktritt der DDR Regierung hatte **der** / **den** Zusammenbruch **des** / **das** kommunistischen Systems **zur** / **zum** Folge.
2 Nach **der** / **die** Zustimmung der Alliierten wurde das Gebiet **des** / **der** DDR in **die** / **der** BRD integriert.
3 Nach dem Mauerfall konnten die Ostdeutschen nicht nur **im** / **in den** Ostblock reisen, sondern in alle Länder.
4 Positiv war auch, dass **den** / **der** Lebensstandard gestiegen ist.
5 Das Zusammenwachsen **des** / **der** gesamtdeutschen Volkes ist noch nicht ganz erreicht.

4a Hören Sie sich Naomis Gespräch mit Tina, Melik und Stefan an. Naomi hat die Folgen der Wiedervereinigung recherchiert. Was passt zusammen?

1 Betriebe — a ruin
2 saniert — b companies, businesses
3 Verfall — c renovated
4 Verträge — d arson attacks
5 Brandanschläge — e contracts

4b Hören Sie sich das Gespräch noch einmal an und beantworten Sie die Fragen auf Deutsch.

1 Was kritisierten manche DDR-Bürger an der Wiedervereinigung?
2 Was wollten die Demonstranten, die für ‚Wir bleiben hier' demonstrierten? Was wollten Sie nicht unbedingt?
3 Woran sieht man, dass die Wirtschaft der DDR veraltet war?
4 Wie zeigt sich der wirtschaftliche Erfolg nach 20 Jahren?
5 Für welche Bevölkerungsgruppe in Ostdeutschland waren die Folgen besonders negativ?
6 Wozu führte die hohe Arbeitslosigkeit im Osten?

5 Arbeiten Sie mit einer Partnerin/einem Partner zusammen und machen Sie Listen zu folgenden Punkten. Diskutieren Sie dann in der Klasse und vergleichen Sie ihre Listen:

- positive Auswirkungen der Wiedervereinigung
- Dinge, die sich nicht oder noch nicht erfüllt haben.

6 Schreiben Sie eine Präsentation (ca. 300 Wörter) zum Thema: Die Auswirkungen der Wiedervereinigung – Wunsch und Realität. Erwähnen Sie Ihre Meinung und stellen Sie in der Klasse Fragen zum Thema.

Grammatik

Cases

The four cases in German are the nominative, accusative, dative and genitive.

- The nominative is used for the subject of a sentence, and always after *sein* and *werden*:
  Sie war **ein** wichtig**es** Ereignis.

- The accusative is used for the direct object and after certain prepositions and expressions of time:
  Jeden Montag demonstrierte sie für **den** Frieden.

- The dative is used for the indirect object, and after certain prepositions and verbs such as *helfen*:
  Sie gab **ihrem** Freund das Plakat.

- Some prepositions take either the dative (when the verb implies 'position') or the accusative (when the verb implies 'movement'):
  Er steht an **der** Wand.
  Er fährt bis an **die** Wand.

- The genitive is the possessive case and is also used after certain prepositions:
  Der Fall **der** Mauer war 1989.
  Während **des** ganz**en** Jahr**es** gab es viele Demonstrationen.

See pages 143–144.

Schlüsselausdrücke

Bei der Diskussion über die Folgen der Wiedervereinigung wird klar, dass …
Als Erfolge wären … zu nennen.
Es gibt jedoch auch die Kehrseite der Medaille, und zwar …
Man spricht von gesellschaftlichen/ kulturellen Auswirkungen, wie …
Selbst im Bereich Sport zeigten sich …

6.2 B: Die Wiedervereinigung – Wunsch und Wirklichkeit

1a Lesen Sie den Text und beantworten Sie die Fragen auf Deutsch.

Die ostdeutsche Literatur zur Zeit der Wende und nach der Wiedervereinigung

Ein Vertreter der ostdeutschen Literatur der 80er und 90er Jahre ist **Thomas Brussig**. Er wurde 1965 in Ostberlin geboren und verbrachte sein ganzes Leben dort. Sein bekanntester Roman „Helden wie wir" bekam gute Kritiken und viele nannten ihn den Wenderoman. Seine Erzählung „Am kürzeren Ende der Sonnenallee" erschien 1999. Darin geht es um Jugendliche, die in der DDR leben, aber kein Interesse an den sozialistischen Theorien ihres Landes haben, stattdessen interessieren sie sich für westliche Popmusik und das andere Geschlecht. Sie wünschen sich mehr Selbstbestimmung, doch die DDR-Grenzen sind noch total dicht. Das sieht man in dem folgenden Auszug:

> Rate mal, warum sich hier nichts ändert! Wenn du sagst, was los ist, wirst du verhaftet, und alle halten dich für bescheuert, weil du nicht mal weißt, was man sagen darf. Wenn du nicht verhaftet werden willst, musst du verschweigen, was los ist. Aber wenn du verschweigst, was los ist, ändert sich auch nichts, denn alle halten die Welt für in Ordnung. Und deshalb kann sich hier auch nie etwas ändern.
>
> *Am kürzeren Ende der Sonnenallee*, Thomas Brussig (1999)

Während Thomas Brussig in seinen Werken die Zeit bis zum Fall der Mauer behandelt, widmet sich der Schriftsteller **Ingo Schulze** der Zeit nach der Wiedervereinigung. 1998 erschien „Simple Storys", ein Buch, das aus 29 Geschichten ein Gesamtbild aus dem Ostdeutschland der 90er Jahre zusammenstellt. Daher wurde es als Roman der deutschen Vereinigung gefeiert. In den alltäglichen Geschichten der Bewohner einer Kleinstadt in Ost-Thüringen zeigt er die Bedeutung des Mauerfalls und der Wiedervereinigung für sie. Wie wurden Leute, die wahrscheinlich nie damit gerechnet hatten, mit der neuen Situation fertig?

> Sie müssen mal versuchen, sich das vorzustellen. Plötzlich ist man in Italien und hat einen westdeutschen Pass … Man befindet sich auf der anderen Seite der Welt und wundert sich, dass man wie zu Hause trinkt und isst und einen Fuß vor den anderen setzt, als wäre das alles selbstverständlich. Wenn ich mich beim Zähneputzen im Spiegel sah, konnte ich noch viel weniger glauben, in Italien zu sein.
>
> *Simple Storys*, Ingo Schulze (1998)

Vokabeln

für bescheuert halten *to think of someone as stupid*
dicht *(here) closed*
das andere Geschlecht *the opposite sex*
die Selbstbestimmung *self-determination*
das Staunen *amazement, astonishment*

1. Wodurch wurde Thomas Brussig bekannt?
2. Was charakterisiert die Jugendlichen in „Am kürzeren Ende der Sonnenallee"?
3. Was ist der Grund, dass in der DDR alles so bleibt wie es ist?
4. Was ist das Besondere an Ingo Schulzes „Simple Storys"?
5. Wo befindet sich die Person in dem Auszug aus „Simple Storys"?

1b Lesen Sie den Text noch einmal. Sind die Aussagen R (richtig), F (falsch) oder NA (nicht angegeben)?

1. Thomas Brussig war zur Zeit der Wende in Ostberlin.
2. Die Sonnenallee ist eine bekannte Straße in Ostberlin.
3. Es war gefährlich, in der DDR seine Unzufriedenheit mit der Situation auszudrücken.
4. Die meisten Leute, die Ingo Schulze in „Simple Storys" erwähnt, hatten den Mauerfall erwartet.
5. Die Person in dem Auszug von „Simple Storys" hatte früher einen ostdeutschen Pass.

6 Die Wiedervereinigung und ihre Folgen

2 🎵 Hören Sie sich den Podcast über Auswirkungen der Wiedervereinigung auf die Gesellschaft an. Wählen Sie die fünf Aussagen, die mit dem Sinn des Podcasts übereinstimmen.

1. In jedem Land entwickelt sich die Gesellschaft anders.
2. Niemand weiß, wie lange es dauern wird, bis die deutsche Gesellschaft wieder richtig zusammengewachsen ist.
3. Die Wirtschaftssysteme der DDR und der BRD waren grundverschieden.
4. Zur Zeit des Mauerfalls glaubten die DDR-Bürger immer noch an den Fünf-Jahresplan der DDR.
5. Das ganze Leben in der DDR war von der sozialistischen Ideologie geprägt.
6. Die Begriffe ‚Ossis' und ‚Wessis' werden auch heute immer noch benutzt.
7. Der Westen finanzierte den Aufbau des Ostens mit Hilfe einer besonderen Steuer.
8. Zu DDR-Zeiten wurden Kunst und Literatur vom Regime kontrolliert.

3 Übersetzen Sie den Text ins Deutsche.

The opening of the border and the Berlin Wall also meant that writers, theatre directors, painters and musicians were able to show and perform their works in the other part of Germany. Shortly after the fall of the Wall, the Berlin Philharmonic orchestra gave a special concert for the citizens of the GDR. Rock singers from the East gave concerts together with rock singers from the West. West Germans were also able to visit famous cultural cities in the East again, such as Leipzig, Dresden or Weimar.

4 Arbeiten Sie mit einer Partnerin/einem Partner zusammen. Schauen Sie sich das Bild an und machen Sie Notizen zu folgenden Fragen:

- Was sagt Ihnen das Bild über das Zusammenwachsen des deutschen Volkes nach der Wiedervereinigung?
- Warum gab es Ihrer Meinung nach die stereotypischen Bezeichnungen ‚Ossi' und ‚Wessis'?
- Warum dauert es wohl so lange bis die ost- und westdeutsche Bevölkerung wieder ein Volk wird?

5 Schreiben Sie einen Bericht (ca. 300 Wörter) zur Frage:

> Inwieweit sind die Deutschen nach mehr als 25 Jahren der Wiedervereinigung wieder zu einem Volk zusammengewachsen?

🟪 Schlüsselausdrücke

Aus stereotypischen Vorstellungen entstanden …
Der Wunsch nach Selbstbestimmung führte zu …
Die Situation verlangte, umzudenken.
mit der neuen Zeit zurechtkommen
etwas (Altes) abschaffen
etwas neu aufbauen
eine Einheit bilden
zu einem Ganzen/einem Volk/einer Gesellschaft zusammenwachsen

🔷 Strategie

Language for describing change

You could use nouns such as: *der Wandel, die Wende, die Veränderung, die Kehrseite, die Umwandlung*.

You may find it useful to group contrasting nouns: *der Abbau ≠ der Aufbau; der Verfall ≠ die Sanierung; die Trennung ≠ die Vereinigung; der Zusammenbruch ≠ das Wachstum; die Abnahme ≠ der Anstieg*.

Verbs for describing change include: *verursachen, zur Folge haben, verändern, ab-/aufbauen, umfunktionieren, umdenken, umlernen*. NB. Many nouns above can be turned into verbs, by adding *-n* or *-en* to the word or word stem, e.g. *das Wachstum* ➔ *wachsen*.

Expressions: *während es damals …, gibt es heute …; früher …, jetzt …; vor dem Fall der Mauer; 20 Jahre später*

DER SPIEGEL
Nr. 39 / 44. Jahrgang
24. September 1990
4,50 DM

VEREINT ABER FREMD
Die ungleichen Deutschen

117

6.3 A: Alte und neue Bundesländer – Kultur und Identität

Vokabeln

das Agrarland *agricultural countryside*
besiedelt *populated*
das Herrenhaus(¨er) *manor house*
die Kreidefelsen (pl) *chalk cliffs*
der Ruf(e) *reputation*
wirken *(here) to write, work as an artist/writer*

1 Arbeiten Sie mit einer Partnerin/einem Partner zusammen. Wie heißen die deutschen Bundesländer? Machen Sie eine Liste mit den alten und den neuen Bundesländern. Vergleichen Sie dann in der Klasse.

2a Lesen Sie die Beschreibungen von drei der fünf neuen Bundesländer. Welches Bundesland wird beschrieben? Sie können auch im Internet nachschauen.

Welches Bundesland?

1 Dieses neue Bundesland ist ein dünn besiedeltes Agrarland mit zahlreichen Herrenhäusern und Schlössern und nicht weniger als 650 Seen, an denen man noch Störche und Adler sehen kann. Fischerdörfchen wie aus dem Bilderbuch und malerische Badeorte an der Ostsee, sowie die bekannte Hafenstadt Rostock sind im Sommer für Touristen beliebte Ferienziele. Da nun auch mehr Touristen aus dem Westen ihre Ferien an der Ostseeküste verbringen können, sind in den letzten Jahren neue Hotels, besonders auch Wellness Hotels und Ferienhäuschen gebaut und eröffnet worden. Ein weiteres attraktives Ferienziel für Inselliebhaber ist die Ostseeinsel Rügen mit ihren Kreidefelsen und weiten Sandstränden.

2 Das kleinste der neuen Bundesländer hat 2,2 Millionen Einwohner und besteht zu 33 Prozent aus Wald. Trotzdem ist dieses kleine Land durch seine Städte wie Weimar, Erfurt und die Wartburg in Eisenach auch heute noch kulturell und historisch von großer Bedeutung. Johann Wolfgang von Goethe lebte und wirkte in Weimar während der Dichter Friedrich Schiller in Jena an der Universität lehrte aber in Weimar lebte. Der ungarische Komponist Franz Liszt verbrachte fast jeden Sommer in Weimar und in den 20er Jahren des 20. Jahrhunderts wurde dort die sogenannte Weimarer Republik ausgerufen. Auf der Wartburg in Eisenach übersetzte Martin Luther, der Reformator die Bibel vom Lateinischen ins Deutsche. In Erfurt ist die Krämerbrücke ein definitives Muss. Es ist die älteste bewohnbare Brücke Europas.

3 Die wohl bekannteste Stadt dieses Bundeslandes ist Halle an der Saale mit dem Geburtshaus von Georg Friedrich Händel, gefolgt von Dessau, bekannt durch das Bauhaus, das die Architektur des 20. Jahrhunderts entscheidend geprägt hat. Das Bauhaus war von 1925 bis 1932 in Dessau und daher befinden sich auch viele Bauhausgebäude in der Stadt. Der Reformator Martin Luther ist in Eisleben geboren und gestorben und lebte in Wittenberg, wo man sein Wohnhaus besichtigen kann. Kurz nach der Wiedervereinigung hatte das Land den Ruf die Umwelt durch die Technik seiner veralteten Chemiewerke extrem belastet und verschmutzt zu haben. Heutzutage hat die zentrale Umweltbehörde Deutschlands ihren Sitz in diesem Bundesland.

2b Lesen Sie den Text noch einmal und übersetzen Sie den ersten Abschnitt (*Dieses neue Bundesland … Sandstränden.*) ins Englische.

6 Die Wiedervereinigung und ihre Folgen

2c Lesen Sie den Text (Seite 118) noch einmal und beantworten Sie die Fragen auf Deutsch.

1. Warum machen Touristen gern Urlaub im ersten Bundesland?
2. Wofür ist die Insel Rügen bekannt?
3. Welche bekannten Künstler lebten in Weimar?
4. Was charakterisiert das kleinste neue Bundesland?
5. Welche sind die bedeutendsten Städte des dritten Bundeslandes?
6. Was kann man in Wittenberg besichtigen?

3 Übersetzen Sie die Sätze ins Deutsche.

1. If Germany were still divided, Berlin would not be the capital.
2. Had she known how famous Weimar was, she would have found out more about the history of the town.
3. We would have liked to study in Bavaria if Munich were not so expensive.
4. If the industry in the former GDR had not been so outdated, fewer factories would have closed down.

4a Hören Sie sich die Reportage über Baden-Württemberg an. Sind die Aussagen R (richtig), F (falsch) oder NA (nicht angegeben)?

1. Tradition und Fortschritt haben zu dem Erfolg von Baden-Württemberg beigetragen.
2. Baden-Württemberg ist nicht das größte Bundesland.
3. Der Rhein und die Donau sind die größten Flüsse in Baden-Württemberg.
4. Es gibt 230 Museen in Baden-Württemberg.
5. Die meisten Zuwanderer kommen aus Frankreich und der Schweiz.
6. Heidelberg ist die sonnigste Stadt Baden-Württembergs.

4b Hören Sie sich die Reportage noch einmal an. Schreiben Sie eine Zusammenfassung der Reportage (ca. 90 Wörter). Achten Sie auf folgende Punkte:

- geografische Lage
- Bevölkerung
- kulturelle Ereignisse und Spezialitäten.

5a Arbeiten Sie mit einer Partnerin/einem Partner zusammen. Wählen Sie Brandenburg, Sachsen oder eines der alten Bundesländer – außer Baden-Württemberg. Machen Sie ausführliche Notizen darüber zu den folgenden Punkten:

- Größe und geografische Besonderheiten
- bedeutende Städte
- Kulturelles, Sehenswürdigkeiten
- Zusammensetzung der Bevölkerung
- Industrie.

5b Erarbeiten Sie sich Fragen, um die Bundesländer der anderen Paare in der Klasse zu erraten. Stellen Sie auch folgende Fragen:

- Was hat Sie bei der Recherche am meisten überrascht?
- Was fanden Sie am interessantesten?

6 Wählen Sie ein Bundesland und schreiben Sie einen Artikel (ca. 300 Wörter) für ein Reisemagazin, in dem Sie das Land für Touristen vorstellen.

Grammatik

Conditional sentences with the imperfect and pluperfect subjunctive

- The **imperfect** subjunctive is used in conditional sentences to describe an action or situation which is possible, but unlikely, to occur. The imperfect subjunctive is used in the *wenn*-clause, whereas the main clause is generally in the conditional:

  Wenn wir in unseren nächsten Ferien nach Mecklenburg-Vorpommern **gingen**, **würden** wir die Insel Rügen **besuchen**.

- The imperfect subjunctive can be replaced by the conditional if it would otherwise be the same as the imperfect indicative:

  Wenn ich die neuen Bundesländer ~~besuchte~~ **besuchen würde**, würde ich zuerst nach Thüringen fahren.

- The **pluperfect** subjunctive is used to describe an action or situation which could have, but did not, happen:

  Wenn wir nach Mecklenburg-Vorpommern **gegangen wären**, **hätten** wir die Insel Rügen **besucht**.

See pages 155–156.

Schlüsselausdrücke

… zeichnet sich durch … aus
Wenn man … besucht, ist … ein Muss.
Ein besonderes kulturelles Ereignis stellt … dar.
Als geografische Besonderheiten zu erwähnen sind …
… grenzt im Norden an …, im Süden an …
… liegt östlich/westlich/nördlich/ südlich der/des …
Die Kultur und Identität von … wird geprägt durch/von …

6.3 B: Alte und neue Bundesländer – Kultur und Identität

Die Schriftstellerin Jana Hensel kommt ursprünglich aus Leipzig, der größten Stadt im Bundesland Sachsen. In ihrem Buch „Zonenkinder" beschreibt sie wie sie als 13-Jährige das Leben nach dem Mauerfall empfand. Die vertrauten Dinge aus ihrer Kindheit in der DDR waren plötzlich fast über Nacht verschwunden. Man befand sich quasi in einem Schwebezustand zwischen Ost und West.

1 Lesen Sie den Auszug aus dem Roman „Zonenkinder" und wählen Sie die richtige Antwort.

> Als nach dem Mauerfall zuerst die Bilder von Erich Honecker und Wladimir Iljitsch Lenin aus den Klassenzimmern verschwanden, gab es lange kein anderes Gesprächsthema. Tagein, tagaus hatten wir die Männer angeguckt wie das Testbild im Fernsehen, doch erst als sie nicht mehr da waren, fielen sie uns plötzlich auf. [...]
>
> Ich erinnere mich nicht, wann es plötzlich keine Samstage mehr gab, an denen wir in die Schule gehen mussten. Nachdem die meisten Mitschüler es vorgezogen hatten, mit ihren Eltern in den Westen zu fahren, um das Begrüßungsgeld abzuholen, und bestenfalls noch die halbe Klasse in die Schule kam, hatten irgendwann auch die Lehrer die Nase voll und wollten endlich ihre 100 DM abholen. Da musste man die Samstage gar nicht erst abschaffen; sie verschwanden einfach, ohne ein Wort zu sagen. Die Dienstagnachmittage bald danach, denn ohne AG Popgymnastik, Junge Historiker, Schach oder Künstlerisches Gestalten waren sie sowieso ein bisschen funktionslos geworden. Mittwochs um 16 Uhr ging ich auch nicht mehr mit Halstuch und Käppi zum Pioniernachmittag, so wie die Großen nicht mehr zur FDJ-Versammlung gingen. Ich sah meine Patenbrigade nicht wieder, der Milchgeldkassierer war verschwunden, der Gruppenratsvorsitzende, sein Stellvertreter und die Pionierleiterin auch. Über Nacht waren all unsere Termine verschwunden, obwohl doch unsere Kindheit fast nur aus Terminen bestanden hatte. Es passierte nicht mehr, dass wir morgens vor der ersten Stunde eine Exkursion, einen Feueralarm oder einen Fahnenappell auf dem Tagesplan vorfanden.
>
> Zonenkinder, Jana Hensel (2002)

Vokabeln

Erich Honecker secretary general of the socialist unity party (SED) of the GDR
Patenbrigade collective of industrial workers or an agricultural cooperative working with schools
Pioniere organisation for young pupils in the GDR

1 Was beschreibt Jana Hensel in ihrem Buch „Zonenkinder"?
   a die Ereignisse des Mauerfalls
   b ihren Eindruck vom Leben nach dem Mauerfall ✓
   c die wichtigsten Dinge aus ihrer Kindheit

2 Was fiel den Schülern auf, als die Bilder von Honecker und Lenin nicht mehr an den Wänden hingen?
   a dass sie die Bilder sehr vermissten
   b dass sie sich freuten, dass sie weg waren ✓
   c dass sie sich so an sie gewöhnt hatten

3 Warum hatten die Lehrer die Nase voll?
   a Sie wollten das Begrüßungsgeld nicht verpassen.
   b Nicht alle Schüler kamen zur Unterricht. ✓
   c Sie hatten eine Erkältung.

4 Was machten die Schüler vor dem Mauerfall nachmittags nach der Schule?
   a Sie hatten entweder eine Exkursion, einen Feueralarm oder einen Fahnenappell.
   b Es gab verschiedene Aktivitäten an verschiedenen Nachmittagen. ✓
   c Sie hatten jeden Nachmittag Pioniernachmittag.

6 Die Wiedervereinigung und ihre Folgen

2 Hören Sie sich das Interview mit Tobias und Ilona aus den Stadtstaaten Berlin und Bremen an. Beantworten Sie die Fragen auf Deutsch.

1. Seit wann ist Berlin ein Stadtstaat?
2. Wer regiert den Stadtstaat Berlin?
3. Wodurch unterscheidet sich Berlin von den anderen Stadtstaaten?
4. Wo treffen sich die Berliner Parlamentsmitglieder?
5. Was charakterisiert den Stadtstaat Bremen?
6. Warum ist der Hafen wichtig für den Stadtstaat?

3a Schauen Sie sich die Bilder an und beantworten Sie die Fragen auf Deutsch.

1. Um welches Bundesland handelt es sich hier und was wissen Sie darüber?
2. Was wissen Sie über die deutschen Bundesländer im Allgemeinen?
3. Welche Unterschiede gibt es zwischen den alten und den neuen Bundesländern?

Universität Heidelberg

Spätzle

3b Arbeiten Sie mit einer Partnerin/einem Partner zusammen. Stellen Sie sich die Fragen aus Übung 4a und diskutieren Sie, wie Sie Ihre Antworten verbessern könnten.

4 Schreiben Sie einen Aufsatz (ca. 300 Wörter) indem Sie mindestens zwei Bundesländer vergleichen. Inwiefern stimmen Sie mit dieser Aussage überein?

> Die deutschen Bundesländer unterscheiden sich nicht sehr stark voneinander.

Schlüsselausdrücke

In diesem Aufsatz/dieser Abhandlung möchte ich auf … eingehen.
Bei einem Vergleich der deutschen Bundesländer zeigt/zeigen sich …
Während in … die Industrie im Mittelpunkt steht, ist es in … der landwirtschaftliche Bereich.
Ein weiterer Unterschied besteht darin, dass …
Die Ähnlichkeiten überwiegen, jedoch gibt es auch ….

Strategie

Planning an essay

Before writing an essay, always draw up a plan – even if it is tempting not to!

Read the essay title really carefully and focus on the key words which introduce the task, such as *Inwiefern* (to what extent), *Erklären Sie …* (explain …), *Vergleichen Sie …* (compare …), *Analysieren Sie …* (analyse …).

If there are two questions in the title, make sure you answer each and give them equal weighting.

Divide your plan into three sections: *Einleitung* (introduction), *Hauptteil* (main section) and *Schluss* (conclusion).

- In the *Einleitung*, state what you are going to focus on, set the scene or mention some introductory facts.

- In the *Hauptteil*, present three to five points or arguments and develop your ideas by following this pattern:
  statement ➔ justification ➔ example ➔ evaluation.

- In the *Schluss*, sum up your points, state what you have concluded based on your arguments/evidence, but do not introduce new ideas.

6 Wiederholung

Zeigen Sie, was Sie gelernt haben!

1 Füllen Sie die Lücken mit dem richtigen Wort aus.

1 Die Zeit um den Fall der Berliner Mauer nennt man auch die _____.
2 _____ man vor dem Mauerfall nicht in den Westen reisen konnte, ist es _____ kein Problem.
3 _____ der Wiedervereinigung gab es in Ostdeutschland eine Planwirtschaft, die dann in eine Marktwirtschaft _____ wurde.
4 Eine positive _____ der Wiedervereinigung war die Zusammenführung von Familien, aber die _____ war, dass viele Ostdeutsche ihren Arbeitsplatz verloren.
5 Nach der Wiedervereinigung wurden viele Gebäude _____ und so vor dem _____ gerettet.

> Veränderung
> Umwandlung
> nach   vor
> während
> Folge   saniert
> Wende   heute
> umfunktioniert
> Kehrseite
> Verfall   Aufbau

2 Füllen Sie die Lücken mit dem Artikel im richtigen Kasus aus.

1 Die Worte _____ damaligen SED Funktionärs Günter Schabowskis am Abend des 9. November, dass _____ Grenzöffnung seines Wissens ‚sofort und unverzüglich' sei, machten ihn weltbekannt.
2 Diese Meldung hatte _____ Massenansturm von Ost-Berlinern und DDR-Bürgern auf _____ Grenze nach Westberlin zur Folge.
3 Weniger als ein Jahr später wird _____ geteilte Deutschland wieder zu _____ einheitlichen Staat.
4 Vor 25 Jahren also unterschrieben Bundesinnenminister Schäuble und DDR-Staatssekretär Krause _____ Vertrag über die Herstellung _____ Einheit Deutschlands.
5 Am 20. Juni 1991 stimmten die Abgeordneten für _____ Umzug von Parlament und Regierung nach Berlin.
6 Man muss sich auch heute noch mit _____ Unrecht, das viele DDR-Bürger durch _____ Stasi erlitten hatten, auseinandersetzen.
7 Die Bundesregierung will _____ ostdeutschen Bundesländern auch weiterhin _____ bisherige Unterstützung anbieten.

> den x 4   die x 4   das   der   des
> dem   einem   einen

3 Verbinden Sie die Satzhälften.

1 Wenn ich nach Frankfurt ginge,
2 Wenn sie gewusst hätte, dass Wiesbaden die Hauptstadt des Bundeslandes Hessen ist,
3 Hätte er nicht so viel Apfelwein, im Hessischen Dialekt ‚Abbelwoi', getrunken,
4 Wenn wir in Frankfurt am Main wären,
5 Gäbe es in Hessen nicht so viele ländliche Gegenden und Dörfer,
6 Wenn du dein Auslandsjahr in Frankfurt gemacht hättest,

a hätte sein Kopf am nächsten Tag weniger weh getan.
b hätte dein Freund dich sicher besucht.
c würde ich im Herbst zu der weltweit größten Automobilfachmesse fahren.
d wäre das Land für Touristen weniger attraktiv.
e hätte sie dort und nicht in Frankfurt übernachtet.
f würden wir auf jeden Fall das Geburtshaus von Goethe besichtigen.

Testen Sie sich!

1a 🎵 Sie hören ein Gespräch zwischen Kavita, Florian und Lena über die Bundesländer, in denen sie leben. Wählen Sie die fünf Aussagen, die mit dem Sinn des Gespräches übereinstimmen.

1. Die drei Jugendlichen kommen aus den neuen Bundesländern.
2. Kavita weiß, dass Florian nicht aus Bayern kommt.
3. Nordrhein-Westfalen hat die reichsten Einwohner.
4. Nordrhein-Westfalen ist für seine Gastronomie bekannt.
5. Das Saarland ist das flächenmäßig zweitkleinste Bundesland.
6. In Schleswig-Holstein leben weniger als drei Millionen Menschen.
7. In Schleswig-Holstein ist es einfach, einen Ferienjob zu bekommen.
8. Die Bundesländer, über die die jungen Leute sprechen, liegen in Westdeutschland.
9. Das Saarland grenzt an Frankreich.
10. Die meisten Einwohner des Saarlandes sprechen Französisch.

[5 marks]

1b 🎵 Hören Sie sich das Gespräch noch einmal an und füllen Sie die Lücken mit dem richtigen Wort aus.

1. Schleswig-Holstein liegt zwischen _____ und _____.
2. Lübeck ist eine alte _____.
3. Nordrhein-Westfalen ist das Bundesland mit der größten _____.
4. Der _____ spielt in Schleswig-Holstein eine wichtige Rolle.
5. Das Saarland war zwischen 1949 und 1957 eine selbständige _____.

> Hansestadt   Tourismus   Hauptstadt   Ost   Nordsee
> Region   Bevölkerungszahl   Gegend   Ostsee

[6 marks]

2 📖 Lesen Sie den Text und beantworten Sie die Fragen auf Deutsch.

1. Woran sieht man, dass in Bayern die Landwirtschaft eine große Rolle spielt? [2]
2. Wie hat sich die Volksmusik entwickelt? [2]
3. Wie zeigt sich, dass die Bayern sich nicht nur für Traditionen und Landwirtschaft interessieren? [1]
4. Warum ist Bayern für Deutschland wichtig? [1]
5. Wie stehen die Bayern zur Politik? [2]

[8 marks]

Bayern –
Deutschlands südlichstes Bundesland

Auf die Frage „Was ist typisch deutsch?" oder „Was verbindet man mit Deutschland?" hört man immer noch Sachen wie Lederhosen, Bier, das Oktoberfest, Wurst, die Alpen oder Schloss Neuschwanstein, und all das findet man auch tatsächlich in Bayern. Ist Bayern also das ‚deutscheste' aller Bundesländer? Diesen Schluss daraus zu ziehen, wäre wohl nicht gerechtfertigt, wohl aber den Schluss, dass es vielleicht das Land ist, das am stärksten in seinen Traditionen verwurzelt ist. In der Tat gibt es in Bayern die meisten landwirtschaftlichen Betriebe Deutschlands und über 300 000 Leute sind in der Landwirtschaft beschäftigt. Besonders die vielen Dorfgemeinschaften – und zwar Jung und Alt – halten fest an Tracht, Volksmusik oder auch etwas zeitgenössischer ‚Rockmusik in Lederhosen', Bodenständigkeit und Lust am bayrischen Dialekt, wie der Song ‚Rock mi heit nocht' (Rock mich heute Nacht) zeigt.

Und doch gehen die Bayern durchaus mit der Zeit, wie man an dem Slogan ‚Laptop und Lederhose' den die Bayern gern benutzen, sieht, denn traditionelle Dirndl und Lederhosen schließen Interesse an Hi-Tech und Fortschritt nicht aus. Beweise dafür sind Namen wie Siemens oder BMW. So arbeiten über 12 % der bayrischen Arbeitnehmer in der Hochtechnologie. Außerdem ist Bayern der größte Nahrungsmittelproduzent in der Bundesrepublik.

Bayerns Traditionsverbundenheit zeigt sich auch in der Politik. Die Bayern wählen konservativ. Von 1946 bis heute gab es im Freistaat Bayern nur einen einzigen Ministerpräsidenten, der der SPD, also den Sozialdemokraten und nicht der CSU, der christlich sozialen Union, angehörte. Und obwohl es seit 1918 keinen bayrischen König mehr gibt, wird den Bayern oft noch eine monarchistische Gesinnung nachgesagt.

3 Lesen Sie den Text und beantworten Sie die Fragen auf Deutsch.

Wie vertraut sind Ost- und Westdeutschland nach 20 Jahren Einheit?
von Erich Timmer
23. September 2010

20 Jahre nach der Wiedervereinigung sind die Meinungen über ihren Erfolg durchaus noch geteilt. Während die Bundesregierung die Bilanz als überwiegend positiv bewertete, waren die Stimmen der Oppositionsparteien eher kritisch. Der Innenminister de Maizière betonte besonders den Ausbau des Verkehrsnetzes, sowie die Verbesserung des Gesundheitswesens. Aber er hob auch die Schaffung von Schulen, den Wohnungsbau und die Angleichung der Lebenserwartung als erfolgreich hervor. Innerhalb von zehn Jahren könnten sich auch die Löhne voll und ganz angeglichen haben, meinte er.

Allerdings gab er zu, dass es noch Herausforderungen gäbe, und zwar die Arbeitslosigkeit und damit verbunden die Wirtschaftskraft der neuen Bundesländer, die auch weiterhin noch gestärkt werden müsse.

Das Bundeskabinett erwähnte in seinem Jahresbericht zum Stand der deutschen Einheit, dass immer noch mehr Klischees und Vorurteile abgebaut werden müssten, um eine wirkliche Vertrautheit zwischen Ost und West herzustellen.

Die Beurteilung der aktuellen Lage nach Auffassung der Linkspartei fiel dagegen negativer aus. Der Abstand zwischen Ost und West sei immer noch zu groß. Die Landesgruppe Ost der SPD-Fraktion bemängelte, dass die Defizite in den neuen Bundesländern immer noch als Folge der DDR-Diktatur und dadurch die Ostdeutschen als verantwortlich angesehen werden. Nach Mathias Platzeck (SPD), dem Ministerpräsidenten Brandenburgs habe man einen schnellen Anschluss anstatt einer gleichberechtigten Vereinigung erreichen wollen.

Bundeskanzlerin Angela Merkel äußerte sich diplomatisch und lobte den Beitrag der deutschen Bürger in Ost und West. Sie bezeichnete die Fortschritte, die seit der Wiedervereinigung erzielt wurden als „das Werk der Ostdeutschen genauso wie einer gesamtdeutschen großartigen Solidaritätsleistung". Was den umstrittenen Solidaritätszuschlag betrifft, so zeigt sich da keine Solidarität, denn 44% der Ostdeutschen, aber nur 18% der Westdeutschen halten ihn weiterhin für erforderlich.

1 Wie sieht die Bundesregierung die Bilanz der Wiedervereinigung vor 20 Jahren? [3]
2 Warum gibt es im Osten mehr Arbeitslosigkeit als im Westen? [1]
3 Wie kann man die Vertrautheit zwischen Ost und West verbessern? [1]
4 Was ist laut der Linksparteien immer noch ein Problem? [1]
5 Was sagt Brandenburgs Ministerpräsident über den Prozess der Wiedervereinigung? [2]
6 Warum wird der Solidaritätszuschlag als ‚umstritten' bezeichnet? [1]

[9 marks]

4 Übersetzen Sie den Text ins Englische.

Die Abteilung der Bundesregierung, die für den Aufbau der neuen Bundesländer zuständig ist, stellte zum 20. Jahrestag der friedlichen Revolution und des Mauerfalls eine Meinungsumfrage zusammen. Das DDR Museum Berlin veröffentlichte die Auswertung dieser Umfrage. Bei der Frage „Wie beurteilen Sie rückblickend das Leben in der DDR?" stellte sich heraus, dass insgesamt 57% der Ostdeutschen heute, also 20 Jahre nach der Wiedervereinigung, das Leben in der DDR als absolut oder überwiegend positiv sehen. Die Meinung der Befragten über die Marktwirtschaft, aber auch über die Demokratie, war dagegen negativ.

[10 marks]

5a Sie hören ein Gespräch zwischen einem Ostdeutschen, Herrn Heim, und einer Westdeutschen, Katya, über die Erinnerungen an die DDR. Wählen Sie die richtige Antwort.

1 Warum unterhält sich Katya mit Herrn Heim?
  a Sie hat selbst Erinnerungen an die DDR.
  b Sie macht eine Arbeit zu dieser Thematik.
  c Sie hat Verwandte im Osten.
2 Was verbinden Westdeutsche mit der DDR?
  a das lange Warten, bis die Geschäfte öffnen
  b die Automarke Trabant
  c lange Schlangen vor den Läden und lange Lieferungswartezeiten
3 Warum versteht Katya nicht, dass viele Leute das Leben in der DDR als positiv betrachten?
  a weil es viel Unterdrückung gab
  b weil sie Spreewaldgurken und Rotkäppchen Sekt nicht mag
  c weil sie keine Erinnerung daran hat
4 Was sagt Herr Heim über Filme, die von der DDR-Zeit handeln?
  a Sie machen einen nostalgisch.
  b Es gibt auch welche, die der Realität nahe kommen.
  c Sie sind nur bei 50- und 60-Jährigen beliebt.
5 Warum ist diese Altersgruppe oft vom Leben in der BRD enttäuscht?
  a Sie sind jetzt ärmer als zu DDR-Zeiten.
  b Sie stehen der kapitalistischen Wirtschaft skeptisch und kritisch gegenüber.
  c Es gibt zu viele Arme in der BRD.

[5 marks]

6 Die Wiedervereinigung und ihre Folgen

5b Hören Sie sich das Gespräch noch einmal an und schreiben Sie eine Zusammenfassung in nicht mehr als 90 Wörtern. Achten Sie auf folgende Fragen:

- Was vermissen die nostalgischen Ostdeutschen? [2]
- Woran erinnern sie sich nicht mehr? [3]
- Wer trauert der DDR am meisten nach und warum? [2]

Bewertung Ihrer Sprache: fünf zusätzliche Punkte.

[12 marks]

6 Arbeiten Sie mit einer Partnerin/einem Partner zusammen. Schauen Sie sich die zwei Bilder an, und stellen Sie sich die folgenden Fragen. Versuchen Sie gegenseitig Ihre Antworten zu verbessern.

- Aus welchen Gründen hat man wohl „Danke, Gorbi" auf die Mauerreste geschrieben?
- Warum waren diese Demonstranten vielleicht gegen eine Wiedervereinigung?
- War der Fall der Mauer Ihrer Meinung nach positiv für die DDR-Bürger?

7 Lesen Sie den Artikel und übersetzen Sie dann den Text unten ins Deutsche.

Auch bei den Renten gibt es noch Unterschiede zwischen Ost und West

Die CSU (Christlich Soziale Union) will die Mütterrente erweitern. Die CDU (Christlich Demokratische Union) jedoch will die Situation für Frauen, die heute schon eine Rente erhalten, so lassen wie sie ist. Man sollte jedoch an die Frauen und Mütter denken, die in 15 bis 20 Jahren in Rente gehen und ihre Situation bei der nächsten Rentenreform berücksichtigen. Bei der letzten Reform haben vor allem Rentnerinnen aus den alten Bundesländern profitiert.

Another example which shows that there are still differences between the East and the West are women's pensions. In 2015 West German women received an average pension of 635 Euros per month. This is about 13% more than in the previous year. In the new federal states the monthly amount, however, only rose by 2.4%. It is therefore important that politicians take this into consideration when they plan the next pension reform for women who will retire in the next 20 years.

[10 marks]

🗨 Tipp

Asking questions and creating a dialogue

When tackling a speaking task, remember to take the opportunity to ask questions back to the other person in order to create a two-way conversation.

To find out about someone's opinion, you can use the following questions:
Was halten Sie von …?
Wie finden Sie …?
Glauben Sie auch, dass …?
Was würden Sie zu … sagen?
Wie hätten Sie reagiert, wenn …?
Ist das Ihrer Meinung nach richtig/falsch?

Make sure you can use the question words:
Wer hat Ihrer Meinung/Ansicht/Auffassung nach …?
Wen halten Sie für …? Wem würden Sie Recht geben?
Welche … kennen Sie/haben Sie besucht?
Warum? Weshalb? Wieso?
Wodurch? Womit?

6 Vokabeln

6.1 Friedliche Revolution in der DDR

	abschrecken	to deter
	aufwachsen	to grow up
	aus … strömen	to pour out of …
das	Bedenken(–)	worry
die	Bedeutung(en)	significance
der	Befürworter(–)	supporter
	behaupten	to claim
das	Bettlaken(–)	bed sheet
	bestätigen	to confirm
	bestrafen	to punish
	bisher(ig)	so far
	drängen	to push, press towards
	ehemalig	former
	einschüchtern	to intimidate
das	Einvernehmen(–)	agreement
	erleichtern	to ease, alleviate
die	Festigung(en)	consolidation
	fordern	to demand
die	Friedensbewegung	peace movement
das	Friedensgebet(e)	peace prayer
	friedlich	peaceful
die	Führung	leadership
	hinter den Kulissen	behind the scenes
der	Jahrestag(e)	anniversary
der	Jubel	jubilation
die	Kundgebung(en)	rally
die	Marktwirtschaft(en)	market economy
die	(Berliner) Mauer	the (Berlin) Wall
der	Mauerfall	the fall of the (Berlin) Wall
	melden	to report
die	Meinungsfreiheit	freedom of speech
	(etwas) miterleben	to live through something together
	seinen Ohren nicht trauen	to not believe your ears
die	Planwirtschaft(en)	centrally-planned economy
die	Rede(n)	speech
das	Riesenereignis(se)	huge event
die	Sicherheitskräfte (pl)	security forces
der	Spitzel(–)	informer
der	Staatsfeind(e)	enemy of the state
die	Stasi (Staatssicherheit)	secret police (in the GDR)
sich	stürzen auf	to throw yourself on
die	Teilung(en)	division
	treu	faithful
	Truppen abziehen	to pull out the troops
	unterdrücken	to oppress
	übergeben	to hand over
der	Verbündete(n)	ally
	vereint	united
	verkünden	to announce
	vermitteln	to convey
der	Vertreter(–)	representative
das	Volk(¨er)	the people/nation
	vollziehen	to happen
das	Vorgehen(–)	action
die	Wahl(en)	election
sich	weigern	to refuse
die	Wiedervereinigung	reunification
das	Zeitalter(–)	era
der	Zerfall	disintegration
	zurücktreten	to step down
sich	zurückziehen	to retreat

6.2 Die Wiedervereinigung – Wunsch und Wirklichkeit

	abschaffen	to abolish
der	Aufbau	construction
die	Ausreisehalle(n)	departure hall
der	Auszug(¨e)	(literary) extract
die	Begierde(n)	strong desire
das	Begrüßungsgeld	money given to East Germans on first visit to the West
	für bescheuert halten	to consider as stupid
die	Bezeichnung(en)	term, label
	billigen	to approve
der	Brandanschlag(¨e)	arson attack
das	Bundesland(¨er)	federal state
	dicht sein	to be closed
das	Eigentum(e)	property
	eigenständig	independent
	eingliedern	to integrate
	eine Einheit bilden	to be/form a unity
	in Erfüllung gehen	to become true
die	Feierlichkeiten (pl)	celebrations
die	Freudentränen (pl)	tears of joy
das	andere Geschlecht	the opposite sex
das	Gesamtbild	the total picture
die	Grenze(n)	border
der	Held(en)	hero
	herrschen	(here:) to be
die	Hütte(n)	hut
die	Kehrseite der Medaille	the other side of the coin
die	Lebenserwartung	life expectancy
der	Maschinenbau	mechanical engineering
der	Ostblock	the Eastern bloc
	mit etwas rechnen	to anticipate something
der	Rücktritt	stepping down
	sanieren	to renovate, repair
die	Selbstbestimmung	self-determination

	selbstverständlich sein	to take for granted
der	Solidaritätszuschlag	extra income tax paid by German citizens to build up the East
	sorgen für	to care for
	für alles war gesorgt	everything was provided for
der	Spiegel(–)	mirror
der	Staatsstreich(e)	coup
das	Staunen	astonishment
der	Steuerzahler(–)	tax payer
die	Stimmung(en)	mood
	umdenken	to change your thinking
die	Umwandlung(en)	transformation
(nicht)	unbedingt	(not) necessarily
(sich)	verabschieden	to say goodbye
	veraltet	outdated
der	Verfall(–)	ruin
	verhaften	to arrest
	verlangen	to require
	verschweigen	to keep quiet about, to not say
	verwunderlich	surprising
(etwas)	voraussetzen	to presume
sich	vorstellen	to imagine

6.3 Alte und neue Bundesländer – Kultur und Identität

der	Adler(–)	eagle
der/die	Abgeordnete(n)	elected member of a parliament
das	Abgeordnetenhaus	name sometimes used for a Landesparlament
das	Agrarland	agricultural land
die	AG (Arbeitsgemeinschaft)	after-school club
	es ist mir aufgefallen	I noticed
sich	(durch etwas) auszeichnen	to distinguish yourself (through sth)
der	Badeort(e)	coastal resort
(die Umwelt)	belasten	to harm (the environment)
	besiedelt	populated
die	Besonderheit(en)	peculiarity, special feature
	bestehen aus	to consist of
	bestenfalls	at best
der	Bodensee	Lake Constance
die	Brauerei(en)	brewery
die	Bundesregierung	federal government
der	Bürgermeister(–)	mayor
	empfinden	to experience, feel
die	Fabrik(en)	factory
die	Fahne(n)	flag
der	Feinschmecker(–)	gourmet
der	Fortschritt(e)	progress
	gleichermaßen	equally

der	Hafen(–)	harbour
die	Hanse	Hanseatic League (a medieval association of northern German cities with common trading interests which lasted several centuries)
die	Hansestadt(¨e)	Hanseatic city (formerly part of the Hanseatic League)
das	Herrenhaus(¨er)	manor house
der	Inselliebhaber(–)	lover of islands
der	Kreidefels(en)	chalk cliff
die	Landesregierung(en)	government of each federal state
die	Landsleute (pl)	compatriots
	die Nase voll haben	to be fed up
die	Patenbrigade(n)	agricultural/industrial collective of workers
die	Pioniere	organisation for young people in the GDR
	prägen	to form, characterise
	regieren	to govern, rule
	reichhaltig	rich, varied
der	Ruf(e)	reputation
sich	rühmen	to pride yourself
der	Storch(¨e)	stork
	Schwäbische Maultaschen	Swabian-style ravioli
	Schwarzwälder Kirschtorte	Black Forest gateau
der	Schwebezustand	state of suspense
die	Spätzle (pl)	Swabian-style pasta
der	Stadtstaat(en)	federal state made up of one or two cities
der	Stellvertreter(–)	deputy
der	Süßwassersee(n)	freshwater lake
der	Unterricht	lessons
	ursprünglich	originally
	überwiegen	to be predominant, prevail
	vertraut	familiar
der	Vergleich(e)	comparison
	im Voraus	in advance
(etwas)	vorziehen	to prefer (sth)
der/die	Vorsitzende(n)	chairperson
das	Wappen(–)	coat of arms
der	Weinberg(e)	vineyard
die	Zusammensetzung(en)	composition

1 Filmdossier: *Das Leben der Anderen*

1 Was wissen Sie über die Politik und die Gesellschaft in der DDR <u>vor</u> der Wende? Diskutieren Sie in einer Gruppe.

2a Finden Sie die passenden Definitionen für die vier Filmgenres.

1. deutsches Musical
2. romantische Komödie
3. historisches Gesellschaftsdrama
4. spannender Doku-Krimi

a Hier geht es um Liebe, und der Zuschauer kann viel lachen – und manchmal auch weinen.

b Langeweile gibt es bei diesem Film nicht – das ist pure Action aus dem richtigen Leben.

c Die Handlung wird oft von Liedern unterbrochen – das gehört zu diesem Genre dazu.

d Der Film setzt sich kritisch und ernsthaft mit Ereignissen der Vergangenheit auseinander.

2b Was für ein Film ist „Das Leben der Anderen"? Wählen Sie das richtige Genre (1–4 in Übung 2a).

3 Lesen Sie die Zusammenfassung des Films „Das Leben der Anderen" und füllen Sie die Lücken mit dem richtigen Wort aus der Liste aus.

Ost-Berlin, November 1984. Der DDR-Staat sichert seinen Machtanspruch durch 1 _____ und Überwachung seiner Bürger. Der linientreue Stasi-Hauptmann Gerd Wiesler erhält von seinem Freund Oberstleutnant Anton Grubitz den Auftrag, den erfolgreichen 2 _____ Georg Dreymann und seine Lebensgefährtin, die bekannte Schauspielerin Christa-Maria Sieland heimlich zu überwachen. Doch die intensive 3 _____ des «Lebens der Anderen», ihrer Kunst und Literatur, stürzt ihn in einen schweren 4 _____ Konflikt: er lernt Werte wie 5 _____ Reden und Denken kennen, die ihm bis dahin fremd waren. Aber trotz seiner plötzlichen Selbstzweifel und seiner 6 _____, die Überwachung zu sabotieren, sind die Mechanismen des Systems nicht mehr zu stoppen – Weislers berufliche Existenz wird dabei ebenso zerstört wie die Beziehung zwischen Dreymann und Sieland.

aufgeben   äußeren   Beobachtung
freies   Kontrolle   moralischen
Politiker   Schriftsteller   Versuche

Vokabeln

der Auftrag(¨e) *assignment*
heimlich *secret(ly)*
der Machtanspruch(¨e) *claim to power*
der Selbstzweifel *self-doubt*
die Überwachung(en) *surveillance*

4 Sehen Sie sich die ersten zehn Filmminuten an und beantworten Sie folgende Fragen. Dann vergleichen Sie Ihre Antworten mit einer Partnerin/einem Partner.

1. Was passiert im Gefängnis?
2. Was macht Gerd Wiesler?
3. Was denkt Wiesler über Dreyman?
4. Was denkt Grubitz über Dreyman?

A Level skills

5a Übersetzen Sie die englischen Schlüsselwörter für den Film ins Deutsche.

1. interrogation
2. betrayal
3. dissident
4. to listen to secretly
5. informant, 'unofficial collaborator'
6. Secret Service
7. Ministry of State Security
8. typewriter

5b Warum sind diese Schlüsselwörter wichtig im Film? Was beschreiben sie? Erklären Sie sie jeweils mit einem Satz.

6a Bringen Sie die Zusammenfassung des Filmes in die richtige Reihenfolge.

1. Die Stasi verhaftet Christa-Maria und will von ihr wissen, wo Dreyman die Schreibmaschine versteckt hat. Sie erzählt es ihnen.
2. Wiesler verliert seinen Stasi-Job, weil er die Abhörprotokolle zugunsten des Künstlerpaares gefälscht hatte. Dreyman findet die Abhöranlagen in seinen Haus.
3. Dreyman schreibt für das westdeutsche Nachrichtenmagazin *Der Spiegel* heimlich auf einer Schreibmaschine einen Artikel über die hohe Suizidrate in der DDR.
4. Hauptmann Gerd Wiesler geht mit seinem früheren Studien-Freund Anton Grubitz, dem Leiter der Hauptabteilung im Ministerium für Staatssicherheit, zur Premiere eines Theaterstücks des Schriftstellers Georg Dreyman.
5. Nach dem Fall der Mauer erfährt Dreyman, dass die Stasi seine Wohnung lange Zeit abgehört hat. Er findet die Identität des Stasi-Agenten heraus, der ihn zuerst überwacht und dann später geschützt hat.
6. Wiesler organisiert die heimliche elektronische Überwachung von Dreymans Wohnung auf dem Dachboden. Eine Nachbarin sieht alles, und Wiesler droht ihr mit der Stasi.

6b Übersetzen Sie die Zusammenfassung ins Englische.

■ Schlüsselausdrücke

Die Handlung / Diese Szene / Dieser Charakter
   verdeutlicht / zeigt / demonstriert …
Der Film wird aus der Perspektive von … erzählt
Die verwendeten Techniken sind …
Der Film zeigt/ porträtiert …
Am Ende des Films empfindet / fühlt der Zuschauer …

7a Wählen Sie Adjektive aus der Liste, die diese Charaktere beschreiben (jedes Adjektiv kann mehr als einmal benutzt werden). Wie stellt jeder Charakter diese Eigenschaften im Film dar? Schreiben Sie kurze Sätze.

Beispiel: *Gerd Wiesler ist gewissenhaft – er ist fleißig und immer pünktlich und macht seinen Job gut.*

1. Gerd Wiesler
2. Anton Grubitz
3. Minister Hempf
4. Georg Dreyman
5. Christa-Maria Sieland

> arrogant bescheiden deprimiert egozentrisch
> empfindsam erfolgreich gefühllos gefühlvoll
> gemein gewissenhaft herzlos korrupt
> kreativ mitfühlend moralisch mutlos pünktlich
> rebellisch romantisch sensibel unehrlich

7b Übersetzen Sie die Charakterbeschreibung von Minister Hempf ins Deutsche.

The influential Minister of Culture is a member of the Central Committee of the SED and has a lot of power – like a theatre director, he controls 'what is played, who plays and who puts everything in the scene'. He has no feelings, but he absolutely wants to have an affair with Christa-Maria Sieland because he finds her beautiful. For that he is prepared to destroy Georg Dreyman's career.

7c Beschreiben Sie die anderen vier Charaktere auf Deutsch (jeweils 60–70 Wörter).

8 Diskutieren Sie folgende Fragen mit einer Partnerin/einem Partner:

- Wie verändert sich Wieslers Meinung über Dreyman im Verlauf des Films?
- Wie verändert sich Wieslers Einstellung und Loyalität gegenüber der DDR und der Stasi im Verlauf des Films?

9 Wählen Sie eine der Fragen und beantworten Sie sie (ca. 300 Wörter):

1. Inwiefern kritisiert und bewundert der Film das Leben in der DDR?
2. "Unterschätzen Sie die Stasi nicht!" Analysieren Sie diese Aussage in Bezug auf den Film.

2 Literaturdossier: *Der Besuch der alten Dame*

1 Diskutieren Sie mit einer Partnerin/einem Partner, was Sie über Deutschland in den Jahren der Nachkriegszeit wissen. Recherchieren Sie im Internet, falls nötig. Machen Sie dann eine Präsentation vor der Klasse.

2a Lesen Sie die Zusammenfassung des Theaterstücks „Der Besuch der alten Dame" und füllen Sie die Lücken mit dem richtigen Wort aus der Liste aus.

> Nach 45 Jahren kehrt die **1** _____ Claire Zachanassain in ihre Heimatstadt Güllen zurück, die vor dem wirtschaftlichen Ruin steht. Die Güllener hoffen, dass Claire ihnen **2** _____ helfen wird, und alle versammeln sich zu einem feierlichen Empfang am Bahnhof. Claire verspricht tatsächlich eine Milliarde, will dafür aber den **3** _____ ihres ehemaligen Liebhabers Alfred. Vor 45 Jahren hat er bestritten, der Vater des gemeinsamen Kindes zu sein und Claire hat gedemütigt die Stadt verlassen. Zuerst lehnen die Güllener das Angebot ab, aber die Macht des **4** _____ – und des damit verbundenen Konsums – ist stärker. Deshalb schlägt auch die Stimmung gegen Alfred um und er wird **5** _____ angefeindet. Er findet sich schließlich mit seinem Schicksal ab und wird in einem Schauprozess von den Männern der Stadt **6** _____. Der Bürgermeister bekommt von Claire den versprochenen Scheck und die Güllener bejubeln den neuen Wohlstand.

Der Schweizer Friedrich Dürrenmatt hat „Der Besuch der alten Dame" 1956 geschrieben, und der Handlungsort ist eine Kleinstadt an der deutsch-schweizerischen Grenze.

3a Die zwei wichtigsten Drama-Arten sind die Komödie und die Tragödie. Was ist was?

1 _____ stellt einen katastrophalen Konflikt dar, der mit dem Tod des Protagonisten (der Hauptfigur) endet.
2 _____ ist ein Drama mit humorvollem oder lustigem Inhalt, das immer positiv oder glücklich endet.

3b „Der Besuch der alten Dame" ist jedoch eine Tragikomödie. Was bedeutet das? Schreiben Sie eine Definition so wie in Übung 3a. Dann vergleichen Sie Ihre Antwort mit einer Partnerin/einem Partner.

4a Übersetzen Sie die englischen Schlüsselwörter für das Stück ins Deutsche.

1 coincidence
2 guilt
3 injustice
4 justice
5 moral
6 poverty
7 power
8 revenge
9 right
10 wealth

4b Was beschreiben diese Schlüsselwörter im Stück? Erklären Sie sie jeweils mit einem Satz.

finanziell
arm
ermordet
Geldes
Milliardärin
öffentlich
gefeiert
Straftat
Tod

Vokabeln

abfinden *to make peace with s.th.*
anfeinden *to be hostile*
bestreiten *to deny*
gedemütigt *humiliated*
der Schauprozess(e) *show trial*
der Scheck(s) *cheque*
das Schicksal(e) *fate*
versprochen *promised*
der Wohlstand *prosperit*

2b Übersetzen Sie die Zusammenfassung in Übung 2a ins Englische.

A Level skills

5a Lesen Sie die Beschreibung vom Bürgermeister und übersetzen Sie sie ins Deutsche.

Güllen's mayor supports Alfred at first and is strictly against murdering him. However, as time goes on, his ideas change – the opinions of Güllen's inhabitants and the prospect of all the money win over his moral ideas. On top of that, during her visit he supports Claire Zachanassian's position in the town more and more and openly suggests to Alfred that he commit suicide.

5b Beschreiben Sie die anderen drei Charaktere: Claire, Alfred und der Lehrer (jeweils 60–70 Wörter).

6 Lesen Sie die Zitate. Was ist damit gemeint? Wählen Sie die richtige Antwort.

1 „Ich gebe euch eine Milliarde und kaufe mir dafür die Gerechtigkeit." (Claire, Akt I)
   a Claire will das Geld schenken, wenn die Güllener Alfred töten.
   b Sie möchte, dass die Güllener sie durch das Geld lieber mögen.
   c Sie kauft von dem Geld die ganze Stadt, weil die Bewohner arm sind.

2 „Das Leben trennte uns, nur das Leben, wie es eben kommt." (Alfred, Akt I)
   a Alfred sagt, dass er Claire nach all den Jahren immer noch liebt.
   b Er will sich von seiner aktuellen Partnerin trennen.
   c Er behauptet, dass gar nichts Negatives zwischen ihm und Claire war.

3 „Flieh, führe uns nicht in Versuchung, indem du bleibst." (Pfarrer, Akt III)
   a Der Pfarrer sagt, Alfred soll öfter in die Kirche gehen und dort mit Gott sprechen.
   b Er hofft, dass Alfred mit Claire in eine andere Stadt gehen wird.
   c Er rät Alfred, Güllen zu verlassen, bevor die Einwohner ihn ermorden.

4 „Ich kämpfe nicht mehr." (Alfred, Akt III)
   a Alfred glaubt, dass er unschuldig ist und er will nicht sterben.
   b Er weiß, dass Claire recht hat und er vor 45 Jahren Schuld hatte.
   c Er hofft, dass die Güllener ihn nicht töten, wenn er friedlich ist.

7a „Der Besuch der alten Dame" besteht aus drei Akten. Woraus besteht jeder Akt eines typischen Theaterstückes? Finden Sie die passende Erklärung.

1 Erster Akt:
2 Zweiter Akt:
3 Dritter Akt:

a Lösung des Konflikts
b Vorstellung der Umstände und des Ursprungs des Konflikts
c Entwicklung des Konflikts

7b Finden Sie jeweils ein kurzes Beispiel aus jedem Akt, die a–c demonstrieren.

7c Schreiben Sie eine Zusammenfassung für jeden Akt (jeweils 100 Wörter).

8 Diskutieren Sie folgende Fragen mit einer Partnerin/einem Partner:

- Wie ändert sich das Verhalten der Güllener zwischen Akt I und Akt III? Warum?
- Wie verändert sich Alfred zwischen Akt I und Akt III – und warum?

9 Wählen Sie eine der Fragen und beantworten Sie sie (ca. 300 Wörter).

1 „Lieber bleiben wir arm denn blutbefleckt!" Analysieren Sie diese Aussage.
2 Inwiefern ist das Thema ‚Rache' eines der Zentralthemen in dem Stück?

3 A: Comprehension skills for literary texts

1 Lesen Sie den Text und wählen Sie die englischen Wörter, die den deutschen Begriffen unten entsprechen.

Johann Wolfgang von Goethe

Goethe ist für die deutsche Sprache, was Shakespeare für Englisch ist – der erste Name, der einfällt. Er wurde 1749 geboren, und hatte ein langes und produktives Leben bis zu seinem Tod 1832. Goethe schrieb nicht nur Literatur, er war auch ein Physiker, Biologe, Universalgelehrter, Maler und Politiker. Er war eine Schlüsselfigur des Sturm und Drang, der Weimarer Klassik und der Romantik. Goethe war bereits zu Lebzeiten berühmt – Napoleon und Beethoven bemühten sich, ihn zu treffen.

Die Männer denken mehr auf das Einzelne, auf das Gegenwärtige, und das mit Recht, weil sie zu tun, zu wirken berufen sind, die Weiber hingegen mehr auf das, was im Leben zusammenhängt, und das mit gleichem Rechte, weil ihr Schicksal, das Schicksal ihrer Familien an diesen Zusammenhang geknüpft ist und auch gerade dieses Zusammenhängende von ihnen gefordert wird.

Mag ich doch so gern unserer frühsten Verhältnisse gedenken! Wir liebten einander als junge Leute recht herzlich; wir wurden getrennt; du von mir, weil dein Vater, aus nie zu sättigender Begierde des Besitzes, dich mit einer ziemlich älteren, reichen Frau verband; ich von dir, weil ich, ohne sonderliche Aussichten, einem wohlhabenden, nicht geliebten, aber geehrten Manne meine Hand reichen mußte.

Wir wurden wieder frei; du früher, indem dich dein Mütterchen im Besitz eines großen Vermögens ließ; ich später, eben zu der Zeit, da du von Reisen zurückkamst.

So fanden wir uns wieder.

Wir freuten uns der Erinnerung, wir liebten die Erinnerung, wir konnten ungestört zusammenleben.

Du drangst auf eine Verbindung; ich willigte nicht gleich ein, denn da wir ungefähr von denselben Jahren sind, so bin ich als Frau wohl älter geworden, du nicht als Mann.

Die Wahlverwandtschaften, JW von Goethe (1809)

1	das Gegenwärtige	a	to urge
2	das Weib	b	fate
3	das Schicksal	c	woman
4	die Aussicht	d	to agree
5	dringen	e	prospect
6	einwilligen	f	present

Goethe wrote 'Elective Affinities' (*Die Wahlverwandtschaften*) in 1809. The title was taken from a scientific term that referred to the tendency of certain substances to react with each other when combined. In this extract from the beginning of the novel Charlotte, one of the main characters, is giving her perspective on her relationship with her husband Eduard. Eduard brings guests into the house who break up the couple's stable bond.

A Level skills

2 **Lesen Sie den Text noch einmal und füllen Sie die Lücken mit dem richtigen Wort aus.**

1 Laut der Erzählerin denken Frauen mehr an_____.
2 Als Charlotte und Eduard jung waren, waren sie _____ .
3 Sein Vater war_____.
4 Die Erzählerin war in ihrer Ehe _____.
5 Frauen und Männer altern _____.

> verheiratet   unterschiedlich   Arbeit und Politik   das Häusliche
> nicht unglücklich   habgierig   verliebt   großzügig

3 **Lesen Sie den Text noch einmal. Ist das Charlotte oder Eduard?**

Wer …
1 spricht in diesem Ausschnitt?
2 erbte Geld?
3 ging auf Reisen?
4 wollte schnell heiraten?
5 hätte lieber länger gewartet?

4 **Finden Sie die passende Verbindung zwischen den Sätzen, dann versuchen Sie die Sätze zu trennen. Wie ändert sich der Stil?**

1 Charlotte ist eine Frau in den besten Jahren, _____ erster Mann verstorben ist.
2 Sie lebt mit Eduard auf dem Land, _____ sie zusammen das Leben genießen wollen.
3 Als Eduard einen Freund einlädt, fürchtet Charlotte, _____ sich ihr Leben sehr ändern wird.
4 Eduard besteht darauf, _____ er hofft, _____der Freund neue Impulse mitbringt.
5 Charlotte hatte ihre Tochter weggeschickt, _____ sie mit Eduard alleine sein konnte.

5 **Übersetzen Sie den Text ins Englische.**

Zuletzt wollte ich dir nicht versagen, was du für dein einziges Glück zu halten schienst. Du wolltest dich von allen Unruhen, die du erlebt hattest, an meiner Seite erholen, aber nur mit mir allein. Ich habe Freunde gesehen, deren Verhältnis sich durch die Ankunft einer neuen Person völlig geändert hat, deren Lage umgekehrt wurde.

Literary language

German writing, particularly literary or academic writing, often uses very long sentences consisting of several clauses. Punctuation, word order and the author's use of connectives and conjunctions will help you to 'unpack' each sentence. The author may use asides (such as *ohne sonderliche Aussichten* or *aus nie zu sättigender Begierde des Besitzes* in this example from Goethe), relative clauses or subordinate clauses (introduced with conjunctions like *weil, dass, da,* etc.) to communicate extra information that sheds light on the main action of the sentence. When you need to break down long and complex sentences (*Schachtelsätze*), it can therefore help to think in terms of separating the main idea or main clause(s) from related information.

3   B: Comprehension skills for literary texts

1 Lesen Sie das Gedicht. Finden Sie Wörter im Gedicht, die mit den Begriffen unten zusammenhängen.

1 Musik   **2** Erde   **3** Luft   **4** Zeit

Paul Celan

Paul Celan (1920–1970), eigentlich Paul Antschel, wurde als deutschsprachiger Jude in Rumänien geboren. 1942 wurden seine Eltern deportiert und starben in Konzentrationslagern. Celan überlebte als Zwangsarbeiter. Er lebte später in Paris und nahm sich dort das Leben, als er von einer Brücke in den Fluss Seine sprang.

Poems about war and atrocities have always been controversial. Paul Celan refuted Theodor Adorno's famous statement, that 'nach Auschwitz ein Gedicht zu schreiben, ist barbarisch'. Celan said that language was all that remained after such horror: "Erreichbar, nah und unverloren inmitten der Verluste blieb dies Eine: die Sprache."

Todesfuge

Schwarze Milch der Frühe wir trinken sie abends
wir trinken sie mittags und morgens wir trinken sie nachts
wir trinken und trinken
wir schaufeln ein Grab in den Lüften da liegt man nicht eng
Ein Mann wohnt im Haus der spielt mit den Schlangen der schreibt
der schreibt wenn es dunkelt nach Deutschland dein goldenes Haar Margarete
er schreibt es und tritt vor das Haus und es blitzen die Sterne
er pfeift seine Rüden herbei
er pfeift seine Juden hervor läßt schaufeln ein Grab in der Erde
er befiehlt uns spielt auf nun zum Tanz

Schwarze Milch der Frühe wir trinken dich nachts
wir trinken dich morgens und mittags wir trinken dich abends
wir trinken und trinken
Ein Mann wohnt im Haus der spielt mit den Schlangen der schreibt
der schreibt wenn es dunkelt nach Deutschland dein goldenes Haar Margarete
Dein aschenes Haar Sulamith wir schaufeln ein Grab in den Lüften da liegt man nicht eng

Er ruft stecht tiefer ins Erdreich ihr einen ihr andern singet und spielt
er greift nach dem Eisen im Gurt er schwingts seine Augen sind blau
stecht tiefer die Spaten ihr einen ihr anderen spielt weiter zum Tanz auf

Schwarze Milch der Frühe wir trinken dich nachts
wir trinken dich mittags und morgens wir trinken dich abends
wir trinken und trinken
ein Mann wohnt im Haus dein goldenes Haar Margarete
dein aschenes Haar Sulamith er spielt mit den Schlangen

Er ruft spielt süßer den Tod der Tod ist ein Meister aus Deutschland
er ruft streicht dunkler die Geigen dann steigt ihr als Rauch in die Luft
dann habt ihr ein Grab in den Wolken da liegt man nicht eng

Schwarze Milch der Frühe wir trinken dich nachts
wir trinken dich mittags der Tod ist ein Meister aus Deutschland
wir trinken dich abends und morgens wir trinken und trinken
der Tod ist ein Meister aus Deutschland sein Auge ist blau
er trifft dich mit bleierner Kugel er trifft dich genau
ein Mann wohnt im Haus dein goldenes Haar Margarete
er hetzt seine Rüden auf uns er schenkt uns ein Grab in der Luft
er spielt mit den Schlangen und träumet der Tod ist ein Meister aus Deutschland

dein goldenes Haar Margarete
dein aschenes Haar Sulamith

Paul Celan (1948)

A Level skills

2 Welche Figuren im Gedicht sind mit welchen Assoziationen verbunden? Verbinden Sie die Paare.

1 wir/ihr (Juden)
2 ein Mann (ein Konzentrationslagerwächter)
3 Margarete
4 Sulamith

a trinken – schaufeln – liegen eng – singen – Musik spielen – Grab in den Wolken
b blonde Haare – Frau des Mannes, der im Haus wohnt – deutscher Vorname
c blaue Augen – befehlen – Eisen – Hunde hetzen – Schlangen – schreibt nach Deutschland – Tod
d dunkle Haare – Asche – jüdischer Vorname

3 Lesen Sie das Gedicht noch einmal. Sind die Aussagen R (richtig), F (falsch) oder NA (nicht angegeben)?

1 Der Mann schreibt jeden Abend Briefe nach Deutschland.
2 Die Juden müssen nur am Tag arbeiten.
3 Der Mann ist bewaffnet.
4 Der Mann schenkt den Juden eine Geige.
5 Der Mann hat Schweine als Haustiere.

4 Übersetzen Sie die beiden letzten Strophen des Gedichts (*Schwarze Milch … Sulamith*) ins Englische.

5 Dativ oder Akkusativ? Wählen Sie das richtige Wort.

1 Der Mann arbeitet in **einem** / **einen** Konzentrationslager.
2 Er schreibt am Abend **seiner** / **seine** Freundin **einen** / **einem** Brief.
3 Er befiehlt **den** / **die** Juden, **ein** / **einem** Grab zu schaufeln.
4 Die Juden spielen Musik für **dem** / **den** Mann.
5 Der Mann schenkt **die** / **den** Juden **ein** / **einem** Grab in der Luft.

> ### Literary language
>
> Don't be put off by symbolic language when working on a poem. Knowledge of single words and a grasp of the overall situation are important, but when reading poetry you need to be aware that words might be used by the poet in an abstract way to evoke impressions and images.
>
> There are plenty of metaphors in Paul Celan's poem which result in its not 'making sense' as a conventional reading text. For example, *Todesfuge* as a title is ambiguous, linking death with music and dancing. *Schlangen* might not literally be 'snakes' but, rather, could be whips. The people are drinking black milk; this cannot be 'real'. The poem has two opposing voices (*er* and *wir*), and the idea of opposition is echoed in oxymorons like *schwarze Milch* and *Grab in den Lüften*. The conflicting associations add a new dimension to the poem.

Albertinaplatz, Wien, am Kriegsende

Alfred Hrdlickas „Mahnmal gegen Krieg und Faschismus" am heutigen Albertinaplatz

135

4　Individual research project

WHAT IS THE INDIVIDUAL RESEARCH PROJECT?

The individual research project (IRP) gives you a chance to explore a topic in depth, so that you can give a presentation and engage in a discussion as part of your speaking exam (Paper 3).

Your presentation will last two minutes, and the ensuing discussion nine to ten minutes. This is worth up to 35 marks (5 marks for the presentation and 30 marks for the discussion) out of a total of 60 for the whole speaking exam.

The topic must interest you and be related to a German-speaking country. You need to be able to demonstrate your ability to do research, evaluate the research and defend your opinion. You cannot choose the same topic as another student in your class, nor may it be about a text or film which you are studying as part of your course.

Choosing a topic

Things you might want to consider, when choosing a topic are:

- your own interests/hobbies – if you are interested in football, you could choose to do your project on a German football player
- your other subjects – this may reinforce both subjects, or feed into an Extended Project Qualification
- a topic you feel strongly about, which may be related to one of the areas studied in German – a political or social issue, for example
- a topic related to the book/film/author/director you are studying – if you are studying *Der Vorleser*, you might choose something related to what was going on in Germany/Austria at the time the book is set
- a geographical/historical topic – maybe you have been on a trip to Vienna or are planning one in the near future and could focus your project on this.

You can talk to your teacher for advice at this stage to help you refine your topic to ensure it is neither too wide (so you cannot go into depth) nor too narrow (so that a discussion becomes dull). You should also think about how easy/difficult it will be to research and evaluate research for your topic.

Tipp

- If you don't know where to start, think about what you feel most comfortable and confident talking about.
- You can ask your teacher's advice about whether the project is suitable and he or she can give you guidance on the proposed title.

Here is an example of how you might explore a potential topic:

Beginning a mind map on winter sports resorts

A Level skills

1 Arbeiten Sie mit einer Partnerin/einem Partner zusammen. Wählen Sie ein Thema von unten aus und machen Sie ein Brainstorming. Schreiben Sie Schlüsselwörter und Ideen zum Thema auf Deutsch.

- Atomenergie
- extra Klassen für Migranten
- die Bedeutung eines bestimmten Musikers/Künstlers/Architekten für eine Generation/die jetzige Zeit.

Planning your research

Before you embark on detailed research, you should put together a research plan. Work backwards from the date of the speaking exam and leave plenty of time for reviewing, or for dealing with any problems if things do not go as planned. Consider your own working speed, be realistic and remember that you may have mock exams and timetables for other subjects and general revision to fit in. If other people are involved in your research (interviews/advice from experts), remember they might not always be available when you would like them to be, so plan in time accordingly.

Month	Task
December	• Decide on a topic (mindmap). • Formulate a title. • Meet with teacher to discuss title and headings. • Start collecting sources/material. • Order/download information.
January – week 1	• Evaluate and sort research. • Produce a bibliography.
January – week 2	• Meet with teacher to discuss whether the research you have found will provide the necessary depth or treatment. • Structure your presentation.
January – weeks 3–4	• Prepare your presentation. • Complete the individual research project form. (This needs to be submitted to the examiner well in advance of the exam.)
February	• Practise your presentation and think about what you will be asked in the discussion. • Evaluate: what was easy/difficult/interesting/surprising in your research? • Use your mindmap to identify different aspects that could form part of the discussion.
March	Speaking exam

2 Machen Sie Ihren eigenen Projektplan und planen Sie Ihre Recherchen. Achten Sie auf folgende Punkte:

- Projekttitel und Untertitel
- Welche Aspekte des Themas wollen Sie untersuchen?
- Machen Sie eine Liste von möglichen Quellen.
- Bedenken Sie, wie viel Zeit Sie für die Forschung haben.
- Zeigen Sie Ihrer Lehrerin/Ihrem Lehrer Ihren Projektplan und lassen Sie sich beraten.

Research

Now that you have made your plan, you can start your research. This is perhaps the most important phase, as the objective of the IRP is to demonstrate that you have developed skills to carry out research and discuss your findings.

Before you start, you should think about exactly what you want to find out and which questions you want to answer, related to your topic. There are many different sources that you can use for your research. You must use at least two, and one should be online. Here are a few suggestions:

- **Internet**: the internet is a great source, but you need to sift out the right information, and distinguish between reputable and biased sources. It is easy to waste a lot of time and become sidetracked. Make sure you copy the web address of each useful link you find into a sources document to ensure you can find the page again easily. Include a note of the date you accessed the page too.
- **Library**: while you might not have a German library close to hand, libraries provide a great structured source of information and knowledgeable staff. Catalogues and search facilities on the websites of German libraries might also give you good ideas for further enquiries.
- **Archives**: many German archives have published documents on the internet, which means you can access primary sources without having to travel, and without having to apply to visit. As most of the archives are linked to universities or government sources, this is a reputable way of sourcing information.
- **Interviews**: you might be lucky enough to be able to interview somebody yourself, or you might be able to listen to a sound file online, both of which could add a new aspect to your research.

Tipp

- Start off with a list of key words – you might already have these from your planning mindmap.
- Your teacher can suggest sources for reference, provide guidance on research techniques and help you plan your time.
- Stay focused on your topic.
- It is often better to carry out research in German, as it will help provide you with vocabulary for the presentation and discussion.

Analysing and organising your research

Always keep notes on how you set about your research, as you may be asked about this in the discussion: Why did you choose a particular source? What did you find most challenging/interesting/surprising? Reflect on your research: if you had to do it again, what would you do differently? What have you learned?

Consider the sources you have used for your research: are they biased or factual? Working this out could be useful for your project. It might help you form your own opinion on the topic, or provide a point of reference for the discussion. Group your research together under sub-headings, and find a logical sequence in which to present it.

Decide which items you want to be part of your two-minute presentation, and which items you want to hold back for the ensuing discussion, so that you can expand with evidence or counter an argument.

Tipp

- Ask your teacher if you need advice on analysing research.
- Consider the relevance of each piece of research to your topic and headings.
- As you analyse your research, think about the language you want to use to summarise, present and discuss it.

3 Bringen Sie folgende Punkte in eine logische Reihenfolge für eine Präsentation. Bedenken Sie, ob die Punkte Tatsachen oder Meinungen darstellen. Vergleichen Sie Ihre Antworten mit Ihrer Partnerin/Ihrem Partner und diskutieren Sie.

Gentechnisch veränderte Produkte: EU Kennzeichnungspflicht

- Verbraucher kann entscheiden
- Kennzeichnen anstatt Verbieten besser für die Wirtschaft
- Staat muss Bürger schützen
- Kennzeichnung produziert negatives Bild, dadurch weniger Investition
- Züchtung gibt es schon immer
- Produkte von Tieren, die mit gentechnisch veränderten Produkten gefüttert wurden, sind nicht gekennzeichnet.

A Level skills

Structuring and preparing your presentation

It is important to think carefully about the structure of your presentation, as you only have two minutes to deliver it. Think about what you want to say and how you want to say it before finalising your list of headings in English, with advice from your teacher.

If you want to work out how long your presentation needs to be, time yourself when reading out a German text at normal speaking pace.

Managing a discussion

The discussion is the main part of the speaking exam and carries the most marks, so make sure you are fully prepared. Here are some ways in which you can do this:

- Anticipate questions: look at your presentation and think about areas which you will be asked about. You might be asked about your opinion, so consider this and think about how to express it in German.
- Look back at your research: what could be useful in a discussion? Did you uncover alternative viewpoints and how might you discuss these in German? Be prepared for counter-arguments and have facts and statistics ready to hand.
- Think about alternative viewpoints which could be considered but which were not covered in the research.

Tipp
- Your teacher can advise you on the headings you have put together but cannot advise you on the presentation itself.
- Keep your presentation focused on the headings. Any extra material could form part of the discussion afterwards, which carries the most marks.

Tipp
- Don't worry about the discussion part of the exam: it is not designed to catch you out.
- Look through your presentation and try to anticipate questions and answers which might arise.
- Think about language which might be useful in a discussion.

4 Machen Sie eine Präsentation über ein Thema, das nicht viel Recherche benötigt (verwenden Sie z. B. ein Bild oder eine Sprechübung aus diesem Buch als Ausgangspunkt). Arbeiten Sie mit einer Partnerin/einem Partner zusammen und wechseln Sie sich bei den folgenden Übungen ab:

- Person A führt die Präsentation vor. Person B macht sich Notizen und erklärt nachher im Feedback, was gut war, und was Person A noch besser machen könnte.
- Gehen Sie Ihre Präsentation noch einmal durch und bedenken Sie, welche Fragen in einer Diskussion kommen könnten.
- Machen Sie eine Liste von Fragen für die Präsentation Ihrer Partnerin/Ihres Partners und stellen Sie diese Fragen.
- Vergleichen Sie die Fragen, die Sie erwartet hatten, mit denen, die Ihre Partnerin/Ihr Partner tatsächlich stellte. Hätten Sie sich besser vorbereiten können? Was würden Sie anders machen?

Useful language

Introductory phrases

Ich habe dieses Thema gewählt, weil …	I have chosen this topic because …
Ich möchte gern einen weniger bekannten Aspekt in den Vordergrund stellen.	I would like to focus on a lesser-known aspect.
Voranstellen möchte ich, dass …	I would like to start by saying that …
Wir gehen von der Grundlage aus, dass …	We are starting from the basic assumption that …
Der bisherige Stand der Forschung lässt vermuten, dass …	The currrent state of research indicates that …

Comparing and contrasting

Während von vielen Experten behauptet wird, dass …	Although many experts claim that …
Ich möchte nicht in Abrede stellen, dass …	I would not want to dispute that …
Auch und gerade die Tatsache, dass …	Precisely because of the fact that …
Obwohl mir während meiner Recherche klar wurde, dass …	Although I realised during my research that …

Giving and backing up opinions

Auch … unterstützt meine Ansicht, dass …	… also supports my view that …
Die Zahlen zeigen allerdings, dass …	Statistics, however, show that …
Das führt mich zu meinem nächsten Punkt, dass …	This leads me to my next point, that …
In informierten Kreisen geht man davon aus, dass …	Experts generally assume that …
Besonders überzeugend finde ich, dass …	I find it especially convincing that …

Reacting to a question/challenge

Das Argument überzeugt mich nicht, da …	This argument does not convince me, as …
Das ist zwar grundsätzlich richtig, aber …	That may be correct in principle, but …
Man sollte auch berücksichtigen, dass …	We should also consider that …
Ich halte diesen Standpunkt für wenig überzeugend.	I do not find this point of view convincing.
Sie lassen völlig unberücksichtigt, dass …	You have not fully considered that …

Conclusions

Zusammenfassend würde ich behaupten, dass …	In conclusion, I would claim that …
Wenn mir auch klar ist, dass es keine eindeutige Antwort gibt, …	Although I realise that there is not only one answer, …
Nach sorgfältiger Abwägung der Argumente, …	Following careful consideration of the arguments, …
Abschließend möchte ich …	Finally, I would like to …
Ich komme zu folgendem Schluss: …	I have come to the following conclusion: …

Grammatik

1	Nouns and articles
1.1	Gender of nouns
1.2	Plural forms of nouns
1.3	Weak nouns
1.4	Adjectives used as nouns
1.5	Definite and indefinite articles
1.6	Cases
	Nominative
	Accusative
	Genitive
	Dative

2	Adjectives and adverbs
2.1	Adjective agreement and position
	Weak endings
	Mixed endings
	Strong endings
2.2	Comparatives and superlatives
2.3	Demonstrative adjectives
2.4	Possessive adjectives and pronouns
2.5	Interrogative adjectives
2.6	Complex adjectival phrases
2.7	Adverbs
	Qualifiers
	Comparatives and superlatives of adverbs
	Interrogative adverbs
2.8	Particles – *doch*, *ja*, *mal*, *schon*, *eben*, *wohl*

3	Pronouns
3.1	Personal pronouns
3.2	Position and order
3.3	Reflexive pronouns
3.4	Relative pronouns
3.5	Indefinite pronouns
3.6	Possessive pronouns
3.7	Interrogative pronouns

4	Verbs
4.1	The present tense
	Formation of regular verbs
	Formation of irregular verbs
	Separable verbs
	Modal verbs in the present tense
4.2	The perfect tense
4.3	The imperfect/simple past tense
4.4	The future tense
4.5	The conditional
4.6	The pluperfect tense
4.7	Recognising the future perfect and conditional perfect tenses
4.8	The passive voice
4.9	Imperatives
4.10	The subjunctive
	Subjunctive 1
	Subjunctive 2
4.11	Reflexive verbs
4.12	Impersonal verbs
4.13	Separable verbs
4.14	Infinitive constructions
	The infinitive with *zu*
	lassen with infinitive

5	Negative forms

6	Interrogative forms

7	Prepositions

8	Clause structures

9	Subordinate clauses and conjunctions

10	Use of *seit* and *seitdem*

11	Expressions of time

1 Nouns and articles

1.1 Gender of nouns

Knowing the gender of a German noun is largely a question of careful learning, but there are guidelines to help you. The following general rules apply, but be careful, because for many of these there are notable exceptions.

Each German noun has a grammatical gender, which means that the 'the' (*der, die, das*), the 'a' (*ein, eine*) and the 'not a' (*kein, keine*) in front of the noun changes accordingly. The best way to cope with this is simply to learn the noun together with its gender. Learning the plural form will also be very useful:

der Tisch (masculine)	*die Tische*	tables
die Uhr (feminine)	*die Uhren*	clocks
das Haus (neuter)	*die Häuser*	houses

However, there are some useful tips:

Masculine nouns are: days (*der Sonntag*)
months (*der Mai*)
seasons (*der Winter*)
male persons (*der Onkel*)
makes of cars (*der Porsche*)

nouns ending in:
-el (*der Apfel*)
-er (*der Fernseher*)

Feminine nouns are: female persons (*die Frau*)
nouns ending in:
-in (*die Schülerin*)
-ei (*die Bäckerei*)
-ie (*die Drogerie*)
-ung (*die Zeitung*)
-heit (*die Krankheit*)
-keit (*die Höflichkeit*)
-tion (*die Information*)
-schaft (*die Landschaft*)

Neuter nouns are: infinitives as nouns
(*das Schwimmen*)
nouns ending in:
-chen (*das Mädchen*)
-lein (*das Männlein*)
-o (*das Radio*)
-um (*das Museum*)

1.2 Plural forms of nouns

Different groups of words change to certain plural endings. But generally the best advice is: **learn the word, the gender and the plural ending all at the same time.**

When we use the word in the plural, the word itself changes, but the article for the (nominative) plural will always be *die*:

der Tisch – **die** *Tische*
die Uhr – **die** *Uhren*
das Haus – **die** *Häuser*

Some tips for the plural

For masculine nouns, the most usual plural is formed by adding -*e*, and often *Umlauts* are added:
der Tisch – die Tische
*der Schrank – die Schr**ä**nke*

For feminine nouns, the most usual ending is -*n* or -*en*:
*die Blume – die Blume**n***
*die Frau – die Frau**en***

Feminine nouns, ending in -*in* add -*nen* in the plural:
*die Freundin – die Freundin**nen***

For most neuter nouns, the usual ending is -*e*:
*das Haar – die Haar**e***
*das Spiel – die Spiel**e***

Don't be tempted to guess the gender of nouns. If you are unsure, look up the word in a dictionary or glossary and make sure that you take note of it and learn it.

1.3 Weak nouns

Some nouns are called 'weak' nouns. These are nouns which add -*en* or -*n* at the end of the word in all cases except the nominative. The same applies in the plural forms. The following show everyday examples of weak masculine nouns in the nominative and the changes in the genitive and dative cases:

der Mensch (person)	*des Menschen/dem Menschen*
der Junge (boy)	*des Jungen/dem Jungen*
der Student (student)	*des Studenten/dem Studenten*
der Nachbar (neighbour)	*des Nachbarn/dem Nachbarn*
der Held (hero)	*des Helden/dem Helden*
der Kunde (customer)	*des Kunden/dem Kunden*

1.4 Adjectives used as nouns

Some adjectives can be used as nouns, in which case they begin with a capital letter and take whichever ending an adjective would take in that position in the sentence. For example, the noun meaning 'homeless person' is an adjectival noun based on the adjective *obdachlos* (homeless):

Ein Obdachloser hat mir geholfen.
A homeless (male) person helped me.
(compare with: *Ein obdachloser Mann hat mir geholfen.*
A homeless man helped me).

Eine Obdachlose hat mir geholfen.
A homeless (female) person helped me.
(compare with: *Eine obdachlose Frau hat mir geholfen.*
A homeless woman helped me).

Ich habe mit einem Obdachlosen gesprochen.
I spoke to a homeless (male) person.
(compare with: *Ich habe mit einem obdachlosen Mann gesprochen.* I spoke to a homeless man.)

Viele Obdachlose waren da.
Lots of homeless people were there.

Grammatik

1.5 Definite and indefinite articles

- **The definite article (*der, die, das*)**. Literally translated, the definite article means 'the'. The articles change their form to indicate the case, gender and number (i.e. singular or plural) of the noun they accompany (see cases below).

- **The indefinite article (*ein, eine*)**. The indefinite article means 'a' or 'an'. *Ein* is used with masculine and neuter nouns, and *eine* with feminine nouns. Again, it changes its forms to indicate case, gender and number (see below).

- *Kein/Keine* are used to express 'none', 'no', 'not any'. They are case sensitive in the same way as the indefinite article:

  *Meine Schwester hat **kein** Geld, **keinen** Partner und **keine** Freunde.*
  My sister has no money, no partner and no friends.

1.6 Cases

	masculine	feminine	neuter	plural
nominative	der/ein	die/eine	das/ein	die
accusative	den/einen	die/eine	das/ein	die
genitive	des/eines	der/einer	des/eines	der
dative	dem/einem	der/einer	dem/einem	den

Nominative

The nominative case is used to indicate the subject of the sentence. The subject is the person or thing 'doing' the action expressed by the verb:

***Der Junge** spielt sehr gern Badminton.*
The boy likes playing badminton very much.

In sentences using copular verbs (*sein, werden, bleiben, heißen*), the subject and object are one and the same, so both are in the nominative case:

*Herr Bauer ist **ein** komisch**er** Typ. Allerdings bleibt er **ein** gut**er** Freund.*

Accusative

The accusative case is used to indicate the direct object. This is the person or thing receiving the action:

*Ich habe gestern **den Eiffelturm** besichtigt.*
I visited the Eiffel Tower yesterday.

- The accusative case is used after certain prepositions (see Section 7). It is also used for time expressions such as *letzten Monat* (last month), *nächsten Donnerstag* (next Thursday), *den ganzen Morgen* (the whole morning).

- Some common verbs are followed only by the accusative:

bitten
Ich bitte dich.
I'm asking (requesting) you.

erreichen
Er erreicht das Haus.
He reaches the house.

fragen
Sie fragt ihre Mutter.
She asks her mum.

kennen
Wir kennen ihn.
We know him.

lieben
Ich liebe dich.
I love you.

bekommen
Du bekommst das Fahrrad.
You are getting the bike.

besuchen
Sie besuchen ihre Großeltern.
They are visiting their grandparents.

verlassen
Ich verlasse meinen Freund.
I'm leaving my boyfriend.

Genitive

The genitive case is used to show possession and it translates 'of the/of a' and the possessive ('s) in English. Use the genitive to talk about what or to whom something belongs:

*Ich benutze das Handy **eines** Freundes.*
I'm using a friend's mobile. (I'm using the mobile **of a** friend.)

*Manche prophezeien den Tod **des** Kinos.*
Some foresee the death **of the** cinema.

*Ein Vorteil **des** Autos ist …*
One advantage **of the** car is …

- The table below shows how the definite and indefinite articles change in the genitive case and shows the addition of *-s* or *-es* to a singular masculine or neuter noun.

	masculine	feminine	neuter	plural
nominative	der/ein Mann	die/eine Frau	das/ein Kind	die Kinder
genitive	des/eines Mann**es**	der/einer Frau	des/eines Kind**es**	der Kinder

Dative

The dative case is used to indicate the indirect object. This is the person or thing the action is being done 'to' or 'for'.

*Er gibt **dem Mann** seine CD.*
He gives his CD to the man.

143

- In the plural, the dative case must end in an -n for any noun not already ending in -n:

  Er gibt den Kindern Bonbons.
  He gives the children sweets.

- The dative case is used after certain prepositions (see Section 7).

- Some common verbs are followed only by the dative:

antworten	*Die Schüler antworten dem Lehrer.* The pupils answer their teacher.
danken	*Ich danke dir.* I thank you.
folgen	*Wir folgten ihrer Empfehlung.* We followed her recommendation.
gefallen	*Das Kleid gefällt mir.* I like the dress.
gehören	*Die Jacke gehört meinem Vater.* The jacket belongs to my dad.
glauben	*Er glaubt ihr.* He believes her.
gratulieren	*Sie gratuliert ihm zum Geburtstag.* She wishes him happy birthday.
helfen	*Sie hilft ihrer Mutter in der Küche.* She helps her mum in the kitchen.

2 Adjectives and adverbs

2.1 Adjective agreement and position

When adjectives are used **after** a noun they do not add any sort of ending. When adjectives are used **before** a noun, however, they must have the appropriate adjectival ending. These endings change according to the gender, number and case of the noun. There are three sets of endings depending upon whether the noun comes after the definite article, the indefinite article or no article at all.

Weak endings

Endings following the definite article (*der*, *die*, *das*) and *dieser*, *jener*, *jeder*, *mancher*, *welcher* and *solcher* (as well as *alle* in the plural) are called **weak endings**:

	masculine	feminine	neuter	plural
nominative	der alte Mann	die alte Frau	das alte Haus	die alten Häuser
accusative	den alten Mann	die alte Frau	das alte Haus	die alten Häuser
genitive	des alten Mannes	der alten Frau	des alten Hauses	der alten Häuser
dative	dem alten Mann	der alten Frau	dem alten Haus	den alten Häusern

Der technische Durchbruch wird bald geschafft werden.
The technical breakthrough will soon be made.

Diese besorgniserregende Tendenz haben wir bei allen Altersgruppen beobachtet.
We observed this worrying tendency in all age groups.

Das neueste Smartphone ist ab April erhältlich.
The latest smartphone is available from April.

Mixed endings

Endings following the indefinite article (*ein/eine*), *kein* and *mein/dein/sein/ihr/unser/euer/ihr/Ihr* are called mixed endings:

	masculine	feminine	neuter	plural
nominative	ein alter Mann	eine alte Frau	ein altes Haus	keine alten Häuser
accusative	einen alten Mann	eine alte Frau	ein altes Haus	keine alten Häuser
genitive	eines alten Mannes	einer alten Frau	eines alten Hauses	keiner alten Häuser
dative	einem alten Mann	einer alten Frau	einem alten Haus	keinen alten Häusern

Ich bin kein großer Fan von moderner Architektur.
I'm no great fan of modern architecture.

Eine schwierige Frage muss gestellt werden.
A difficult question must be asked.

Der Klimawandel ist ein großes Problem.
Climate change is a big problem.

Strong endings

Adjectival endings, where the adjective is not preceded by any kind of article, are called **strong endings**. Strong endings are also used after *ein paar*, *einige*, *wenige*, *manche*, *viele* and numbers. The adjective ending takes over the role of the article and therefore follows a similar pattern to the definite article (except in the genitive):

	masculine	feminine	neuter	plural
nominative	roter Wein	kalte Milch	deutsches Bier	neue Schuhe
accusative	roten Wein	kalte Milch	deutsches Bier	neue Schuhe
genitive	roten Weins	kalter Milch	deutschen Biers	neuer Schuhe
dative	rotem Wein	kalter Milch	deutschem Bier	neuen Schuhen

Die Ölfirmen müssen Menschen mit umweltverträglicher Energie versorgen.
The oil companies must supply people with environmentally-friendly energy.

2.2 Comparatives and superlatives

A comparative adjective is formed by adding *-er* to the adjective, and the superlative is formed by adding *-(e)ste*. Adjective endings apply if the superlative or comparative precedes the noun:

der schöne Tag   the nice day

der schönere Tag   the nicer day

der schönste Tag   the nicest day

Comparative adverbs are also formed by adding *-er*:

Kannst du etwas langsamer sprechen?
Can you speak a bit more slowly?

- Another way to form the superlative of adjectives is to add *am ... -(e)sten* after a form of *sein*:

  Am schön**sten** *ist der Park im Herbst.*
  The park is most beautiful in autumn.

  This is also the only possible way to form the superlative of adverbs:

  Asien ist die Region, die **am** schnell**sten** *wächst.*
  Asia is the fastest-growing region.

- Sometimes an **-e-** is added to make the word easier to pronounce:

  nett   netter   am nettesten

- Sometimes the first vowel adds an umlaut:

  groß   größer   größte
  hoch   höher   höchste
  nah   näher   nächste

- Some exceptions:

  gut   besser   beste
  gern   lieber   liebste
  viel   mehr   meiste

- In the comparative, **als** is used for 'than':

  Meine Stimme ist **schöner als** *deine Stimme.*
  My voice is more beautiful than your voice.

- To express 'of all', German puts **aller-** before the superlative:

  das **allerschönste** *Lied*
  the most beautiful song of all

- As adjectives can be used as nouns, nouns can also be formed from the comparative and the superlative (see Section 1.4):

  der Geduldigere   the more patient one
  der Geduldigste   the most patient of all

- The genders of these nouns depend on what the nouns are referring to:

  Wir haben viele Lieder gesungen. **Das beste** *war ...* (**das beste** referring to *das Lied*)

  Ich habe drei CDs gekauft. **Die beste** *ist ...* (**die beste** referring to *die CD*)

2.3 Demonstrative adjectives

Like other adjectives, demonstrative adjectives *diese/r/s* (this) and *jene/r/s* (that) must agree with the noun they describe.

masculine	feminine	neuter	plural
dieser	diese	dieses	diese

When used with an adjective, they work in the same way as the definite article. (See Section 2.1 Weak endings.)

2.4 Possessive adjectives and pronouns

Possessive adjectives are words for 'my', 'your', 'her', etc. They follow the same pattern as *ein*, *eine*, *ein*. Here is a list of all the possessive adjectives in the nominative.

ich	mein	my
du	dein	your
er	sein	his
sie	ihr	her
es	sein	its
wir	unser	our
ihr	euer	your (plural)
Sie	Ihr	your (formal)
sie	ihr	their

- The ending of the possessive adjective always corresponds to the person or thing that follows it, in terms of case, gender and number.

	masculine	feminine	neuter	plural
nominative	mein	meine	mein	meine
accusative	meinen	meine	mein	meine
genitive	meines	meiner	meines	meiner
dative	meinem	meiner	meinem	meinen

nominative	*Das ist* **mein** *Stuhl.* *Das sind* **meine** *drei Stühle.* Those are my three chairs.
accusative	*Ich gebe dir* **meinen** *Stuhl.* I'll give you my chair.
genitive	*Das ist das Bein* **meines** *Stuhls.* That's the leg of my chair.
dative	*Ich gebe* **meinem** *Stuhl einen Tritt.* I'm getting rid of my chair.

- The genitive is usually used where English uses apostrophes:

  Das ist die Jacke **meines** *Bruders.*
  That is my brother's jacket.

  The exception is when a person is referred to by name. However, then the 's' is simply added on without an apostrophe:

  Das ist Petras Kleid.   That is Petra's dress.

You can avoid using the genitive by using *von* + dative. This is considered less elegant, but is used by many people in conversation.

*Das ist die Tasche **von meiner** Mutter.* That is my mother's bag./That is the bag of my mother.

2.5 Interrogative adjectives

The question word *welche/r/s* is an interrogative adjective meaning 'which'. It adapts to the case, gender and number of the noun, taking the same endings as a definitive article.

Welche *Fangmethode ist nachhaltiger?* Which fishing method is more sustainable? (nominative because it is the subject of the sentence, feminine because of *Fangmethode*.)

Welchen *Werbespot magst du?* Which advertisement do you like? (accusative because it is the direct object of *mögen*, masculine because of *Werbespot*)

*Aus **welchem** Land stammt das?* From which country is that? (dative after the preposition *aus*, with no motion implied, and neuter because of *Land*.)

Welchen *Ansichten stimmen Sie zu?* Which views do you agree with? (dative because it is the object of the dative verb *zustimmen*, plural because of *Ansichten*)

(See Section 6 Interrogative forms.)

2.6 Complex adjectival phrases

As well as shorter adjectives, in German it is possible to place a long adjectival phrase immediately before a noun to which it relates. Often a complex adjectival phrase can only be translated as a relative clause in English:

*Die **mühsam auswendig gelernten** Lieder habe ich inzwischen alle vergessen.* In the meantime, I've forgotten all of the songs **that I had painstakingly learned by heart**.

2.7 Adverbs

In English, adverbs are often formed by adding '-ly' to an adjective. German adverbs, however, are usually written in the same way as the corresponding adjective. Adverbs do not take adjectival endings:

*Er lief **schnell** zur Schule.*
He ran quickly to school.

*Sie fuhr **langsam** die Straße entlang.*
She drove slowly along the road.

If more than one adverb occurs in a sentence, the normal word order is **time, manner, place**:

	Time	Manner	Place	
Ich fahre	heute	mit dem Bus	in die Stadt.	*I'm going into town by bus today.*

Note that you cannot insert an adverb between the subject and the verb as you can in English.

Ich fahre oft in die Stadt. I often go to town.

Qualifiers

Common qualifiers in German include:

sehr	very/really
besonders	particularly/especially
kaum	hardly, scarcely
recht	quite, very
wenig	not very

These qualifiers can be placed in front of adjectives, adverbs, verbs and nouns:

Der Werbespot gefällt mir sehr.
I really like the advertisement.

Kinder mögen solche Werbung besonders gern.
Children particularly like this sort of advertisement.

Der Makel fällt kaum jemandem auf.
Hardly anyone notices the flaw.

Wir halten das für wenig wahrscheinlich.
We don't think that is very likely.

Comparatives and superlatives of adverbs

These work in the same way as adjectives. (See Section 2.2 Comparatives and superlatives.)

Interrogative adverbs

(See Section 6 Interrogative forms.)

Prepositional adverbs

(See Section 7 Prepositions.)

2.8 Particles – *doch, ja, mal, schon, eben, wohl*

In German, modal particles such as *doch, ja, mal, schon* and *eben* can be used to 'flavour' a sentence, usually with some kind of emphasis. They are difficult to translate into English, which often relies on subtleties of intonation instead. Here are a few examples:

*Komm **doch** rein!* Do come in! (intensifying the command – What on earth are you waiting for?)

*Das kann **doch** nicht wahr sein!* That just can't be true! (contradiction – implies that the other speaker has just claimed that something is true.)

*Sie wissen **ja**, was passieren wird.* You do know what's going to happen. (emphasis – You really do know …)

*Das ist **ja** nicht so schlimm.* It's not that bad. (emphasis – It's really not bad at all.)

*Darf ich es **mal** sehen?* May I just have a look? (encouragement, persuasion – Come on, it's no big deal.)

*Ich möchte **mal** eure Meinung dazu hören.* I'd like to hear your opinion on this. (enthusiasm – Please tell me, I'd like to know.)

*Es macht **schon** Spaß, diese Fragen zu beantworten.* It's fun answering these questions. (emphasis – It really is fun.)

*Das müssen Sie **schon** machen.* You must do that.
(emphasis – It's important that you do it.)

*Es wird **wohl** Regen geben.* It looks like rain.
(probability – it's likely it could start raining.)

*Sie machen **wohl** Witze!* You must be joking!
(emphasis – No doubt you can't be serious.)

3 Pronouns

3.1 Personal pronouns

The subject pronouns are:

singular		plural	
ich	I	wir	we
du	you	ihr	you (plural)
er	he	Sie	you (formal)
sie	she	sie	they
es	it		

*Was macht **du** heute Abend?*
What are you doing this evening?

*Marko und Ines, kommt **ihr** morgen ins Kino?*
Marko and Ines, are you coming to the cinema tomorrow?

*Wohnen **Sie** in Bremen, Herr Schmidt?*
Do you live in Bremen, Mr Schmidt?

Pronouns also change their form to indicate different cases. The following table shows you the same pronouns but in the accusative and dative cases.

nominative	accusative	dative
ich	mich	mir
du	dich	dir
er	ihn	ihm
sie	sie	ihr
es	es	ihm
wir	uns	uns
ihr	euch	euch
Sie	Sie	Ihnen
sie	sie	ihnen

*Sie hilft den Frauen. Sie **hilft ihnen**.*
She helps the women. She helps them.

3.2 Position and order

Note the word order when there are two pronouns as objects. The accusative comes before the dative:

Er gibt es mir. He gives it (to) me.

If a noun and a pronoun occur together, the pronoun always comes first:

Er gibt mir das Buch. He gives me the book.

3.3 Reflexive pronouns

The reflexive pronouns are:

nominative	accusative	dative
ich	mich	mir
du	dich	dir
er/sie/es	sich	sich
wir	uns	uns
ihr	euch	euch
Sie/sie	sich	sich

Reflexive pronouns tend to be used more frequently in German than their English equivalents are (myself, yourself, etc.).

(See Section 4.11 Reflexive verbs.)

3.4 Relative pronouns

In English, these are 'who', 'which', 'that', 'whose', etc., as in the sentence, 'Here is the man **who** gave me the money'.

In German, the relative pronoun must agree in gender and number with the word to which it relates: *Das ist **der Mann, der** … /Das ist **die Frau, die** …*

- The case of the pronoun will be determined by its function in the relative clause. If the pronoun is the subject of the verb in the relative clause, then it will be in the nominative case. If it is the object of the verb in the relative clause, it will be in the accusative case. Below is a table which shows relative pronouns for all cases.

	masculine singular	feminine singular	neuter singular	plural
nominative	der	die	das	die
accusative	den	die	das	die
genitive	dessen	deren	dessen	deren
dative	dem	der	dem	denen

*Zeichnen ist ein Hobby, **das** ich besonders entspannend finde.*
Drawing is a hobby (that) I find particularly relaxing.

*Das war vielleicht **der** Wein, den wir gestern getrunken haben.*
It was perhaps the wine (that) we drank yesterday.

*Sie sind Künstler, **deren** Werke heute noch avantgardistisch wirken.*
They are artists whose works still seem edgy today.

*Er ist derjenige, **dem** ich 30 Euro schulde.*
He's the one to whom I owe 30 euros.

Note that in German, unlike in English, the relative pronoun can never be omitted.

- When the relative pronoun is governed by a preposition, the preposition goes before the relative pronoun and the relative pronoun takes the appropriate case for that preposition:

  *Leute, mit **denen** ich arbeite …*   People (who) I work with … (*denen* is plural because it refers back to *Leute* and dative because it comes after *mit*)

- The word *was* is used as a relative pronoun after *etwas*, *nichts*, *alles* and a superlative, as well as when referring back to a whole clause rather than a single word:

  *Ich weiß etwas, **was** ihr nicht wisst.*
  I know something that you don't know.

  *Ich esse nichts, **was** schlecht für die Gesundheit ist.*
  I don't eat anything that is bad for one's health.

  *Hast du alles, **was** wir brauchen?*
  Have you got everything that we need?

  *Das ist das Schlimmste, **was** mir je passiert ist.*
  That's the worst thing that has ever happened to me.

  *Sie raucht nicht mehr, **was** mir gut gefällt.*
  She doesn't smoke any more, which I'm pleased about.

3.5 Indefinite pronouns

The indefinite pronouns *jemand* (someone) and *niemand* (no one) have optional case endings as follows:

nominative	jemand	niemand
accusative	jemand(en)	niemand(en)
genitive	jemand(e)s	niemand(e)s
dative	jemand(em)	niemand(em)

*Ich habe **niemand** gesehen./Ich habe **niemanden** gesehen.*
I saw no one.

*Wir müssen mit **jemand** sprechen./Wir müssen mit **jemandem** sprechen.*   We must speak to someone.

3.6 Possessive pronouns

(See Section 2.4 Possessive adjectives.)

3.7 Interrogative pronouns

(See Section 6 Interrogative forms.)

4 Verbs

Verbs are words that denote an activity (e.g. 'go', 'work', 'buy'), and are therefore also called 'action' words.

- All German verbs are found in the dictionary ending with *-en* or *-n*: *spielen, fahren, tanzen, lächeln*. This is called the infinitive. The infinitive without the *-en* or *-n* is called the stem.

- There are regular (weak) verbs and irregular (strong) verbs, and some mixed verbs.

- Most verbs in German are regular, which means they follow a regular pattern in all tenses. The irregular verbs and mixed verbs follow an irregular pattern, in most cases involving a vowel change. There are just a few of these verbs, and they need to be learned.

4.1 The present tense

The German present tense has two meanings in English:

ich spiele   I play **or** I am playing

wir essen   we eat **or** we are eating

Formation of regular verbs

To form the present tense of regular (weak) verbs, take off the final *-en* or *-n* from the infinitive and add the endings shown in the two examples below:

spielen *to play*	**lernen** *to learn*
ich spiel**e**	ich lern**e**
du spiel**st**	du lern**st**
er/sie/es spiel**t**	er/sie/es lern**t**
wir spiel**en**	wir lern**en**
ihr spiel**t**	ihr lern**t**
Sie/sie spiel**en**	Sie/sie lern**en**

Formation of irregular verbs

Some verbs are irregular in the present tense. Two very important irregular verbs are:

haben *to have*	**sein** *to be*
ich habe	ich bin
du hast	du bist
er/sie/es hat	er/sie/es ist
wir haben	wir sind
ihr habt	ihr seid
Sie/sie haben	Sie/sie sind

- Irregular verbs do not have quite the same pattern as regular verbs. However, the differences are only slight and are to be found in the *du*, *er*, *sie* and *es* forms of the verb. Sometimes you add an *Umlaut* (ö, ä, ü) and sometimes there is a vowel change:

	fahren *to drive*	**laufen** *to run*	**tragen** *to carry*
du	fährst	läufst	trägst
er/sie/es	fährt	läuft	trägt

Grammatik

- Other useful verbs which change in the same way are:

empfangen	to receive
fallen	to fall
fangen	to catch
halten	to stop
schlafen	to sleep
schlagen	to hit
tragen	to carry/wear
waschen	to wash

- Some common irregular verbs where there is a vowel change are:

	du	er/sie/es
essen	isst	isst
geben	gibst	gibt
empfehlen	empfiehlst	empfiehlt
helfen	hilfst	hilft
lesen	liest	liest
nehmen	nimmst	nimmt
sehen	siehst	sieht
sprechen	sprichst	spricht
treffen	triffst	trifft
vergessen	vergisst	vergisst
wissen	weißt	weiß

(See *Verben* on page 162.)

Separable verbs

With separable verbs, such as *aufstehen* (to get up), *fernsehen* (to watch TV), *anmachen* (to switch on), the prefix (which adds meaning to the verb) always separates from the verb and goes to the end of the sentence or clause, while the main part of the verb stays in its normal position with its appropriate ending:

*Ich **stehe** um 7 Uhr **auf**.*
I get up at 7 o'clock.

*Sie **sieht** jeden Tag **fern**.*
She watches television every day.

*Wir **machen** den Fernseher **an**.*
We're switching the television on.

In every other way, separable verbs work in the same way as normal verbs in the present tense, some being regular and some irregular:

kennen|lernen	to get to know (someone)
los|fahren	to set off (in a vehicle)
ein|steigen	to get on (board)
auf|wachen	to wake up
zurück|kommen	to come back
ab|trocknen	to dry the dishes
mit|kommen	to come with/accompany
weiter|studieren	to carry on studying

Modal verbs in the present tense

There are six modal verbs which are commonly used in German. They are irregular, and they are mostly (but not always) used with another verb, which is used in the infinitive form and goes at the end of the sentence.

- ***müssen*** to have to, must (note: *müssen + nicht =* don't have to)

  Du musst nicht früh aufstehen.
  You don't have to get up early.

- ***können*** to be able to, can

  Das kann sein. That may be.

  Er kann gut Deutsch. He can speak good German. (often used on its own without an infinitive.)

- ***dürfen*** to be allowed to, may

  Du darfst deine Musik nicht so laut aufdrehen.
  You mustn't turn up your music so loud.

  Am Wochenende darf er später nach Hause kommen.
  At the weekend he's allowed to come home later.

  Darf ich bitte Ihre Fahrkarten sehen?
  May I see your tickets, please?

- ***mögen*** to like

  Ich mag diese CD. I like this CD.

  Note that when *mögen* is used in combination with another verb, its meaning is closer to 'may':

  Das mag wohl stimmen. That may well be so.

- ***wollen*** to want to

  Ich will jetzt nach Hause gehen. I want to go home now.

- ***sollen*** shall, to be supposed to, to be said to

  Ich soll nächste Woche nach Berlin fahren.
  I am supposed to go to Berlin next week.

  Er soll sehr intelligent sein.
  He is said to be very intelligent.

	können	dürfen	müssen
ich	kann	darf	muss
du	kannst	darfst	musst
er/sie/es	kann	darf	muss
wir	können	dürfen	müssen
ihr	könnt	dürft	müsst
Sie/sie	können	dürfen	müssen

	wollen	sollen	mögen
ich	will	soll	mag
du	willst	sollst	magst
er/sie/es	will	soll	mag
wir	wollen	sollen	mögen
ihr	wollt	sollt	mögt
Sie/sie	wollen	sollen	mögen

4.2 The perfect tense

In German the perfect tense describes events which have taken place in the past. It usually translates what someone **has done** or **did**. In German there is little difference in meaning between the perfect and imperfect tenses. For most verbs the perfect tense tends to be used more in speech and the imperfect more in formal writing such as in books, magazines, newspapers and reports.

- All verbs in the perfect tense use the **present tense** of one of two auxiliary verbs, plus a past participle. Most verbs use *haben* as the auxiliary, but a significant number of common verbs use *sein*. The latter tend to be verbs of motion or which represent a change from one state to another, e.g. *aufwachen* (change from being asleep to being awake) or *wachsen* (change from being small to being larger). The **past participle** (the perfect tense part of the verb) goes to the end of the sentence or clause with both *haben* and *sein* verbs.

- Using *haben* as an auxiliary:

  Ich habe meine Hausaufgaben **gemacht**.
  I have done my homework.

  Du hast kein Bier **gekauft**.
  You haven't bought any beer.

  Er hat sehr gut **gespielt**.   He played well.

  Sie hat schon tausend Euro **gespart**.
  She has saved 1000 Euros.

  Es hat gestern viel **geregnet**.   It rained a lot yesterday.

  Wir haben nur wenig in dieser Stunde **gelernt**.
  We didn't learn much in this lesson.

  Ihr habt prima **getanzt**.   You (plural) danced brilliantly.

  Sie haben zu viel **gesagt**.   You (formal) said too much.

  Sie haben jeden Tag Klavier **geübt**.
  They practised the piano every day.

  Man hat sich Sorgen **gemacht**.   They were worried.

- Using *sein* as an auxiliary:

  Ich bin sehr glücklich **gewesen**.   I was very happy.

  Du bist sehr früh **aufgewacht**.   You woke very early.

  Er ist den ganzen Tag zu Hause **geblieben**.
  He stayed at home all day.

  Sie ist kurz nach dem Mittagessen **losgefahren**.
  She set off shortly after lunch.

  Es ist viel kälter **geworden**.   It has become much colder.

  Wir sind nach Portugal **geflogen**.   We flew to Portugal.

  Ihr seid ziemlich spät **aufgestanden**.
  You got up fairly late.

  Sie sind zu schnell **gefahren**.
  You drove too quickly.

  Sie sind an der falschen Haltestelle **ausgestiegen**.
  They got out at the wrong stop.

  Weit mehr Arbeiter als erwartet **sind gekommen**.
  Far more workers arrived than expected.

- The past participle of many weak (regular) verbs is formed by adding *ge-* before the stem and *-t* to the end of the stem:

malen	**ge**mal**t**
sammeln	**ge**sammel**t**
speichern	**ge**speicher**t**

- Verbs of which the stem ends in *-t*, *-d* or more than one consonant have an extra *-e-*:

arbeiten	gearbeit**e**t
enden	geend**e**t
trocknen	getrockn**e**t

- Verbs ending in *-ieren* do not have *ge-* before the stem:

telefonieren	telefoniert
informieren	informiert

- Verbs beginning with an inseparable prefix, e.g. *be-, emp-, ent-, er-, ge-, ver-* and *zer-*, do not have *ge-* before the stem:

verkaufen	verkauft
besuchen	besucht

- Verbs beginning with a separable prefix, e.g. *auf-, aus-, ein-* and *zu-*, have the *-ge-* between the prefix and the stem:

einwandern	ein**ge**wandert
aufwachen	auf**ge**wacht

- The past participle of strong (irregular), mixed and modal verbs must be learned separately for each verb. Here are a few examples:

ausgehen	ausgegangen
beginnen	begonnen
bringen	gebracht
geben	gegeben
können	gekonnt

Grammatik

- Modal verbs all form their perfect tense with *haben* as the auxiliary verb:

  müssen – ich habe gemusst
  können – du hast gekonnt
  dürfen – er/sie/es hat gedurft
  mögen – wir haben gemocht
  wollen – ihr habt gewollt
  sollen – Sie/sie haben gesollt

4.3 The imperfect tense/simple past tense

The imperfect tense is also called the simple past tense, because the verb consists of just one element. The imperfect can be used for any action in the past and has the same meaning as the perfect tense (*ich spielte* = I played, I used to play, I was playing, I did play). The imperfect tends to be used more in written German, but frequently-used verbs like modal and mixed verbs are often only used in the imperfect in speech too, as it is easier.

Ich musste Arbeit suchen.   I had to look for work.

Ich hatte weniger Freizeit.   I had less leisure time.

Er wartete auf mich.   He waited for me.

Sie gewöhnte sich schnell an die Umgebung.
She quickly became used to her environment.

Sie heirateten gleich nach ihrer Ankunft.
They married immediately after their arrival.

- **Weak (regular) verbs** add the endings shown below to the stem of the verb.

ich	spiel**te**
du	spiel**test**
er/sie/es	spiel**te**
wir	spiel**ten**
ihr	spiel**tet**
Sie	spiel**ten**
sie	spiel**ten**

- **Strong (irregular) verbs** change their stem in the imperfect and each form has to be learned. Remember that the *ich* form of the imperfect of irregular verbs is the same as the *er*, *sie* and *es* forms. Add -*st* to the *du* form and -*t* to the *ihr* form. For *wir*, *Sie* and *sie*, simply add -*en* to the stem.

ich	ging
du	ging**st**
er/sie/es	ging
wir	ging**en**
ihr	ging**t**
Sie	ging**en**
sie	ging**en**

- **Mixed verbs** combine a change in their stem with the endings of the regular verbs:

haben	ich hatte
kennen	ich kannte
wissen	ich wusste
bringen	ich brachte
verbringen	ich verbrachte
denken	ich dachte
rennen	ich rannte
nennen	ich nannte
brennen	ich brannte

- Watch out for *sein* (to be):

ich	war
du	warst
er/sie/es	war
wir	waren
ihr	wart
Sie/sie	waren

- The most irregular verb is *werden* (to become). It ends in -*de* instead of -*te*:

ich	wurde
du	wurdest
er/sie/es	wurde
wir	wurden
ihr	wurdet
Sie/sie	wurden

- Modal verbs in the past tense are mostly used in their imperfect form:

	können	**dürfen**	**müssen**
ich	konnte	durfte	musste
du	konntest	durftest	musstest
er/sie/es	konnte	durfte	musste
wir	konnten	durften	mussten
ihr	konntet	durftet	musstet
Sie/sie	konnten	durften	mussten

	wollen	**sollen**	**mögen**
ich	wollte	sollte	mochte
du	wolltest	solltest	mochtest
er/sie/es	wollte	sollte	mochte
wir	wollten	sollten	mochten
ihr	wolltet	solltet	mochtet
Sie/sie	wollten	sollten	mochten

4.4 The future tense

The future tense is used to make predictions and statements about the future, to say something **will** happen. In German the future tense is formed by combining the present tense of *werden* with the infinitive of the appropriate verb, which goes to the **end of the clause**:

Ich werde um 9 Uhr kommen.
I will come at nine o'clock.

Du wirst morgen wenig Zeit haben.
You won't have much time tomorrow.

Er wird am Wochenende Fußball spielen.
He will play football at the weekend.

Sie wird nicht ohne ihre Schwester gehen.
She won't go without her sister.

Es wird morgen regnen.
It will rain tomorrow.

Wir werden den Zug sicher verpassen.
We will definitely miss the train.

Ihr werdet das hoffentlich bald verstehen.
You (plural) will hopefully soon understand it.

Sie werden ihn bestimmt erkennen.
You (formal) will certainly recognise him.

Sie werden nächste Woche nach Berlin fahren.
They will go to Berlin next week.

- If the sentence includes a time phrase, then the **present tense** can convey a future meaning:

  Ich helfe Ihnen gern nächste Woche.
  I'll gladly help you next week.

4.5 The conditional

The conditional is used to talk about what **would happen** or how something **would be** in the future. It is formed from the imperfect subjunctive form of *werden* and an infinitive at the end of the sentence or clause:

ich würde	I would
du würdest	you would
er/sie/es würde	he/she/it would
wir würden	we would
ihr würdet	you would
Sie/sie würden	you/they would

Ich würde nach Amerika fliegen.   I would fly to America.

Das würden wir gerne machen.
We would like to do that. We would happily do that.

- The conditional is often combined with another subjunctive clause beginning with *wenn* (if), followed by the imperfect subjunctive of another verb (see Section 4.10 The subjunctive):

Ich würde nach Berlin fahren, wenn ich mehr Zeit hätte.
I would go to Berlin if I had more time.

Er würde für die Schulmannschaft spielen, wenn er besser wäre.
He would play for the school team if he were better.

Meine Eltern würden in Spanien leben, wenn sie dort arbeiten könnten.
My parents would live in Spain if they could work there.

4.6 The pluperfect tense

The pluperfect tense is usually used in conjunction with the imperfect tense. The pluperfect is used to describe something which **had happened** earlier, prior to another past event being narrated. It is used in English in phrases like 'had seen', 'had eaten': e.g. When I went into town I saw a friend who **had** just **seen** the new Bond film.

Ich war gerade eingeschlafen, als das Telefon klingelte.
I had just fallen asleep when the phone rang.

Nachdem ich das Buch gelesen hatte, habe ich die Verfilmung gesehen.
After I had read the book, I watched the film adaptation.

- The pluperfect tense follows a similar pattern to the perfect tense. However, instead of using the present tense of the auxiliary verb (*hat* or *ist*, for example), the imperfect tense of the verb is used (*hatte* or *war*). The auxiliary verb is usually in second position and the past participle is usually in final position, as for the perfect tense.

ich hatte	gegessen	I had eaten
du hattest	gekauft	you had bought
er hatte	gespielt	he had played
sie hatte	gesehen	she had seen
es hatte	geschneit	it had snowed
wir hatten	gewusst	we had known
ihr hattet	gefunden	you (plural) had found
Sie hatten	gehört	you (formal) had heard
sie hatten	gelacht	they had laughed

ich war	gekommen	I had come
du warst	aufgestanden	you had got up
er war	geblieben	he had stayed
sie war	aufgewacht	she had woken up
es war	gesprungen	it had jumped
wir waren	eingestiegen	we had boarded (got on)
ihr wart	ausgegangen	you (plural) had gone out
Sie waren	losgefahren	you (formal) had set off
sie waren	geflogen	they had flown

(For information on past participles, see Section 4.2 The perfect tense.)

4.7 Recognising the future perfect and the conditional perfect tenses

Future perfect

The **future perfect** tense tells you what **will have happened**. It is used in a similar way to English (*shall/will have done*) and indicates that an action will have been completed by a certain time in the future.

- The future perfect is formed by using the present tense of the verb *werden* plus the past participle of the main verb. The auxiliary verb (either *haben* or *sein*) is in the infinitive, depending on how the verb would form its perfect tense:

   *Er **wird** Tennis **gespielt haben**.*
   He will have played tennis.

ich werde	gefahren sein	I will have driven
du wirst	gegessen haben	you will have eaten
er wird	aufgewacht sein	he will have woken up
sie wird	gesagt haben	she will have said
es wird	gegangen sein	it will have gone
wir werden	gelesen haben	we will have read
ihr werdet	aufgestanden sein	you (plural) will have got up
Sie werden	gekauft haben	you (formal) will have bought
sie werden	ausgegangen sein	they will have gone out

- The future perfect tense is often introduced by an adverb of time to show by when something will have happened:

   *In vier Jahren **werde** ich mein Studium **abgeschlossen haben**.* In five years I will have finished my studies.

   *Bald **werden** wir alle Einladungen **verschickt haben**.* Soon we will have sent out all of the invitations.

Conditional perfect

The **conditional perfect** tells you what **would have happened**, but didn't, in the past.

- You can form the conditional perfect in a similar way to the future perfect, but by using the imperfect subjunctive (Subjunctive 2) of *werden* rather than the present tense:

   *Ich **würde** die Bücher **gekauft haben**.*
   I would have bought the books.

   *Wir **würden** nicht **eingestiegen sein**.*
   We would not have got on board.

- The conditional perfect can also be formed by using the imperfect subjunctive of the auxiliary verbs *haben* or *sein*, plus a past participle (*ich würde … haben = ich hätte; ich würde … sein = ich wäre*):

   *Ich **hätte** eine E-Mail **geschrieben**.*
   I would have sent an e-mail.

   *Ich **wäre** nach Berlin **gefahren**.*
   I would have travelled to Berlin.

- You can use the conditional perfect to express a wish relating to the past (if only …). Start with the auxiliary verb:

   ***Hätte** ich nur diese SMS nicht geschrieben!*
   If only I hadn't sent that text!

   ***Wäre** ich nur nicht zu Fuß **gegangen**, dann wäre ich früher angekommen.* If (only) I hadn't walked, I would have arrived earlier.

4.8 The passive voice

Many ideas can be expressed in either the active or the passive form. The active form often places the emphasis on the person or thing initiating an action, while the passive form places the emphasis on the person or thing on the receiving end of an action. In English, for example, 'My mother sold the car' is active and 'The car was sold (by my mother)' is passive.

- In German, as in English, the passive is formed by combining a past participle with the appropriate tense of the auxiliary verb. However, the auxiliary verb in German is *werden* whereas in English it is 'to be'.

   Sie hinterfragen traditionelle Methoden. (active)
   They question traditional methods.

   Traditionelle Methoden werden hinterfragt. (passive)
   Traditional methods are (being) questioned.

Present tense

ich werde … gesehen	I am (being) seen
du wirst … gesehen	you are (being) seen
er/sie/es wird … gesehen	he/she/it is (being) seen
wir werden … gesehen	we are (being) seen
ihr werdet … gesehen	you are (being) seen
Sie/sie werden … gesehen	you/they are (being) seen

Imperfect tense

ich wurde … gesehen	I was seen
du wurdest … gesehen	you were seen
er/sie/es wurde … gesehen	he/she/it was seen
wir wurden … gesehen	we were seen
ihr wurdet … gesehen	you were seen
Sie/sie wurden … gesehen	you/they were seen

Perfect tense

ich bin … gesehen worden	I have been/was seen
du bist … gesehen worden	you have been/were seen
er/sie/es ist … gesehen worden	he/she/it has been/was seen
wir sind … gesehen worden	we have been/were seen
ihr seid … gesehen worden	you have been/were seen
Sie/sie sind … gesehen worden	you/they have been/were seen

Pluperfect tense

ich war … gesehen worden	I had been seen
du warst … gesehen worden	you had been seen
er/sie/es war … gesehen worden	he/she/it had been seen
wir waren … gesehen worden	we had been seen
ihr wart … gesehen worden	you had been seen
Sie/sie waren … gesehen worden	you/they had been seen

Future tense

ich werde … gesehen werden	I will be seen
du wirst … gesehen werden	you will be seen
er/sie/es wird … gesehen werden	he/she/it will be seen
wir werden … gesehen werden	we will be seen
ihr werdet … gesehen werden	you will be seen
Sie/sie werden … gesehen werden	you/they will be seen

- The **passive infinitive** is formed by combining the past participle of the verb with the infinitive *werden*. It is used with modal verbs:

  Sie können unterstützt werden.
  They can be supported.

  Das darf nicht vergessen werden.
  That mustn't be forgotten.

4.9 Imperatives

The imperative is used to give instructions and commands. In German the imperative or command form of each verb exists in three forms: *du*, *ihr* and *Sie*.

- **The *du*-form** of the imperative is formed by taking the *du* form of the present tense and deleting the *-st*. However, where the vowel is *-a-* in the infinitive but *-ä-* in the *du* form, then the vowel in the imperative is *-a-*, i.e. the same as the infinitive. The reflexive pronoun *dich* or *dir* comes after the verb and the *du* is always omitted.

kommen	du kommst	Komm!
zeigen	du zeigst	Zeig!
sich beeilen	du beeilst dich	Beeil dich!
arbeiten	du arbeitest	Arbeite!
reden	du redest	Rede!
fahren	du fährst	Fahr!
sich anziehen	du ziehst dich an	Zieh dich an!

Occasionally, the imperative *du* form gains an extra *-e* to make pronunciation easier:

Male dein eigenes Muster.   Paint your own design.

- **The *ihr*-form** of the imperative is always the same as the normal *ihr* form of the verb, but with the *ihr* omitted, e.g. *Kommt! Lest! Beeilt euch!*

- **The *Sie*-form** of the imperative is the same as the normal *Sie* form of the verb, but with the *Sie* after the verb, e.g. *Kommen Sie! Lesen Sie! Beeilen Sie sich!*

The imperative forms of **sein** are: *Sei! Seid! Seien Sie!*

4.10 The subjunctive

Modern English has only a few remaining examples of the subjunctive, e.g. 'If I were you …' or 'whether it be …'. In German, the subjunctive is used particularly in reported speech, i.e. telling the reader or listener what someone has said.

Er sagte: „Ich spiele morgen Fußball."
He said: "I'm playing football tomorrow."

*Er sagte, er **spiele** morgen Fußball.*
He said he's playing football tomorrow.

The subjunctive can also be used to express a hypothetical or unreal situation. For instance, it is used with the subordinating conjunctions *als* or *als ob/wenn* (as if) to show that a state/action being talked about is not a reality:

Es fühlte sich an, als ob die Zeit stehengeblieben sei.
It felt as if time stood still.

- The subjunctive is divided into Subjunctive 1 (*Konjunktiv I*) and Subjunctive 2 (*Konjunktiv II* or the imperfect subjunctive). Subjunctive 1 is used to express reported speech, but sometimes looks no different from the normal present tense.

Grammatik

There is no distinction between regular and irregular verbs. They all follow the same pattern except for *sein*, which is irregular (see the past tense section below).

- **Subjunctive 1**

	Present tense	Subjunctive 1
ich	spiele	spiele
du	spielst	spiel**est**
er/sie/es	spielt	spiel**e**
wir	spielen	spielen
ihr	spielt	spiel**et**
Sie/sie	spielen	spielen

The important verbs *haben* and *sein* form the present subjunctive as follows:

haben	sein
ich habe	ich sei
du habest	du seiest
er/sie/es habe	er/sie/es sei
wir haben	wir seien
ihr habet	ihr seiet
Sie/sie haben	Sie/sie seien

Sie sagte: „Ich glaube, er hat blaue Augen."
She said: "I think he has blue eyes."

→ *Sie sagte, sie glaube, er **habe** blaue Augen.*
She said she thinks he has blue eyes.

If the speaker's words were in the past tense, the reported speech uses Subjunctive 1 with the appropriate past participle:

Er sagte: „Ich habe das Handy nicht gestohlen."
He said: "I didn't steal the mobile phone."

→ *Er sagte, er **habe** das Handy nicht **gestohlen**.*
He said he didn't steal the mobile phone.

Sie sagte: „Ich bin gestern nach Berlin geflogen."
She said: "I flew to Berlin yesterday."

→ *Sie sagte, sie **sei** gestern nach Berlin **geflogen**.*
She said she flew to Berlin yesterday.

- **Subjunctive 2**

If Subjunctive 1 is the same as the present tense, the Subjunctive 2 forms are used instead to make it clear that it is reported speech.

*Du sagtest, dass ich zu viel Lärm gemacht **hätte**.*
You said I made too much noise.

The use of Subjunctive 2 for reported speech can also indicate that the words being reported may not be true – the reader or listener must judge for themselves.

Er meinte, sein Hund hätte seine Hausaufgabe gefressen.
He said that the dog ate his homework.

- The **Subjunctive 2** form of **weak verbs** is identical to the simple past (imperfect) tense.

	Imperfect	Subjunctive 2
ich	machte	machte
du	machtest	machtest
er/sie/es	machte	machte
wir	machten	machten
ihr	machtet	machtet
Sie/sie	machten	machten

- For **Subjunctive 2 strong verbs**, the following endings are added to the imperfect stem. If the vowel of the stem is a/o/u, an *Umlaut* is also added:

	kommen	gehen	geben
ich	käm**e**	ging**e**	gäb**e**
du	käm**est**	ging**est**	gäb**est**
er/sie/es	käm**e**	ging**e**	gäb**e**
wir	käm**en**	ging**en**	gäb**en**
ihr	käm**et**	ging**et**	gäb**et**
Sie/sie	käm**en**	ging**en**	gäb**en**

„Wir kommen zur Party", sagten Toby und Petra.
"We're coming to the party", said Toby and Petra.

→ *Toby und Petra sagten, sie **kämen** zur Party.*
Toby and Petra said they are coming to the party.

Everything that is said should be put into the subjunctive. If perfect and/or pluperfect tenses are in the original words, this should be reflected in the reported speech:

„Wir sind zur Party gegangen, nachdem wir unsere Arbeit gemacht hatten", sagten die Mädchen.
"We went to the party after we had finished our work", said the girls.

→ *Die Mädchen sagten, sie **seien** zur Party gegangen, nachdem sie ihre Arbeit **gemacht hätten**.*
The girls said they went to the party after they had finished their work.

- The imperfect subjunctive is often used in conditional phrases:

*Das **wäre** prima!*   That would be great!

*Ich **hätte** gern etwas Billigeres.*
I would like to have something cheaper.

*Wenn ich mehr Zeit **hätte**, dann würde ich …*
If I had more time, I would …

***Könnten** Sie das wiederholen?*
Could you repeat that? (Would you be able to repeat that?)

*Ich **möchte** Sie etwas fragen.*
I would like to ask you something.

Trägst du gern Jeans?
Do you like wearing jeans?

Haben Sie ein schwarzes Kleid?
Do you have a black dress?

Fährt er morgen nach Düsseldorf?
Does he go (Is he going) to Düsseldorf tomorrow?

- Forming questions which require more, and more specific, information:

For these, you should use the following question words at the beginning of the sentence, which are then followed by the verb:

was	what
was für (+ *noun*)	what kind of/sort of (+ *noun*)
warum	why
wann	when
welche/r/s (+ *noun*)	which (+ *noun*)
wie	how
wie lange	how long
wie viel	how much
wie viele	how many
wo	where
wohin	where to
woher	where from
inwiefern	to what extent

- As in English, the word for 'who' changes according to case:

wer	who (nom.)
wen	whom (acc.)
wessen	whose (gen.)
wem	to whom (dat.)

Für wen haben Sie das getan?
For whom did you do that?

Wessen Geländewagen ist das?
Whose cross-country vehicle is that?

(See Section 2.5 Interrogative adjectives.)

- Forming questions with **womit**, **wovon**, **worauf**, **wofür**, etc.

These question words need to be used when you have verbs with a fixed preposition, e.g. *kämpfen für*, etc:

Wofür kämpfen Sie? What are you fighting for?
Worauf warten Sie? What are you waiting for?

- Forming questions with question words which ask for the accusative and dative objects of the sentence:

Ich schenke meinem Freund einen neuen Pullover.	I'm giving a jumper to my boyfriend as a present.
Was schenkst du deinem Freund?	**What** are you giving your boyfriend as a present?
Wem schenkst du einen neuen Pullover?	**To whom** are you giving a new jumper as a present?
Ich schicke meiner Mutter meinen Freund zum Helfen.	I send my boyfriend to my mother to help her.
Wen schickst du deiner Mutter zum Helfen?	**Who(m)** do you send to your mother to help?
Wem schickst du deinen Freund?	**To whom** are you sending your boyfriend to help?

7 Prepositions

In German, prepositions determine the case of the noun or pronoun that follows them.

Prepositions followed by the accusative

bis	until	bis Montag, den 30. Mai
durch	through	durch die Stadt
entlang	along (follows noun)	die Straße entlang
für	for	für die Kinder
gegen	against	gegen das Internet
ohne	without	ohne meine Hilfe
um	around, at (time)	um den Park
wider	against	wider die Todesstrafe

*Bananen aus Ecuador werden **um die** Erde transportiert.*
Bananas from Ecuador are transported around the world.

Prepositions followed by the dative

ab	from (time)	ab nächster Woche
aus	from, out of	aus der Schule
außer	apart from	außer meinen Eltern
bei	at the house of, with	bei Ihnen
dank	thanks to (or + genitive)	dank unserem Breitband-Anschluss
gegenüber	opposite, towards	gegenüber der Kirche/den Kindern gegenüber
mit	with	mit dieser Technologie
nach	after, according to	meiner Meinung nach
seit	since, for	seit einem Monat
von	of, from	von mir
zu	to	zu den Zügen

*Pestizide **aus der** Landwirtschaft können umweltschädlich sein.*
Pesticides from agriculture can harm the environment.

Grammatik

Dual prepositions

The following prepositions are followed by the dative if no motion is described, or the accusative if motion is described:

an   at, on, to
*Warten Sie an **der** Ampel.* (dative)
*Fahren Sie an **die** Ampel.* (accusative)

auf   on, to
*Was ist das auf **dem** Tisch?* (dative)
*Er stellt das Essen auf **den** Tisch.* (accusative)

hinter   behind
*Er stand hinter **der** Mauer.* (dative)
*Er ist hinter **die** Mauer geschlichen.* (accusative)

in   in, into
*Es gibt viele Feinstaubpartikel in **der** Luft.* (dative – in the air)
*CO_2 gelangt in **die** Luft.* (accusative – into the air)

neben   next to
*Wir treffen uns neben **der** Post.* (dative)
*Die Katze setzte sich neben **den** Jungen.* (accusative)

über   over, about
*Ein blaues Schild hing über **der** Tür.* (dative)
*Gehen Sie über **die** Straße.* (accusative)

unter   under, among
*Die Geschenke liegen unter **dem** Bett.* (dative)
*Die Maus ist unter **das** Bett gelaufen.* (accusative)

vor   in front of
*Sie steht vor **der** Kasse.* (dative)
*Stellen Sie sich vor **die** Kasse.* (accusative)

zwischen   between
*Sie sitzt zwischen **den** Jungen.* (dative)
*Setz dich zwischen **die** Jungen.* (accusative)

- Sometimes these prepositions have a non-literal meaning: e.g. the *auf* in *sich freuen auf* does not mean 'on top of'. For those instances, it is best to learn the case with each verb or adjective:

sich freuen auf + *acc.*	to look forward to
sich freuen über + *acc.*	to be pleased about
sich erinnern an + *acc.*	to remember
warten auf + *acc.*	to wait for
Angst haben vor + *dat.*	to be scared of
schützen vor + *dat.*	to protect from/against
sich engagieren für + *acc.*	to be/become committed to

Prepositions followed by the genitive

außerhalb	outside	außerhalb der Stadtmitte
innerhalb	inside, within	innerhalb der letzten drei Monate
trotz	in spite of	trotz meiner Bemühungen
wegen	because of	wegen der hohen Kosten
dank	thanks to (or + dative)	dank des Fördervereins
statt	instead of	statt einer Mahlzeit
während	during	während der Sendung
anlässlich	on the occasion of	anlässlich seines Geburtstages

da(r) + preposition

In German, *da* can be added to many prepositions to create prepositional adverbs, which are useful for avoiding repetition of an idea. Their meaning is derived from translating the *da* element of the adverb as 'it/this/that' or 'there', and combining this with the meaning of the preposition itself (e.g. *dadurch* = through this).

*Wir reden gerade **über das deutsche Schulsystem**. Wir haben viel **darüber** gelernt.*
We are just talking about the German school system. We've learnt a lot about it/that.

Note that *da* gains an *-r* when added to a preposition that begins with a vowel. *Da* can be used with *an, auf, aus, bei, durch, für, hin, her, mit, nach, um* and *zu*.

Prepositional adverbs with *da* can also be used to 'anticipate' a subordinate clause with *dass*, or an infinitive clause. In these cases, *da(r)* + preposition stands in for the idea that is to follow, while allowing the main clause to be grammatically complete:

*Der größte Vorteil liegt **darin**, dass man keine teure Sportbekleidung braucht.*
The biggest advantage lies in **the fact that** you don't need any expensive sportswear.

*Ich strebe immer **danach**, meine Ziele zu erreichen.*
I am always striving to achieve my goals.

8 Clause structures

There are various rules governing the order of words in a sentence in German, usually relating to the position of the verb within the sentence.

- In a simple sentence, the main verb must always be the second idea of that sentence:

    *Ich **besuche** nächstes Jahr meine Freunde in Deutschland.*
    I'm going to visit my friends in Germany next year.

- You can put almost any other part of a sentence at the beginning of the sentence, as long as the verb comes second and is then followed by the subject. This enables you to change the emphasis of what you are saying and adapt your style:

  *Nächstes Jahr **besuche** ich meine Freunde in Deutschland.*

- When expressions of time (*am Nachmittag*), manner (*mit Freunden*), and place (*ins Kino*) occur after the verb, this order applies:

	Time	Manner	Place
Ich gehe	*am Nachmittag*	*mit Freunden*	*ins Kino.*

- Certain conjunctions (words that join sentences or clauses together) send the verb to the end of that sentence or clause, in which case the clause is normally called a subordinate clause. These conjunctions include: *weil, wenn, als, dass, ob, obwohl, obgleich, während, bevor, bis, sobald, damit, falls, nachdem, seitdem*:

  *Ich kaufe mir ein neues Kleid, **wenn ich** genug Geld **habe**.*
  I'm going to buy a new dress if I have enough money.

  *Es ist schade, **dass du** nicht mitkommen **kannst**.*
  It's a shame that you can't come along.

- A few conjunctions do not affect the position of the verb in the second clause. They are called co-ordinating conjunctions, and simply join two sentences (or clauses) together. These are *und*, *aber*, *denn*, *oder*, *sondern*:

  *Ich gehe heute in die Stadt, **denn** meine Mutter **kauft** mir ein neues Kleid.*
  I'm going into town today because my mum is going to buy me a new dress.

- Words such as *also*, *auch* and *deshalb* are adverbs and are usually followed by inversion:

  *Wir haben das Spiel verloren, **also waren wir** enttäuscht.*
  We lost the game, so we were disappointed.

(For more information on subordinate clauses, see Section 9.)

9 Subordinate clauses and conjunctions

A subordinate clause is a part of a sentence that cannot normally stand on its own, but is attached to a main clause by a subordinating conjunction such as 'after' or 'because'. In German, the verb in a subordinate clause goes to the end of that clause, but the form of the verb does not change when it moves to the end of the sentence. There is normally a comma before the conjunction if the subordinate clause comes after a main clause:

*Ich gehe gern tanzen, **wenn** ich die Gelegenheit **finde**.*
I like to go dancing when I have the opportunity.

- Where there are two verbs in a subordinate clause, it is the one with a 'finite' ending, i.e. **not** an infinitive or past participle, which goes to the end:

  *Sie **wollte** notleidende Kinder unterstützen.* →
  *Sie hat die Stiftung gegründet, weil sie notleidende Kinder unterstützen **wollte**.*
  She founded the charity because she wanted to support needy children.

- When the verb is separable, the two parts are joined together to form a single word:

  *Rumänien **trat** 2007 der Europäischen Union **bei**.* →
  *Als Rumänien 2007 der Europäischen Union **beitrat**, …*
  When Romania joined the European Union in 2007, …

- If a subordinate clause starts the sentence, it counts as the first idea in the whole sentence and is then followed by the main verb:

  ***Weil** ich nicht genug Geld **habe**, **kaufe** ich mir kein neues Kleid.*
  Because I don't have enough money, I'm not going to buy a new dress.

- The most common subordinating conjunctions are:

als	when (one occurrence in the past)
als ob	as if
bevor	before
bis	until
da	as, since
damit	in order that, so that (intention)
dass	that
je	the (e.g. 'the harder I work …')
nachdem	after
ob	whether, if
obwohl, obgleich	although
seit, seitdem	since
so dass	so that (result)
sobald	as soon as
solange	as long as
während	while, whereas, during
weil	because
wenn	if, when (in the sense of 'whenever')
wie	as, how

  *Er redet, **als ob** er viel Geld habe.*
  He talks as if he has lots of money.

- Subordinate word order is also used after question words (e.g. *warum/wie*) in indirect questions:

  *Ich weiß nicht, **warum** das heute passiert **ist**.*
  I don't know why that has happened today. (compare with the direct question: ***Warum** ist das heute passiert?* Why has that happened today?)

- It is not possible to place one subordinating conjunction directly after another. Instead, each clause must be finished before the next one begins:

  incorrect: *Ich war schlechter Laune, weil, als ich aufgestanden bin, das Wetter kalt war.*

correct: *Ich war schlechter Laune, weil das Wetter kalt war, als ich aufgestanden bin.*
I was in a bad mood because the weather was cold when I got up.

- The following are co-ordinating conjunctions and are therefore followed by normal word order:

aber	but
denn	because, for (a useful alternative to *weil*)
oder	or
sondern	but (following a negative statement)
und	and

*Er urteilt nicht, **sondern** er hört zu.*
He doesn't judge, but listens.

10 Use of *seit* and *seitdem*

- The word *seit* is used to express the length of time that an activity has been going on. The present tense is used if the activity is still going on:

Ich wohne seit acht Jahren in Manchester.
I have been living in Manchester for eight years (and am still living there now).

- Use *seit* with the simple past to express what had happened at a previous time:

Ich arbeitete seit achtzehn Monaten in Bayern.
I had been working for eighteen months in Bavaria.

- *Seit* is also used to translate 'since':

Wir haben die Kinder seit Weihnachten nicht gesehen.
We haven't seen the children since Christmas.

Seit letzter Woche haben wir nichts mehr von ihm gehört.
We haven't heard anything more from him since last week.

- *Seitdem* is used adverbially and has the meaning 'since then':

Paul hat seine Frau seitdem nicht gesehen.
Paul hasn't seen his wife since (then).

Seitdem sie die Schule abgebrochen hat, hat sie keine Arbeit gefunden. Since she finished school she has not found any work.

11 Expressions of time

- Time phrases without a preposition are usually in the accusative case:

Wir waren drei Monate in Österreich.
We were in Austria for three months.

Sie hat den ganzen Tag am Strand verbracht.
She spent the whole day at the beach.

Er kommt jeden Tag zu Besuch.
He visits every day.

- The genitive case is used in certain set expressions:

eines Tages, *eines Nachts* (even though *Nacht* is feminine)

- Prepositions are used as follows:

für + accusative: 'for' when looking into the future:
Morgen fahre ich für eine Woche in die Schweiz.

um + accusative: 'at' with clock times:
um acht Uhr dreißig, *um Mittag*

an + dative: 'on' with dates, days or parts of a day:
am Montag, *am Nachmittag*

nach + dative: 'after': *nach vielen Jahren*

seit + dative: 'for' or 'since', usually referring to a period of time leading up to the present (see Section 8 for further information): *seit einer Woche*, *seit letztem Jahr*

vor + dative: 'ago': *vor Jahrhunderten*

in + dative: 'in' or 'at' in most other contexts:
in der Nacht, *in drei Minuten*, *im Augenblick*

Verben

Irregular verbs below are shown in the 3rd person singular *(er/sie/es)* form.

IRREGULAR VERBS

	present	imperfect	perfect
beginnen *to begin*	beginnt	begann	hat begonnen
begreifen *to understand*	begreift	begriff	hat begriffen
beschließen *to decide*	beschließt	beschloss	hat beschlossen
bieten *to offer*	bietet	bot	hat geboten
bitten *to request*	bittet	bat	hat gebeten
bleiben *to stay, remain*	bleibt	blieb	ist geblieben
brennen *to burn*	brennt	brannte	hat gebrannt
bringen *to bring*	bringt	brachte	hat gebracht
denken *to think*	denkt	dachte	hat gedacht
empfehlen *to recommend*	empfiehlt	empfahl	hat empfohlen
entscheiden *to decide*	entscheidet	entschied	hat entschieden
essen *to eat*	isst	aß	hat gegessen
fahren *to go (by vehicle)*	fährt	fuhr	ist gefahren
fallen *to fall*	fällt	fiel	ist gefallen
finden *to find*	findet	fand	hat gefunden
fliegen *to fly*	fliegt	flog	ist/hat geflogen
fliehen *to flee*	flieht	floh	ist geflohen
geben *to give*	gibt	gab	hat gegeben
gefallen *to please*	gefällt	gefiel	hat gefallen
gehen *to go*	geht	ging	ist gegangen
gelingen *to succeed, manage*	gelingt	gelang	ist gelungen

	present	imperfect	perfect
gelten *to count, be valid*	gilt	galt	hat gegolten
genießen *to enjoy*	genießt	genoss	hat genossen
geschehen *to happen*	geschieht	geschah	ist geschehen
gewinnen *to win*	gewinnt	gewann	hat gewonnen
haben *to have*	hat	hatte	hat gehabt
halten *to stop*	hält	hielt	hat gehalten
hängen *to hang*	hängt	hing	hat gehangen
heißen *to be called*	heißt	hieß	hat geheißen
helfen *to help*	hilft	half	hat geholfen
kennen *to know*	kennt	kannte	hat gekannt
kommen *to come*	kommt	kam	ist gekommen
laden *to load*	lädt	lud	hat geladen
lassen *to let, leave*	lässt	ließ	hat gelassen
laufen *to run, walk*	läuft	lief	ist gelaufen
leiden *to suffer*	leidet	litt	hat gelitten
lesen *to read*	liest	las	hat gelesen
liegen *to lie*	liegt	lag	hat gelegen
nehmen *to take*	nimmt	nahm	hat genommen
nennen *to call*	nennt	nannte	hat genannt
raten *to advise, guess*	rät	riet	hat geraten
rufen *to call*	ruft	rief	hat gerufen

Verben

IRREGULAR VERBS

	present	imperfect	perfect
schaffen *to create, manage*	schafft	schuf	hat geschaffen
scheinen *to seem*	scheint	schien	hat geschienen
schlafen *to sleep*	schläft	schlief	hat geschlafen
schlagen *to hit, strike*	schlägt	schlug	hat geschlagen
schneiden *to cut*	schneidet	schnitt	hat geschnitten
schreiben *to write*	schreibt	schrieb	hat geschrieben
sehen *to see*	sieht	sah	hat gesehen
sein *to be*	ist	war	ist gewesen
sitzen *to sit*	sitzt	saß	hat gesessen
sprechen *to speak*	spricht	sprach	hat gesprochen
stehen *to stand*	steht	stand	hat gestanden
steigen *to climb*	steigt	stieg	ist gestiegen
sterben *to die*	stirbt	starb	ist gestorben
stoßen *to push*	stößt	stieß	hat gestoßen

	present	imperfect	perfect
tragen *to wear, carry*	trägt	trug	hat getragen
treffen *to meet*	trifft	traf	hat getroffen
treten *to step, tread, kick*	tritt	trat	ist/hat getreten
trinken *to drink*	trinkt	trank	hat getrunken
tun *to do*	tut	tat	hat getan
vergessen *to forget*	vergisst	vergaß	hat vergessen
verlieren *to lose*	verliert	verlor	hat verloren
wachsen *to grow*	wächst	wuchs	ist gewachsen
waschen *to wash*	wäscht	wusch	hat gewaschen
wenden *to turn*	wendet	wand	hat gewandt
werden *to become*	wird	wurde	ist geworden
wissen *to know*	weiß	wusste	hat gewusst
ziehen *to pull, move*	zieht	zog	ist/hat gezogen
zwingen *to force*	zwingt	zwang	hat gezwungen

MODAL VERBS

dürfen *to be allowed to*	darf	durfte	hat gedurft
können *to be able to*	kann	konnte	hat gekonnt
mögen *to like*	mag	mochte	hat gemocht
müssen *to have to*	muss	musste	hat gemusst
sollen *ought to, to be supposed to*	soll	sollte	hat gesollt
wollen *to want to*	will	wollte	hat gewollt

REFLEXIVE VERBS
sich duschen *to shower*

ich	dusche mich	duschte mich	habe mich geduscht
du	duschst dich	duschtest dich	hast dich geduscht
er/sie/es	duscht sich	duschte sich	hat sich geduscht
wir	duschen uns	duschten uns	haben uns geduscht
ihr	duscht euch	duschtet euch	habt euch geduscht
Sie/sie	duschen sich	duschten sich	haben sich geduscht